论而且一定能够产生理论的时代，这是一个需要思想而且一定能够产生思想的时代。"①坚持和发展中国特色社会主义，统筹推进"五位一体"总体布局和协调推进"四个全面"战略布局，实现"两个一百年"奋斗目标、实现中华民族伟大复兴的中国梦，需要构建中国特色哲学社会科学体系。市场经济就是法治经济，法学和经济学是哲学社会科学的重要支撑学科，是新时代构建中国特色哲学社会科学体系的着力点、着重点。法学与经济学交叉融合成为哲学社会科学创新发展的重要动力，也为塑造中国学术自主性提供了重大机遇。学校坚持财经政法融通的办学定位和学科学术发展战略，"双一流"建设以来，以"法与经济学科群"为引领，以构建中国特色法学和经济学学科、学术、话语体系为己任，立足新时代中国特色社会主义伟大实践，发掘中国传统经济思想、法律文化智慧，提炼中国经济发展与法治实践经验，推动马克思主义法学和经济学中国化、现代化、国际化，产出了一批高质量的研究成果，"中南财经政法大学'双一流'建设文库"即为其中部分学术成果的展现。

文库首批遴选、出版两百余册专著，以区域发展、长江经济带、"一带一路"、创新治理、中国经济发展、贸易冲突、全球治理、数字经济、文化传承、生态文明等十个主题系列呈现，通过问题导向、概念共享，探寻中华文明生生不息的内在复杂性与合理性，阐释新时代中国经济、法治成就与自信，展望人类命运共同体构建过程中所呈现的新生态体系，为解决全球经济、法治问题提供创新性思路和方案，进一步促进财经政法融合发展、范式更新。本文库的著者有德高望重的学科开拓者、奠基人，有风华正茂的学术带头人和领军人物，亦有崭露头角的青年一代，老中青学者秉持家国情怀，述学立论、建言献策，彰显"中南大"经世济民的学术底蕴和薪火相传的人才体系。放眼未来、走向世界，我们正以习近平新时代中国特色社会主义思想为指导，砥砺前行，凝心聚力推进"双一流"加快建设、特色建设、高质量建设，开创"中南学派"，以中国理论、中国实践引领法学和经济学研究的国际前沿，为世界经济发展、法治建设做出卓越贡献。为此，我们将积极回应社会发展出现的新问题、新趋势，不断推出新的主题系列，以增强文库的开放性和丰富性。

"中南财经政法大学'双一流'建设文库"的出版工作是一个系统工程，它的推进得到相关学院和出版单位的鼎力支持，学者们精益求精、数易其稿，付出极大辛劳。在此，我们向所有作者以及参与编纂出版工作的同志们致以诚挚的谢意！

因时间所囿，不妥之处还恳请广大读者和同行包涵、指正！

中南财经政法大学校长

---

① 习近平：《在哲学社会科学工作座谈会上的讲话》，2016年5月17日。

目 录

导 论

第一章 问题的提出
第一节 "一带一路"是一种怎样的存在　　16
第二节 "一带一路"与多边机制合作有必要吗　　28
第三节 "一带一路"携手多边机制可行吗　　34

第二章 "一带一路"与多边机制合作的原则与路径
第一节 合作应坚持的原则　　44
第二节 选择合作对象的法律思路　　48
第三节 合作的基础与路径　　59

第三章 "一带一路"与国际货币基金组织（IMF）的合作
第一节 "一带一路"与IMF合作的意义　　68
第二节 "一带一路"与IMF合作共赢的可行性　　71
第三节 "一带一路"与IMF合作面临的挑战　　77
第四节 促进"一带一路"与IMF合作的若干路径　　83

第四章 "一带一路"与二十国集团（G20）的合作
第一节 "一带一路"与G20合作的意义　　94
第二节 "一带一路"与G20合作共赢的可行性　　99
第三节 "一带一路"与G20合作面临的困难　　108
第四节 促进"一带一路"与G20合作的若干路径　　113

第五章 "一带一路"与亚洲基础设施投资银行（AIIB）的合作

　　第一节　"一带一路"与AIIB的合作关系　　126
　　第二节　AIIB对于"一带一路"的重要性　　131
　　第三节　"一带一路"对AIIB提出了新课题　　136
　　第四节　AIIB助力"一带一路"的前景展望　　143

第六章 "一带一路"与多边投资担保机构（MIGA）的合作

　　第一节　"一带一路"与MIGA的合作关系　　158
　　第二节　MIGA与"一带一路"合作的可行性　　170
　　第三节　MIGA与"一带一路"合作的现状及瓶颈　　174
　　第四节　促进"一带一路"与MIGA合作的若干路径　　181

第七章 "一带一路"与国际投资争端解决中心（ICSID）的合作

　　第一节　"一带一路"与ICSID合作的分析　　190
　　第二节　"一带一路"与ICSID合作面临的问题　　196
　　第三节　促进"一带一路"与ICSID合作的若干路径　　207
　　第四节　"一带一路"与ICSID合作应注意的问题　　213

附录 "一带一路"与国家或国际组织签订合作文件情况

　　附录一：推动共建丝绸之路经济带和21世纪海上丝绸之路的
　　　　　　愿景与行动　　218
　　附录二："一带一路"合作国家一览表　　228
　　附录三：中国与国际组织签署"一带一路"合作文件情况　　229
　　附录四："一带一路"与UN成员签订合作文件情况　　230
　　附录五："一带一路"与WB成员签订合作文件情况　　238
　　附录六："一带一路"与IDA成员签订合作文件情况　　245
　　附录七："一带一路"与IFC成员签订合作文件情况　　251
　　附录八："一带一路"与MIGA成员签订合作文件情况　　258
　　附录九："一带一路"与ICSID成员签订合作文件情况　　265

附录十："一带一路"与WTO成员签订合作文件情况　　270
　　附录十一："一带一路"与IMF成员签订合作文件情况　　276
　　附录十二："一带一路"与AIIB成员签订合作文件情况　　283
　　附录十三："一带一路"与G20成员签订合作文件情况　　287

缩写词　　288
结　语　　290
参考文献　　294
后　记　　302

导 论

一、研究意义

本书是在"三期叠加"的背景下诞生的。所谓"三期叠加",特指以下三期:一是全球治理体系处于重大变革期;二是"一带一路"进入高质量发展期;三是中国进入民族复兴、经济振兴的关键期。笔者希望在此三期中找到一个契合点进行研究,并研究其共赢效应。于是本书主题破壳而出:"一带一路"与多边机制的合作:机遇、挑战与共赢。本书的研究意义主要体现为对中国、对"一带一路"、对国际组织或多边机制、对全球治理体系多方共赢的追求。

(一)多边机制和国际组织为中国的复兴伟业和"一带一路"建设提供宝贵资源,是高质量朋友圈的组成部分

"一带一路"是中国倡导的极富特色的多边机制,以地缘为主干但不受地缘限制,以促发展为主导但不限于发展,以共商、共建、共享为原则同时也坚持市场化运作模式。"一带一路"既是当代全球治理体系的重要补充,也是促进其变革与发展的有力推手。"一带一路"所坚持的理念、目标、原则、实践等,给世界政治经济发展注入了新鲜的血液,令人耳目一新。"一带一路"是中国民族复兴伟业中的组成部分,也是全球治理体系的组成部分。"一带一路"目前已经践行了六年多的时间,不仅给沿线国家带来了巨大的福利,极大地推动了沿线经济的发展,而且也成为全球瞩目的多边机制,越来越多的非沿线国家也申请加入。要推动"一带一路"可持续发展,需要拓展高质量的朋友圈,需要更多的国际组织关注和支持,并提供实质性帮助。

在全球化日益深入发展的今天,全球性问题日益纷繁复杂,任何国家或者国家集团都难以独立应对,协作共治便成为时代的需求。国际组织作为全球治理的重要主体,在当代社会中的作用越来越重要。以国际金融组织为例,国际金融组织是非常宝贵的国际资源,是国际金融政策与制度的制定者、监督者和执行者,是协调国际货币金融关系的桥梁和纽带,是国家间分享金融信息和探讨金融问题的主要场所,是危机预警、救援贷款、决策咨询、监管经验等多种资源供应平台。开发和利用国际金融组织资源,积极参与国际金融组织活动,加强与各层次金融组织合作,是提升中国金融治理水平和维护中国金融安全的重要手段,也是稳步推进"一带一路"可持续发展、防范潜在金融风险应有的战略眼光。

（二）"一带一路"建设为国际治理体系、国际组织和其他多边机制注入新的活力，并促进其变革与发展

当今世界处于百年未有之大变局，其中也包括全球治理体系正在进行的重大变革。作为全球治理体系的组成部分，"一带一路"的核心理念是合作共赢，即通过国家间多样化的合作，实现共同安全和共同利益。这与某些西方国家追求的零和式全球治理模式有着本质的区别。"一带一路"模式以人类命运共同体理论为基础，以普遍安全和共同发展为目标，以相互尊重、求同存异、制度互鉴的政治包容为前提，以平等互利、资源共享、风险共担的经济交往为常态。中国所倡导的"一带一路"，在与传统治理体系的合理重叠之外，也将努力变革其中不合理的部分。"一带一路"建设将更多地关注发展中国家的发展，为发展中国家创造机会，以促进发展中国家的发展来带动全球经济的发展。理念先进、机制灵活、拥护者众的"一带一路"，将成为推动全球治理体系变革与完善的重要力量。由于国际组织或多边机制是全球治理体系的重要主体，因此，"一带一路"的发展，必将为国际组织和其他多边机制的发展拓展新视野、提供新机遇。

随着"一带一路"的践行和中国外交活动的开展，越来越多的国际组织关注和认识了"一带一路"，有的已经表示了合作意愿，有的则已有实质性的合作行动。例如上合组织已经通过顶层推进直接签署协议、促成项目落地[1]；联合国将"一带一路"倡议纳入了决议。[2] 联合国开发计划署签署了谅解备忘录，为"一带一路"建设提供平台[3]；有的国际组织虽然尚在观望，但也已显示出一定的合作意愿，如东盟。据统计，表达关注或合作愿意的国际组织越来越多，涉足领域越来越广泛，既有政治、经济、安全等传统领域，又有卫生、人文、发展、智库、媒体等其他领域。可以预见，从表达意愿到签署协议，国际组织与"一带一路"的合作趋势应当是渐进深入的，有的国际组织在某些领域与"一带一路"的合作可能会走向机制化和常态化。

---

[1] 2015年7月，上合组织元首乌法峰会发表的《乌法宣言》和《新闻公报》首次表示支持建设"丝绸之路经济带"的倡议，并表示正在积极筹建的上海合作组织开发银行和发展基金也将为"一带一路"建设提供新的强大推动力。
[2] 2016年3月，联合国安理会第2274号决议首次纳入"一带一路"倡议。9月13日，在第71届联合国大会上，联合国193个会员国一致赞同将"一带一路"倡议载入联大决议。决议呼吁国际社会为开展"一带一路"建设提供安全保障环境。
[3] 2016年9月20日，联合国开发计划署与国家发展和改革委员会签署了旨在共同落实"一带一路"倡议与2030年可持续发展议程的谅解备忘录。

(三) 提升中国在全球治理体系和国际规则制定中的话语权和影响力

国际组织和其他多边机制是我国共建"一带一路"的重要合作伙伴。我们应发挥国际组织的合作平台作用,推动其与我国相向而行,共同推进"一带一路"建设。在与国际组织和其他多边机制合作的过程中,中国在全球治理体系和国际规则制定中的话语权会不断提升。借助国际组织的多边合作机制,中国可以为自己构建全方位、多层次的国际关系,为本国的生存和发展谋求一个稳定的国际环境,而且有机会获得更广泛的国际资金、技术和市场,促进与其他成员国之间的深度交往,克服依靠自身力量难以克服的困难。例如在全球金融危机肆虐下,IMF等国际金融组织所拥有的融资力、信息力、专业力等优质资源,对于及早防范危机和遏制危机深化并最终走出困境具有决定性意义。正如有学者所言,在当代,衡量一个国家的对外政策是否成熟明智,衡量其国际交往能力是否强大有力,一个重要标准就是看其对国际组织的理解程度、重视程度和参与程度。[1]

像其他国际合作倡议一样,"一带一路"倡议在实施过程中也会遇到困难、问题、风险和挑战。六年后的今天,面对风霜刀剑、波谲云诡的国际环境,如何继续推进"一带一路",获得高质量发展,进而促进全球治理体系的变革与优化,是我国也是国际社会共同面临的重大课题。我们认为,国际组织和类似组织的多边机制作为现行全球治理体系的运行载体和组成部分,同时也是"一带一路"建设的重要伙伴。我们应在开放包容、求同存异、共商共建等原则指导下,与之开展长期而积极的合作,充分合理地利用其国际平台和各类资源,达到共赢目的。本书拟以此为目标和切入点,为我国"一带一路"建设与国际组织开展合作提供一些理论支撑和建设性意见。

二、研究基础

本书立足于国际法基础理论和"一带一路"建设的国际实践,在考察"一带一路"性质的基础上,从法律视角探讨"一带一路"与多边机制合作共赢的必要性和可行性、法律基础与法律路径、合作的现状与前景、合作中会遇到

---

[1] 参见饶戈平主编《全球化进程中的国际组织》,北京大学出版社2005年版,前言页。

的困难与挑战，并提出相应的解决方案，同时指出中国在其间应当发挥的作用。本书旨在从国际法视域探索促进"一带一路"可持续发展的新思路和新方法，以促进"一带一路"与合作伙伴的双赢为目标。我们从国际贸易、国际金融、国际投资、国际投资担保、国际投资争议解决领域，选取了与"一带一路"已有一定对接关系的代表性国际组织或多边机制，包括联合国、世界贸易组织、国际货币基金组织、世界银行集团、二十国集团、亚洲基础设施投资银行、多边投资担保机构、国际投资争端解决中心等，对其与"一带一路"的合作基础和合作路径进行了初步勾勒。特列于此，以抛砖引玉。

（一）"一带一路"与联合国（UN）的合作

1. "一带一路"与 UN 的合作基础

（1）"一带一路"与 UN 理念相契合。

"一带一路"旨在通过经济合作联动世界经济发展模式的改善，推动完善全球治理。这与 UN 致力于改善人民生活、协调各国行动、全球友好发展等理念高度契合。UN 也于 2016 年 11 月首次在决议中写入"一带一路"倡议，并得到 193 个会员国的一致赞同。

（2）联合国认同并与"一带一路"积累了丰富的合作经验。

2016 年 9 月，中国与联合国开发计划署签署了第一份国际组织与"一带一路"合作的谅解备忘录——《关于共同推进"一带一路"建设的谅解备忘录》。

在政策协调上，"海上丝绸之路城市联盟""全球治理高层论坛"等多个"一带一路"对接项目为成员间交流互鉴、政策对话提供支持；在南南合作上，2017 年发起的"中国南南农业合作学院"、2018 年发起的"'一带一路'/南南合作农业发展青年领袖计划"等合作计划不仅提升"一带一路"沿线发展中国家相关发展，更为缩小全球发展差距助力；在绿色发展上，通过第二届"一带一路"国际合作高峰论坛，中国与多个 UN 相关专门机构和附属机构就打造绿色合作沟通平台达成了更多合作项目，成立"一带一路"绿色发展国际联盟；在促进联合投资和人文交流上，"一带一路"与 UN 专门机构签署合作文件并开展相关合作。

2. "一带一路"与 UN 的合作路径

（1）推动现有合作文件和项目的具体落实。在政策协调、南南合作、绿色发展、联合投资和人文交流等方面，"一带一路"与 UN 签署一系列文件并进行多个"一带一路"对接项目。在现有合作基础上,使相关文件和对接项目持续得到落实是需要注意的重要问题。

(2)在"一带一路"框架内细化合作内容、扩大合作面。在"一带一路"框架内,依托"一带一路"国际合作高峰论坛或其他国际合作平台,就更广泛、深入领域与联合国开展合作能在更高层面上实现两者共赢。

(二)一带一路与世界贸易组织(WTO)的合作

1. "一带一路"与 WTO 的合作基础

(1)"一带一路"与 WTO 目标和宗旨相重合。WTO 以开放、平等、互惠为原则,通过消除关税和非关税障碍促进各成员国贸易增长,关注发展中国家在经济发展中的利益,实现可持续发展。但是 WTO 并不仅仅聚焦于贸易,其在环保、劳工、就业、投资、知识产权、成员国政策协调等方面也在做出相应努力。这与"一带一路"以政策沟通、设施联通、贸易畅通、资金融通、民心相通为主要内容,致力于沿线国家以及全球共同繁荣的目标不谋而合。

(2) WTO 多数成员方已与"一带一路"达成合作协议。WTO 成员方涵盖了绝大多数"一带一路"合作国家,这种重合使得双方开展合作具有国家基础。"一带一路"合作国家就共建"一带一路"达成合作协议,这为 WTO 与"一带一路"进行合作提供了成员基础。

2. "一带一路"与 WTO 的合作路径

(1)与 WTO 联动推进"一带一路"沿线贸易畅通。贸易畅通是"一带一路"建设的核心和重点。"一带一路"在贸易畅通领域的顶层设计框架目前包括:投资贸易便利化、自贸区网络、国际产能合作、境外园区建设、中欧班列。与 WTO 联动推进"一带一路"沿线贸易畅通:首先,通过两者重合的合作国家将 WTO 在贸易便利化的成果如降低交易成本、简化贸易程序、减少有形和无形的贸易障碍引入"一带一路"中。其次,借鉴 WTO 在贸易便利化方面做法,将相关成果扩展到其他国家。最后,通过国际多边合作平台,与 WTO 交流合作推进贸易畅通。

(2)将 WTO 争端解决机制纳入"一带一路"争端解决机制多样化选择中。对于国家间争端,WTO 仍然可以发挥作用。"一带一路"沿线国家利用 WTO 争端解决机制解决贸易争端具有可行性。从实证研究角度考察"一带一路"沿线国家参与和利用 WTO 争端解决机制的情况,就"一带一路"沿线国家间的贸易争端而言，WTO 争端解决机制目前仍是解决沿线国家间贸易争端的最佳选择。

（三）"一带一路"与国际货币基金组织（IMF）的合作

1. "一带一路"与 IMF 的合作基础

（1）"一带一路"与 IMF 所涉国家具有相当的重合度。截至 2019 年 4 月 30 日，中国已经与 131 个国家和 30 个国际组织签署了 187 份共建"一带一路"合作文件。131 个国家中，仅朝鲜不是 IMF 成员国，其他国家都具有双重身份。

（2）"一带一路"目标与 IMF 宗旨具有协调性。IMF 促进全球经济包容性增长的宗旨与"一带一路"互联互通的目标相对应，两者都是为了促进某一国家的本国发展目标与国际社会的发展目标相协调。此外，在发展开放型经济，扩大高质量投资；维持金融稳定，减少债务高企；提高政策透明度，防止腐败的滋生方面存在共识。

（3）"一带一路"建设方向与 IMF 改革方向具有一致性。IMF 的 2010 年改革显现出对发展中国家的重视，以及在互相尊重的基础上开展国际经济合作，这与"一带一路"具有一致性。

2. "一带一路"与 IMF 的合作路径

（1）建立稳定的金融合作机制。现阶段，"一带一路"与 IMF 之间并未形成成熟的金融合作机制，双方没有进行深度合作，两者大都是在各自的体系下分别对外开展各自的金融合作机制。例如，开展定期磋商会议，增进国际金融信息交流，达成实质性合作文件。又如，建立金融合作机构，完善 IMF 职能、增加其公信力和权威的同时助力"一带一路"建设。

（2）发挥联合能力建设中心（CICDC）的作用。CICDC 的建立，是"一带一路"与 IMF 之间具有里程碑意义的合作。目前 CICDC 尚处在初始阶段，相关具体措施还不完整成熟，需要双方进一步研讨商议。具体而言，第一，建设金融合作机构，提高金融服务的质量和水平。第二，构建良好政策环境，提高科学决策水平，CICDC 必须建立在透明度高的决策机制之下；第三，严格评估各项建设项目，CICDC 必须设立确定的标准以保证各项建设项目是符合可持续发展目标的，促进"一带一路"建设可持续发展。

（3）携手 IMF 防范系统性金融风险。第一，合作建立风险预警机制。"一带一路"必须与 IMF 共同建立风险预警机制，实时监测区域内国家的系统性金融风险的发生，争取在源头上消除风险。第二，合作建立风险救济机制。在对相关国家进行救济时，"一带一路"的经验和金融资源都不丰富，和 IMF 进行合作是非常必要的。

（4）携手 IMF 防范国际货币危机。第一，共同创造区域性超主权货币。"一带一路"参与国的区域性特征比较明显，可以尝试与 IMF 合作在"一带一路"框架之下，实现区域性的超主权货币的流通，这是一种最接近"超主权货币"构想的货币形式，可以避免货币兑换风险。第二，共同创造多元化的国际储备货币。

（5）借鉴 IMF 经验应对主权债务危机。克服国际官方救助的弊端以应对国家主权债务危机，运用主权债务重组以应对国家主权债务危机。

（四）"一带一路"与世界银行集团（WBG）的合作

1. "一带一路"与 WBG 的合作基础

（1）致力于减轻贫穷、实现全球经济发展的共同目标。世界银行集团从成立之初就致力于为成员国提供贷款和投资，促进成员国经济发展，减少贫困，实现全球经济繁荣。从"一带一路"提出以来，在投资、融资、基础设施互联互通等方面为沿线国家带来众多实惠，更为全球经济注入活力，这正是"一带一路"与世界银行集团目标相一致之处。

世界银行集团与"一带一路"就合作已达成许多共识。在首届"一带一路"国际合作高峰论坛上，世界银行行长金墉提出将通过国际复兴开发银行、国际开发协会、国际金融公司等机构助力"一带一路"承诺变成现实。世界银行集团与"一带一路"达成许多合作文件，包括世界银行集团与亚投行于 2016 年签署投资项目联合融资框架协议、2017 年《关于加强在"一带一路"倡议下相关领域合作的谅解备忘录》。此外，国家主席习近平于 2018 年会见世界银行行长金墉，双方表示加强在"一带一路"框架下合作；在 2019 年 4 月第二届国际合作高峰论坛下，中国财政部与世界银行集团、欧洲复兴开发银行、国际农业发展基金等就助力"一带一路"合作事宜成立多边开发融资合作中心。

2. "一带一路"与 WBG 的合作路径

（1）加强金融领域合作交流，达成更进一步的实质性合作文件。通过观察"一带一路"与世界银行集团达成的合作，"框架性协议""谅解备忘录""在'一带一路'框架下合作"都显示出在投融资安排方面，世界银行集团与"一带一路"

的合作还需进一步推进。因此，两者应当就具体合作事项开展交流，达成更多实质性合作文件。

加快相关合作文件的具体落实。在世界银行集团与"一带一路"已达成许多合作文件的基础上，如何开展合作实践是需要思考的问题。具体落实到相关部门执行，在执行中相互配合、协商，这需要明确主体，需要考虑文件落实的具体方法。

（五）"一带一路"与二十国集团（G20）的合作

1. "一带一路"与 G20 的合作基础

（1）"一带一路"在宗旨与目标上对接 G20。"一带一路"与 G20 都以推动各国发展战略和经济政策相协调为目标，注重维护发展中国家的利益与需求，促进世界经济实现稳定发展和持续增长。

（2）"一带一路"与 G20 在重点关注和优先发展的领域上异曲同工。金融、贸易与投资领域以及国际基础设施是两者重点关注和优先发展的领域。

（3）G20 软法机制的特点有利于二者合作发展。

2. "一带一路"与 G20 的合作路径

（1）通过多边合作平台增进共识。通过多边合作平台如"一带一路"合作高峰论坛获取 G20 成员方对"一带一路"倡议的认同与支持。在可适性范围内对接 G20 峰会提出的发展战略。通过对接 G20 历届峰会提出的倡议及决策，加深两者合作。

（2）加强"一带一路"与 G20 在国际金融领域的合作。拓宽融资渠道以提供资金支持，推动绿色金融以实现可持续发展，并且要在金融监管领域合作以防范金融风险。

（3）推动 G20 与"一带一路"共同参与全球经济治理。2019 年 6 月 28 日，国家主席习近平在 G20 领导人峰会上发表题为《携手共进，合力打造高质量世界经济》的重要讲话，获得 G20 的认同和支持。

（六）"一带一路"与亚洲基础设施投资银行（AIIB）的合作

1. "一带一路"与 AIIB 的合作基础

亚洲基础设施投资银行（AIIB）推动"一带一路"沿线经济联动发展，"一带一路"推动 AIIB 创新发展。AIIB 为加快整个亚洲的经济发展铺平了道路，特别是其中对于基础建设项目的支持，不仅弥合亚洲国家之间存在的基建差距，更有助于推动各国经济发展、创造就业机会。而"一带一路"建设为 AIIB 带来了不同于亚洲开发银行等传统区域金融机构的创新发展。

2．"一带一路"与 AIIB 的合作路径

（1）加强 AIIB 在"一带一路"建设中的金融支撑点作用。发挥 AIIB 金融支持点作用，进一步推动亚洲地区基础设施建互联互通。建立亚投行与各国政府的有效沟通机制，与各国国内战略对接。

（2）加强与其他金融机构的交流与合作。通过亚洲金融协会以及"一带一路"合作高峰论坛等合作平台，促进地区金融机构经验分享和业务交流，共同维护区域经济金融稳定。推动《关于加强在"一带一路"倡议下相关领域合作的谅解备忘录》落实，与其他多边开发机构达成更多实质性合作文件。

（3）推进人民币区域化布局，建立人民币生态圈。发挥人民币在"一带一路"建设中的跨境贸易计价结算功能、投融资功能、资产配置功能以及离岸人民币市场作用，深化与"一带一路"沿线国家的货币金融合作。

（七）"一带一路"与多边投资担保机构（MIGA）的合作

1．"一带一路"与 MIGA 的合作基础

（1）MIGA 与"一带一路"建设肩负相通的使命，共同致力于增进全人类福祉。两者都是基于世界经济的发展、增进人类共同福祉而产生，其合作具有深厚的基础，通过合作向着共通的使命不断努力。

（2）MIGA 成员国与"一带一路"合作国家高度重合。多边投资担保机构在成员国覆盖上的普遍性，除巴勒斯坦外，MIGA 成员国覆盖"一带一路"合作国家。

（3）MIGA 与"一带一路"合作实践现状及更密切合作前景。2017 年 5 月，首届"一带一路"国际合作高峰论坛中，我国财政部与世界银行集团、亚洲开发银行、欧洲投资银行等六家银行共同签署了《关于加强在"一带一路"倡议下相关领域合作的谅解备忘录》，世界银行行长金墉出席会议并指出截至 2017 年，MIGA 通过提供政治风险担保和信用增级，提供了 10 亿美元担保，并促进了"一带一路"沿线 18 亿美元的投资，并表示将随时准备帮助"一带一路"倡议的承诺成为现实，还表示将主要通过世界银行集团中世界银行、国际金融公司和多边投资担保机构这三个机构能够为利用公共和私人资金投资"一带一路"

沿线国家提供一套独特的工具与专长。2019年4月，第二届"一带一路"国际合作高峰论坛中，中国财政部与欧洲复兴开发银行、亚洲开发银行等就助力"一带一路"合作事宜成立多边开发融资合作中心。

2. "一带一路"与 MIGA 的合作路径

（1）借鉴 MIGA 经验建立和完善"一带一路"投资保险机制。借鉴 MIGA 经验完善我国海外投资保险制度。首先，制定和完善有关海外投资保险法律、法规和规章。第一，根据"一带一路"建设实际需要灵活调整承保条件。适当调整有关合格投资的规定，将非股东贷款以及特许权协议、经营性租赁协议等契约性投资以及并购形式进行的投资纳入到合格投资形式范围。第二，扩大合格投资者范围，考虑自然人和非法人组织以及港澳台投资者合格投资者地位。根据实际需要灵活调整承保范围，适当扩大征收险的范围，将间接征收包括在内。第三，增强机构运作的市场化、规范化、透明化。其次，借鉴 MIGA 经验建立区域投资保险制度（RIGA）。MIGA 在实体规则和运行程序规则如险别范围、机构设置、担保申请程序等许多方面都值得 RIGA 借鉴。

（2）推进与 MIGA 的交流合作和相关成果的落实。首先，推进 MIGA 与有关政府部门的交流合作，争取 MIGA 工作重心向"一带一路"进行适当转移。其次，通过共同保险和再保险计划与 MIGA 进行合作，增加中信保产品附加值，分散中信保担保风险，提高中信保承保，这样也增加了 MIGA 担保容量，克服 MIGA 担保容量的国别和项目限制。MIGA 与中信保在 2005 年曾达成一份谅解备忘录，但后续并未取得其他实质进展。在"一带一路"建设中，中信保与 MIGA 应当积极洽谈合作事宜，推动双方进一步落实具体合作内容。再次，加强 MIGA 与银行机构的交流合作。在项目信用结构的完善、业务风险防控水平上，亚洲基础设施银行、国家开发银行等银行需要与 MIGA 开展进一步交流合作。最后，推动更多实质性成果的达成和落实。我国有关政府部门、中信保、银行等在与 MIGA 交流合作过程中达成了许多成果，其中以《谅解备忘录》为主。但备忘录等文件并不具有实质性内容，且后续并未达成更进一步合作文件，需要尽快推动达成后续合作文件并加快这些文件的具体落实。

（3）进一步加强对 MIGA 投资保险的运用。首先，支持和鼓励投资者寻求 MIGA 投资保险。加强有关 MIGA 投资保险的宣传工作，建立对 MIGA 运用的配套规则和机构，制定运用 MIGA 的配套法律、法规、规章，建立负责与 MIGA 相关事务的工作机构。其次，不断提高对 MIGA 投资保险的运用能力，立足自身实际,选择适合的投资保险,不断提高投资环境和社会效益。

(八)"一带一路"与国际投资争端解决中心(ICSID)的合作

1. "一带一路"与 ICSID 的合作基础

(1)"一带一路"合作国家与 ICSID 成员高度重合。将 ICSID 作为第三方投资争端解决机构引入多元化的"一带一路"投资争端解决机构,首先要考虑的是"一带一路"合作国家是否属于其成员。截至 2019 年 2 月 16 日,ICSID 共有 154 个成员,除巴勒斯坦、马尔代夫、不丹外,"一带一路"沿线国家都是 ICSID 的缔约国。ICSID 缔约国中有 105 个国家与中国签署共建"一带一路"合作文件,将 ICSID 纳入多元化的"一带一路"投资争端解决机制具有良好的成员基础。

(2)"一带一路"沿线国家倾向选择 ICSID 作为第三方投资争端解决机构。"一带一路"沿线国家对外签订的双边投资保护协定多选择 ICSID 作为第三方投资争端解决机构。"一带一路"沿线 66 个国家中有 63 个国家选择过 ICSID 作为第三方机构,占比高达 95.45%,选择了 ICSID 作为第三方机构的双边投资保护协定占比超过 50% 和超过 67% 的国家分别为 52 个和 31 个。这说明"一带一路"沿线国家对 ICSID 作为第三方投资争端解决机构具有较高的认同。

2. "一带一路"与 ICSID 的合作路径

(1)借鉴 ICSID 经验建立"一带一路"投资争端解决机制。

第一,借鉴 ICSID 经验构建多元化的"一带一路"投资争端解决机制。在尊重差异的基础上最大程度凝聚共识,在考虑"一带一路"建设重点领域和沿线国家实际情况的基础上,逐步凝聚共识在重点合作领域取得突破,理顺各投资争端解决机制管辖范围。协调"一带一路"投资争端解决机制管辖权,多元化的"一带一路"投资争端解决机制将给予投资者与东道国在投资争端解决上根据自己实际情况进行选择的自由。因此,在管辖权上需要根据各国实际情况,尽量减少限制,为投资者与东道国在投资争端解决方式选择上提供多种选择。

第二,借鉴 ICSID 经验推动以公约为基础的"一带一路"投资争端解决机制构建。首先,ICSID 的成立离不开世界银行集团的努力。因此,"一带一路"投资争端解决机制的建立可以充分发挥亚洲基础设施投资银行的作用,通过亚洲基础设施投资银行搭建平台推动投资争端解决机制建立。其次,在具体规则上如管辖权、法律地位、组织机构等可以在借鉴 ICSID 规则的基础上进行适当的创新。ICSID 当前面临的发展危机需要"一带一路"投资争端解决机制引以为鉴，尽力避免。

(2) 以当前 ICSID 改革为契机推动两者彼此协调。

第一，发挥"一带一路"相关国家主动性以推动上诉机制改革。通过观察 ICSID 案件相关情况，可以发现"一带一路"沿线国家作为被诉东道国的概率很高。"一带一路"合作国家不断增多，截至 2019 年 4 月 30 日已有 131 个国家签署共建"一带一路"合作文件。ICSID 的 151 个缔约国中，有 105 个是"一带一路"合作国家，这为"一带一路"合作国家发挥主动性推进上诉机制改革提供了很大的可能性。

第二，合理调整仲裁成本以适应"一带一路"实际情况。ICSID 仲裁时间成本和金钱成本对"一带一路"沿线发展中国家来说负担过重，这将成为"一带一路"与 ICSID 合作的障碍。对"一带一路"沿线众多发展中国家及投资者来说，仲裁成本对其投资争端解决具有重要影响。尤其在沿线国家中小投资者逐步走出去参与"一带一路"建设情况下，提升仲裁的时间和成本效益成为投资争端解决机制的重要改革内容之一。因此，应当抓住此次改革机会，通过 ICSID 提供的成员国和公众意见搜集平台提出意见，并推动提案有关内容的细化及提案的通过生效，推进 ICSID 在仲裁成本和"一带一路"沿线国家及投资者实际情况相适应。

第三，扩大"一带一路"相关国家所占仲裁人员的比例。"一带一路"相关国家应当抓住此次规则修改机会，将仲裁人员方面改革愿望反映到 ICSID 规则修改中，要求扩大本国国民仲裁人员数量，发挥发展中国家参与国际规则构建的作用。在参与改革中，不断推动 ICSID 机制更加符合"一带一路"沿线国家实际需要，进而促进"一带一路"与 ICSID 的交流合作。

(3) 通过国际合作平台加强交流增进共识。

第一，增进"一带一路"相关国家对 ICSID 的认同。"一带一路"沿线国家中有十个国家尚未加入《华盛顿公约》，还有其他三个国家尚未批准该公约，有必要通过国际合作平台进一步加强交流、增进共识，推动沿线国家加入公约并加快公约的批准生效为两者合作提供前提。

第二，化解条约保留问题。在尊重沿线国家的实际需要的基础上，通过交流合作进一步放开有关领域的保留以增进 ICSID 机制的统一性，促进"一带一路"与 ICSID 合作在更深层次展开合作。

第三，加强合作以促进人力资源的良性流动。"一带一路"投资争端解决机制将需要大量优秀国际仲裁及调解人员，"一带一路"应当考虑与 ICSID 加强相关合作，联合培养仲裁员、调解员，为"一带一路"投资争端解决机制储备人力资源的同时，更好地实现两者在人力资源上的良性流动。

第一章
问题的提出

面对世界发展和全球治理的挑战，中国提出"一带一路"倡议。六年来，"一带一路"始终坚持开放包容、合作共赢，为沿线国家增添新的发展机遇，为全球治理注入新的力量。国际组织是多边机制的运行者，是当前全球治理的重要力量，也是共建"一带一路"的重要合作伙伴。"一带一路"已经在相关领域与一些国际组织开展合作并取得进展，但目前合作的组织以及内容仍有待扩展。"一带一路"与多边机制合作首先需要厘清"一带一路"的属性，以消除多边机制的疑虑；其次需要探究两者合作的必要性和可行性，为合作提供理论支撑。"一带一路"与多边机制合作是提升"一带一路"自身建设质量的要求，也是多边机制自身改革和发展的新机遇，更是优化全球治理格局和水平的重要途径。"一带一路"与多边机制彼此的目标和利益相契合，有着良好的合作基础和广阔的合作空间。

第一节 "一带一路"是一种怎样的存在

"一带一路"尚未建立完整的制度规则，理论上存在着"一带一路"是区域主义或是多边主义的争论。我们认为，"一带一路"以地缘为主干但不受地缘限制，以促发展为主导但不限于发展，提倡共商、共建、共享但不强加意志，由中国倡导和践行但不大包大揽，是以发展为导向的开放的区域主义，最终将走向多边主义，是一种创新合作机制。

一、以地缘为主干但不受地缘限制

（一）全球化时代新型地缘政治关系

"一带一路"实施以来，在政策、基础设施、贸易、资金、民心方面开展五通，促进了沿线国家各方面的发展，实实在在惠及沿线各国人民。截至 2019 年 4 月 30 日，已有 57 个"一带一路"沿线国家与中国签订共建"一带一路"协议。①然而，一些国家质疑"一带一路"是一种地缘政治战略，有国外学者以麦金德的"心脏地带"理论为基础②，提出"一带一路"主要通过基础设施互联互通如铁路网络建设，推动经济力量扩展到欧亚大陆心脏地带，以实现霸权。这种扩张性、对抗性、争夺性思维方式显然延续了传统地缘政治理论对"一带一路"倡议的歪曲和误解。

基于古丝绸之路的框架，2013年9月，习近平主席提出共同建设"丝绸之路经济带"，同年10月又提出"21世纪海上丝绸之路"，两者简称"一带一路"。2015年3月，经国务院授权发布的《推动共建丝绸之路经济带和21世纪海上丝绸之路的愿景与行动》指出"一带一路"框架思路是依托海上丝绸之路和陆上丝绸之路促进沿线各国合作开放，实现区域更好地发展。同时，《推动共建丝绸之路经济带和21世纪海上丝绸之路的愿景与行动》强调"一带一路"建设欢迎世界各国和国际组织等多方积极参与。"一带一路"着眼于沿线国家合作开放，进而实现区域发展，致力于与沿线国家共同打造全方位开放包容的网络体系，在多元开放中与世界各国和国际组织等共创美好未来。因此，"一带一路"以地缘为主干但又不限于沿线国家，与地缘战略有着本质区别。③但是，"一带一路"带来的区域发展乃至全球新的发展，尤其是经济实力的增强，势必会引起世界地缘政治格局的变化。换句话说，"一带一路"在促进发展中国家经济发展的同时，会对传统发达国家主导的地缘政治产生影响，"一带一路"具有与生俱来的地缘政治属性。

在全球化时代，"一带一路"的地缘政治关系与传统的地缘政治理论有着本质的不同，它是一种新型的地缘政治关系。首先，它是沿线发展中国家主导的，秉承开放包容的理念，通过与世界各国和国际组织等多方的合作共同创造美好未来，这与传统地缘政治理念对抗性、争夺性发展模式有所不同。其次，"一带一路"倡导在合作共赢中实现共同发展，这与传统地缘政治理念只关注自我利益的扩张相区别。最后，"一带一路"致力于促进全球共同繁荣，完善全球治理，构建人类命运共同体，它与传统地缘政治理论中注重权力和财富的争夺存在差

---

① 参见《已同中国签订共建"一带一路"合作文件的国家一览》，https：//www.yidaiyilu.gov.cn/xwzx/roll/77298.htm。
② David Arase, "China's two silk roads initiative: What it means for Southeast Asia", Southeast Asian Affairs（1, 2015），pp.25-45.
③ 参见周强、杨宇、刘毅、翟崑《中国"一带一路"地缘政治研究进展与展望》，《世界地理研究》2018年第3期。

别。因此,"一带一路"以地缘为主干但又不受其限制,通过区域发展推动全球发展,是一种新型的地缘政治关系。

(二)开放的区域主义到多边主义

1. 以发展为导向的区域主义

"一带一路"到底是区域合作机制还是多边机制,理论界对其存在争议。2015年《推动共建丝绸之路经济带和21世纪海上丝绸之路的愿景与行动》多次强调通过区域合作促进沿线国家经济和政策的发展和协调,开展大范围、高水平、深层次区域合作。这在一定程度上说明了"一带一路"是一种区域主义,它以沿线国家为基础,强调以地缘为主干,推动沿线国家各方面发展。

但是,《推动共建丝绸之路经济带和21世纪海上丝绸之路的愿景与行动》中还存在两项原则性的表述,第一是对"一带一路"的开放性特征作出明确表述;第二是强调共同打造开放性、包容性、均衡和普惠的区域经济合作框架,构建全方位开放新格局。这是否说明"一带一路"是一种多边主义?显然,从当前实际情况和可行性上来看,"一带一路"并不能成为多边主义。

首先,如果"一带一路"是一种替代性的多边主义,那么"一带一路"与当前存在的多边合作机制如联合国(或简称"UN")、世界贸易组织(或简称"WTO")并存,将与全球化理念、趋势相背离。其次,如果"一带一路"是一种补充性的多边主义,那么"一带一路"贸易、投资等都需要在现有多边体制内开展,如在WTO框架内开展。两种看法的实质是"一带一路"与现有多边机制是包含于被包含的关系,相当于多边机制的细化。这与"一带一路"作为全球经济治理中国方案的宗旨不相适应。[①] 因此,"一带一路"既不是简单地以地缘为基础的区域主义,也不是一种替代性或者补充性的多边主义。那么"一带一路"到底是什么属性?这需要结合时代背景和"一带一路"建设的实际情况等多方面因素来考量。"一带一路"的定位是通过沿线国家的合作和发展带动全球经济交流和增长,在共同发展中实现共同繁荣,在全方位务实合作中打造利益、命运、责任共同体。"一带一路"是以发展为导向的区域合作机制,最终将走向多边主义,它是一种创新合作机制。[②] 因此,"一带一路"既不是简单的

---

① 参见王国刚《"一带一路":建立以多边机制为基础的国际金融新规则》,《国际金融研究》2019年第1期。
② 参见李向阳《"一带一路":区域主义还是多边主义?》,《世界经济与政治》2018年第3期。

区域主义，也不是多边主义。

2. 从惠及沿线国家到广受欢迎的国际公共产品

"一带一路"是以发展为导向的区域合作机制，它以地缘为主干，其框架设计中"六大经济走廊"建设和"五通发展"成为沿线国家崛起的助推器。同时，发展导向型的"一带一路"合作机制以地缘为主干但不限于此，其在沿线国家产生的外溢效应已扩展到全球，惠及更多国家。自 2008 年金融危机爆发至今十多年，世界经济还未从巨大冲击中复苏。在英国脱欧、美国退出《巴黎协定》《跨太平洋伙伴关系协定》（TPP）以及威胁退出 WTO 等事件的影响下，逆全球化浪潮正在成为多边规则的阻碍。美国以保护本国钢铁和铝工业安全为由频繁发起反倾销调查、实施配额管理等都显示出贸易保护主义有所抬头，以往主要国际公共产品提供者美国正在急剧缩减公共产品供给，转向满足国内发展需要。在这种形势下，"一带一路"以沿线基础设施建设为抓手，为全球贸易投资发展注入活力，已经成为越来越受欢迎的国际公共产品。它以地缘为主干但不限于此，通过不断优化目标定位，提升参与国家的利益受惠面和民众获得感，在国际项目和第三方国际参与方面给予关注。因此，"一带一路"已经突破区域合作，成为广受欢迎的国际公共产品，为世界经济增长和全球经济治理增添活力。

（三）海上、陆上、冰上丝绸之路共同推动全球互联互通

1. "一带一路"不断扩展地理范围

2013 年习近平主席分别提出"丝绸之路经济带"和"21 世纪海上丝绸之路"，以传承和提升古丝绸之路。海上和陆上丝绸之路结合起来贯穿了欧亚大陆，将亚太经济圈和欧洲经济圈东西连接起来，并以此为基础与沿线国家共同应对世界经济发展问题，促进全球经济增长。其中，陆上丝绸之路依托国际大通道打造国际经济合作走廊，如中蒙俄经济走廊、中国—中亚—西亚经济走廊等。海上丝绸之路以重点港口为节点，着力于国际运输大通道的不断畅通。

"一带一路"的地理范围并不是固定的，其开放性、包容性也在不断地吸引更多国家参与。因此，"一带一路"地理范围是动态的。2018 年 1 月，中国首份官方阐述北极政策文件——《中国的北极政策》白皮书由国务院新闻办公室发

表,标志着"冰上丝绸之路"建设将循着新的"北极四原则"推进。[①]"尊重、合作、共赢、可持续"的四原则将指导北极域内国家和域外国家在此基础上更好地开展合作,也使最初的"一带一路"地理范围的描述在更大的范围内得到扩展。"一带一路"秉承着开放的区域主义特色,坚持发展导向,以海上、陆上丝绸之路沿线国家为主干,撬动全球的合作和经济发展,摒弃封闭,不断走向开放。海上、陆上、冰上丝绸之路将打造全球互联互通的伙伴关系,共同描绘构建人类命运共同体的宏伟蓝图。

2. "一带一路"朋友圈逐步贯通全球

"一带一路"提出以来,在从"写意画"到"工笔画"演变过程中,其朋友圈也在同步扩大,合作伙伴遍布全球。"一带一路"最初以古丝绸之路即海上、陆上丝绸之路沿线65个国家为主干,其范围在逐步扩大。截至2019年4月30日,57个沿线国家与中国就共建"一带一路"签署合作文件,此外还有74个国家和30个国际组织就共建"一带一路"与中国签署了合作文件。这说明"一带一路"并不止于地缘,其开放性、包容性、互惠性正吸引越来越多国家加入到"一带一路"朋友圈之中。中国与中东欧国家"16+1合作"升级为"17+1合作"机制,中非峰会后40个非洲国家加入"一带一路"朋友圈都表明"一带一路"的影响力不断扩散,全面合作机制逐步增强,与更多国家、国际组织共商、共建、共享,互联互通的巨大前景正逐步被激活。

"一带一路"并不会止步于此,推进"一带一路"建设工作领导小组办公室综合组组长肖渭明于2019年6月表示,亚欧大陆是"一带一路"建设的重点地区,拉美是21世纪海上丝绸之路自然延伸,两者都包含在"一带一路"下一步扩展的重点方向范围内,合作前景和潜力巨大。"一带一路"建设下一步工作重点是凝聚合作共识,与更多国际主体签署"一带一路"相关合作文件,不断推进基础设施建设和经贸合作,使共建"一带一路"成果更好地惠及沿线国家。在"一带一路"逐步成为国际公共产品背景下,要不断争取更多国家和国际组织加入到"一带一路"朋友圈,构建全球互联互通伙伴关系。

[①] 参见《白皮书:中国愿与各方共建"冰上丝绸之路"》,http://www.gov.cn/xinwen/2018-01/26/content_5260896.htm。

二、以促发展为主导但不限于发展

(一)"一带一路"关注全球发展问题

1. 当前全球经济治理挑战中发展问题突出

当前,全球经济治理面临许多问题和挑战,治理赤字问题严重,桎梏着全球经济发展,发展问题已成为全球经济治理的关键问题。伴随着英国脱欧、美国退出《跨太平洋伙伴关系协定》(TPP)而显现出逆全球化趋势,全球经济发展陷入困境。美国为保护本国利益对钢铁和铝征收关税并威胁退出WTO使多边规则受到冲击,贸易保护主义抬头。以美国为代表的发达国家以本国利益为出发点,急剧缩减全球公共产品的供给,全球面临的发展问题突出。

如何面对经济全球化背景下全球经济增长动力不足、发展面临困境是全球经济治理亟须解决的问题。毋庸置疑的是,解决发展问题需要全球范围内更紧密的协调合作,需要主权国家和各类国际组织在贸易、投资、宏观政策等诸多领域协调合作,需要更广泛和受欢迎的国际公共产品。联合国《2030年可持续发展议程》指出优质、可持续的基础设施对经济发展和人类福祉的重要作用,强调基础设施对发展的保障性、培育性作用,是开展全球经济治理和各国经济发展的指导性文本。

值此之际,以推动沿线国家基础设施互联互通为重要内容,通过互联互通推动全球发展的"一带一路"倡议应运而生。它与联合国《2030年可持续发展议程》保持一致,重视发挥基础设施对经济发展的基础性和培育性作用,使全球经济发展具备充实的物质基础,为全球经济发展提供新选择和新机遇。

2. "一带一路"以促发展应对全球经济治理挑战

当前发展问题已成为全球经济治理的关键问题之一。"一带一路"以促发展为主导,一方面通过基础设施互联互通促进经贸合作,另一方面加强沿线国家经贸联通,为治理全球发展问题提供新思路。

基础设施联通建设取得明显进展。作为"一带一路"建设的优先方向,全方位、多层次、复合型的基础设施网络正在加快形成,以优化区域内资源要素配置、促进区域发展。联结亚欧经济圈的六大国际经济走廊建设取得明显进展,如匈塞铁路塞尔维亚境内贝—旧段开工,中蒙俄(二连浩特)跨境陆缆系统已建成,中老铁路、中泰铁路等项目稳步推进等。此外,在以铁路合作、公路合作、港口合作、航空运输、能源和通讯设施建设方面为重点的基础设施互联互通水平也在大幅度提升，如截至 2018 年底，16 个国家的 108 个城市已由"中欧班列"联通。除了运送货物数量增多外，口岸便利化协作也使通关时间和平均查验了降低了 50%。

贸易投资畅通释放发展潜力。首先，《推进"一带一路"贸易畅通合作倡议》、通过"一带一路"国际合作高峰论坛签署的 100 多项合作文件以及逐步形成的沿线国家自由贸易区网络体系，贸易和投资自由化便利化水平不断提升。其次，"一带一路"贸易规模不断扩大，极具发展潜力。根据世界银行（即国际复兴开发银行，或简称"WB"）研究组的分析报告[①]，"一带一路"使 71 个潜在参与国贸易往来增加 4.1%。此外，"一带一路"推动贸易方式不断创新，跨境电子商务发展迅速，并在金砖国家等合作机制下形成了电子商务合作文件。

"一带一路"基础设施和产能合作的融资支持。资金融通是推动发展的重要支持力量，"一带一路"产能合作和基础设施产生了巨大融资需求。与此同时，各国主权基金和投资基金开始发挥重要作用，如 2018 年 7 月开始运作的由丝路基金和欧洲投资基金共同投资的中欧共同投资基金投资 5 亿欧元，对接"一带一路"与欧洲投资计划以促进双方共同发展。其次，多边金融合作机制发挥着重要支撑作用，2017 年成立的中国—中东欧银联体、2018 年成立的中国—阿拉伯国家银行联合体以及中非金融合作银行联合体成立都为"一带一路"投资项目提供了重要支持。此外，金融市场体系逐步建设完善以及互联互通不断深化都极大地促进了沿线贸易投资发展。

（二）"一带一路"致力于全球经济治理

1. "项目先行"的全球经济治理新思路

（1）平等和包容的制度设计。"一带一路"倡议从一开始就不是封闭的、排他性的，它鼓励更多的国家和国际组织参与其中，并在合作中实现互利共赢。"一带一路"以广大发展中国家为出发点，在全球经济治理中首先推动现有多边规则的改革，使其更能反映发展中国家的利益，体现平等和包容。如人民币入篮体现的是更加平等和包容的国际货币体系改革。另一方面，在推动现有制度的

[①] 世界银行集团（WBG）由国际复兴开发银行（IBRD）、国际开发协会（IDA）、国际金融公司（IFC）、多边投资担保机构（MIGA）和国际投资争端解决中心（ICSID）五个成员机构组成。其中国际复兴开发银行又称世界银行（WB），与国际开发协会、国际金融公司并为世界银行集团三大金融机构，而多边投资担保机构和国际投资争端解决中心为投资促进机构。

平等化和包容化之外，"一带一路"以现有国际制度为基础建立新的补充制度。如吸收世界银行、欧洲开发银行等多边机构的经验教训成立的亚洲基础设施投资银行（以下简称"亚投行"），尊重多边性，促进亚洲基础设施建设、私人资本流动以及互联互通，实现平等和包容化发展。

（2）在既有的多边国际规则之上平衡制度化和非建制。"一带一路"尚未形成普遍的具有约束力的规则，在其成立之初也未像世界贸易组织、世界银行等机制那样制度和承诺先行。"一带一路"采取更务实的推进方式——具体合作项目推进，建立亚投行并同沿线国家签订合作备忘录。"一带一路"并未通过推翻现有多边规则来创建新的规则，而是在现有国际规则的基础上搭建合作平台广泛开展合作。除此之外，"一带一路"在现有国际规则薄弱或者不合理之处不断进行完善并推进其改革发展，对接多边和区域合作机制，今后也将继续朝着更加开放包容、合作共赢的方向发展。

2. 创新、活力、联动、包容的全球经济治理新理念

面对当前全球经济治理的诸多问题和挑战，"一带一路"的重要贡献在于其丰富了全球经济治理理念，以创新、活力、联动、包容推进全球经济治理新发展。

"一带一路"首先是当前全球经济治理的一种创新机制，创新也始终贯穿"一带一路"的推进过程之中。"一带一路"的创新具体体现在合作与发展方式方面，如在以基础设施建设为重点的合作项目中推动参与主体的多元化，将政府和社会资本相结合实施公私合营合作（PPP）并不断尝试将其资产证券化。活力体现在通过与"一带一路"国家达成官方产能合作文件，培育和建设其生产能力，完善其产业结构，挖掘发展潜力。通过产能合作而不是单纯的资金和技术援助来调动"一带一路"合作国家的积极参与性，促进其可持续发展并为全球经济治理注入活力。联动是"一带一路"的重要体现，具体表现为以沿线国家的互联互通为基础的"五通"，即在政策、设施、贸易、资金、民心五个方面联动沿线国家，并以此为基础联动更多国家，共同打造人类命运共同体。全球经济治理需要包容性的安排，而"一带一路"无论是规则制度的安排还是与其他主体的合作都体现了其包容性。首先，"一带一路"以现有的国际规则为基础开展合作，并未推翻现有国际规则。其次，"一带一路"欢迎更多的国家和国际组织参与其中，在合作中实现共赢。签订共建"一带一路"合作文件的国家和国际组织不断增多也印证了"一带一路"的包容性。全球经济治理需要创新、活力、联动、包容的新理念，需要"一带一路"。

三、共商、共建、共享但不强加意志

(一)"一带一路"——国际合作新平台

1. 国际合作平台的核心要义是共商、共建、共享

"一带一路"是面对全球经济治理挑战和问题提出的"中国方案",其定位是在新的形势下为各国提供国际合作新平台。通过这个平台,各国在从共商到共建再到共享中实现互利共赢、共同发展。

共商是指大家的事大家商量,它体现的是各方利益、意愿、智慧的结合。同时,汇集各国的智慧和力量、兼顾各方利益和关切也符合"一带一路"开放性、包容性特点。共建是指各国共同推进项目实施,进而推动"一带一路"建设的不断前进。共建的目的在于联结各方优势和力量,调动其主动性,共同致力于全球发展繁荣。"众人拾柴火焰高""聚沙成塔、积水成渊",要使各国共享"一带一路"成果,进而推动全球经济治理新发展,就要齐心协力共建"一带一路"。共享是指"一带一路"建设成果公平地惠及各参与主体。不像欧美有些学者"债务陷阱论""转移过剩产能论"所说的那样,相反,"一带一路"体现的是共赢。"一带一路"作为开放的区域主义,在向多边主义发展的过程中始终坚持共商、共建、共享,它不通过建立新的固定机制、签订约束性文件来强迫其他主体参与,而是始终以该理念吸引其他国家自愿参与和合作。"一带一路"的实践也证明其一直践行着共商、共建、共享的核心理念,并由此为合作国家带来众多实惠。

2. 共商、共建、共享贯穿"一带一路"建设始终

共商、共建、共享是"一带一路"建设不断向前推进的重要方式,具体体现在"一带一路"各个项目建设,全过程。从与合作国家签订共建"一带一路"合作文件,到具体项目规划建设,再到实实在在的成果惠及各方,整个过程完整地体现了共商、共建、共享。

以中巴经济走廊为例,"1+4"合作布局是中巴为深化开展经贸合作在共同商议下所确定的。它将巴基斯坦国内经济发展战略与中巴经济走廊对接,同时也与中国西部大开发战略对接。在中巴经济走廊建设中,巴方政府为推进双方合作,从财政预算到走廊项目配套设施建设完善都做出了相应安排,以完善走廊协调机制,优化项目运行。中方也为企业"走出去"提供一系列支持。在中巴经济走廊的共商、共建中,早期收获项目如能源极大地缓解了巴基斯坦国内电力紧缺制约经济发展的突出矛盾,还另外形成了辐射周边国家的贸易大通道

和物流网络。

共商、共建、共享是对追求自身利益最大化的霸权理念的冲击,得到了广大发展中国家的支持,"一带一路"建设将始终贯彻共商、共建、共享理念。

(二)共商、共建、共享下"一带一路"合作伙伴不断扩容

1. 共商、共建、共享的实质是践行多边主义

"一带一路"从来不是中国单方面意志强加于其他国家之上,这也是由"一带一路"的属性决定的。现阶段"一带一路"是开放的区域主义,将朝着多边主义迈进,这决定了"一带一路"的治理结构、合作方式、发展路径。在由开放的区域主义迈向多边主义的过程中,"一带一路"在各方面都已经践行着多边主义,"一带一路"以共商、共建、共享作为其核心要义是这一过程的必然选择。

共建、共商、共享与联合国、世界贸易组织、世界银行集团等多边机制体现的理念相同,这不仅是出于其目标宗旨的考虑,更是当前多极化发展趋势下的必然结果。当前,各国紧密相连,没有哪个国家能够支配其他国家并将其意志强加于他国之上,世界朝着多极化方向发展,这正是多边主义兴起的原因。"一带一路"在多边主义兴起时产生并走向多边主义的最终归宿决定了"一带一路"不可能仅仅是单方意志强加的结果。"一带一路"从产生到现在,在合作共赢的道路上越走越远,获得了更多的认同和支持,也恰恰体现了共商、共建、共享的魅力所在。

毫无疑问的是,"一带一路"将继续坚持共商、共建、共享,让更多国际主体真正参与其中,共同主导"一带一路"并参与其制度规则设计。"一带一路"的未来发展掌握在各参与主体手中,各参与主体也将在共商、共建、共享中推动开放的区域主义最终走向多边主义。

2. 在共商、共建、共享中吸引更多国家参与

共商、共建、共享带给更多国家参与感和获得感,吸引越来越多的国家参与到"一带一路"建设中。截至 2019 年 4 月 30 日,有 131 个国家与中国签署了共建"一带一路"合作文件。

2019 年 3 月 23 日,意大利与中国签署"一带一路"谅解备忘录,成为首个加入到"一带一路"建设中的 G7 国家。4 月 12 日,希腊正式加入中国与中东欧国家"16+1"合作机制,"16+1"合作机制变为"17+1"合作机制。无论是意大利加入"一带一路"建设,还是希腊作为新成员加入"16+1"合作机

制，都表明中欧共商、共建、共享"一带一路"将迈入更广阔的空间。欧盟从 2013 年"一带一路"倡议提出伊始对其表示强烈的怀疑，到现在释放出积极的合作信号，可以说正是共商、共建、共享使其对"一带一路"有了正确的认识。中非"一带一路"合作过程也验证了在共商、共建、共享下，南南合作更加畅通。目前，40 个非洲国家已加入"一带一路"朋友圈，中非共建"一带一路"将继续推进。共商、共建、共享将持续推动"一带一路"向西欧、北美、拉美国家扩展，第三方市场合作也将取得更大的进展。

四、中国倡导和践行但不大包大揽

（一）中国是"一带一路"坚定的倡导者和践行者

面对全球治理的挑战和问题，中国提出了"一带一路"倡议。自"一带一路"倡议提出以来，中国始终扮演着积极的倡导者和践行者角色。中国提出丝绸之路经济带三大走向和 21 世纪海上丝绸之路两大走向形成的五大方向以及"六廊六路多国多港"的主体框架，倡导其他国家、国际组织参与其中共建"一带一路"，通过实际行动将布局开篇的"大写意"一步步变成精耕细作的"工笔画"。中国在国际社会中的身份定位直接影响着其行为模式，而倡导和践行"一带一路"符合中国负责任大国形象定位。

在中国的倡导和践行下，从古丝绸之路沿线国家如柬埔寨、哈萨克斯坦纷纷表示加入到中东欧 16 国表示对共建丝绸之路经济带的兴趣；从欧洲第一个与中国签署"一带一路"合作文件国家匈牙利到"一带一路"合作延伸到欧洲最西端并吸引英国、新西兰等发达国家陆续加入，"一带一路"正秉承着共商、共建、共享理念获得越来越多的认同和支持。毫无疑问，中国将始终是"一带一路"坚定的倡导者和践行者。

外界针对中国的批评和质疑从早期"中国威胁论""新殖民主义"到"债务陷阱论"一直存在，但"一带一路"的脚步在中国的推进下从未停歇，反而获得越来越多国家的认同和支持，这无疑是对质疑中国的最好回答。面对质疑除了用实际行动回应外，中国还要着力于构建"一带一路"话语权，才能防止这些质疑干扰"一带一路"的前进步伐。其中，要以负责任的大国形象，讲好"中国故事"，进行坦诚的交流而非盲目的强势反驳。"一带一路"不断取得重要成就，需要中国坚定不移地做好倡导者和践行者。

（二）"一带一路"建设需要多方力量共同推进

1. 中国当前并不具备单独推进"一带一路"建设能力

在国际规则方面，"一带一路"并不是"另起炉灶"替代当前存在的国际规则，这也是客观上的情况所致。中国现阶段并不具有独立创造新的国际规则的能力，只能以现有的可借鉴的规则为基础，发挥牵头作用，与其他国家、国际组织合作构建。①

亚投行作为"一带一路"建设中首个由中国倡议设立的多边金融机构，在吸收世界银行、欧洲开发银行等机构经验的基础上，依靠广泛合作力量发挥对"一带一路"基础设施建设的资金支持作用。亚投行在发起建立过程中，美国、日本等许多国家也参与其中，其环评专家、法律顾问专家来自世界银行。亚投行的设立既体现了中国的主导作用，也显示出各方合作共同以补充和完善国际秩序的努力。其次，在客观的经济实力方面，中国并不具备单独推进"一带一路"建设的经济能力。当今世界范围内，基础设施建设资金需求极大，仅亚洲地区每年就有近万亿美元的资金需求。②而且基础设施投资回收周期长、收益不确定，其融资面临困难，仅仅依靠世界银行、亚洲开发银行难以满足需要。"一带一路"作为最受欢迎的国际公共产品，是现有多边融资机制的有效补充，其中亚投行、丝路基金都是重要的融资平台。

此外，由中国与相关国家或国家群体创建的各类专项发展基金如中国—中东欧金融控股公司，以支持基础设施建设相关融资需要。美国曾是公共产品的主要供给者，但当前美国一系列"退群"行为和为保护国内工业采取的一些限制措施都表明其正在将战略资源收放到国内，显示出美国无力或者不愿充当国际公共产品的提供者。同理，中国仅凭自身也不能满足巨大的国际需求。因此，中国应当以现有国力为前提，争取更多国家、国际组织加入"一带一路"建设中，一同为世界经济发展提供支持。

2. "一带一路"需要中国与各方主体共商、共建、共享

"一带一路"不断取得进展得益于中国与各方主体的共同努力，其未来发展

---

① 参见贾文山、王婧雯《我国国际制度性话语权的现状与构建路径》，《国际新闻界》2017年第12期。
② 参见任琳、孙振民《"一带一路"倡议与全球经济治理》，《党政研究》2019年第3期。

也离不开各方在共商、共建、共享下的合力。首先,"一带一路"离不开中国的倡导和践行。中国的综合国力和国际影响力不断提升,面对当前全球发展赤字、治理赤字、民主赤字的挑战,中国主动承担其大国重任,提出全球治理的中国方案,以构建人类命运共同体。其次,"一带一路"的推进更需要各方主体的参与,"六廊六路多国多港"框架的推进必须依靠相关国家和国际组织。在"一带一路"建设中,中国要始终做积极的倡导者和践行者,通过现有多边合作机制如联合国、世界贸易组织、世界银行等,并依托各种国际合作平台如金砖国家论坛、"一带一路"国际合作高峰论坛等,加强交流合作,争取与更多国家或国际组织达成共识,在共商、共建、共享中共同推进"一带一路"行稳致远。

3."一带一路"坚持市场化运作以实现高质量发展

"一带一路"不是中国强加于各国的,而是通过与各国签署合作文件明确合作内容并贯彻共商、共建、共享以实现可持续发展。从项目选择到投融资合作都是参与各方共同做出的决策,项目合作并不是强加于人。2019年4月22日,中国与拉美国家首个多边金融合作机制——中拉开发性金融合作机制成立。它是在中国国家开发银行牵头下,拉美对外贸易银行、厄瓜多尔国家开发银行等机构纷纷加入,以更加紧密的金融合作促进更高水平的中拉合作。从其筹备到成立再到运行,都体现了项目合作由各方共同做出决策,项目运行体现"一带一路"坚持的市场化运作方式,中国更多的是"一带一路"的倡导者、推进者和践行者。"一带一路"与其他国际合作倡议一样,其实施过程中难免面对各种问题、风险和挑战,但通过与各国合作,推行市场化运作模式,总结经验和成果,促使"一带一路"更加成熟完善。

第二节 "一带一路"与多边机制合作有必要吗

"一带一路"需要更多国际主体参与其中,通过共同努力推进"一带一路"建设行稳致远,共享其建设成果。但合作并不是盲目的,而是建立在需要的基础上。"一带一路"与多边机制并不是相互取代的关系,"一带一路"是多边机制的补充和完善，能够促进彼此的发展。多边机制在"一带一路"建设中发挥自身在专门领域的特殊优势，提升"一带一路"建设的质量；"一带一路"帮助多边机制解决当前面临的发展瓶颈，推动其改革。更重要的是，多边机制是解决全球化问题的重要渠道和未来主流趋势，在全球治理中发挥着不可替代的作用，"一带一路"发展需要依靠多边机制；"一带一路"作为全球治理的"新思路""新方案"，与多边机制合作能够更好地应对全球治理面临的挑战。

一、提升"一带一路"建设的质量

（一）多边机制相比"一带一路"更具有专业性

1. 多边机制由众多国际组织构建、维护与运行

多边机制是全球化的产物，全球化使世界更加紧密的联系在一起。多边机制是相对于单边、双边机制而言的，主要是以参与主体的数量划分的。根据涉及主体的具体范围，多边机制有广义和狭义之分。狭义的多边机制仅指全球性多边机制，广义的多边机制包括全球性多边机制、区域性多边机制和特定国家间的诸边机制。通常情况下，多边机制主要指全球性多边机制。

当前全球性多边机制的具体运作依托国际经济组织，如在和平与发展领域依托UN，在贸易领域多边机制依托WTO，在货币金融领域依托IMF和WBG。以WTO为核心的多边贸易机制、以IMF为核心的多边金融机制、以WBG为核心的多边投资机制是多边机制的重要组成部分。全球性多边机制将众多国家、地区甚至有关国际组织纳入其中，共同参与国际经济治理规则的制定、运行和监督。全球性的经济治理规则通常需要具有普遍适用性，而此类规则特别是国际法规则需要经由主权国家的同意方能对其具有拘束力。因此，多边机制是产生全球经济治理规则的最适当途径。

2. 借鉴多边机制经验推动和完善全球治理

"一带一路"是全球治理面临挑战下中国基于时代的使命提出的新的发展方案。它与多边机制并不是相互取代、相互竞争的关系，而是多边机制的完善和补充。在"一带一路"倡议提出之前及以后，多边机制始终在自身领域发挥着不可替代的作用。从成立时间上来看，其早于"一带一路"而产生。并且，其在存在运行的过程中积累了丰富的经验，能够为"一带一路"所借鉴，使"一

带一路"少走弯路。

以亚投行为例。首先,亚投行在成立之初就十分重视开展多边合作,与世界银行集团、亚洲开发银行等机构进行合作并创新利用私人资本解决融资难题。其次,亚投行广泛吸收国际人才,使其组织架构和决策管理趋向合理完善。此外,其项目管理和发展模式也独具特色。作为同样背景下运用多边主义维护贸易投资秩序的典范,亚投行在这些方面的有益经验值得借鉴。目前,"一带一路"在发展中并未遇到较大阻碍,但是也尚未形成完善的规则制度。因此,"一带一路"在今后发展道路上还有很大的完善空间。

借鉴多边机制经验不仅可以展示"一带一路"开放包容理念、获得更多的认同,更有利于在多边机制经验基础上提升建设质量、实现自身更好发展。

3. 多边机制在专门领域助力"一带一路"

多边机制在自身领域内积累了丰富的经验,其运行机制、规则制度大多非常成熟,在其专门领域会比尚未形成制度规则的"一带一路"更有优势。以世界银行集团(或简称"WBG")为例,作为当代最重要的国际经济组织之一,在促进投融资和贸易发展领域相较于"一带一路"更有经验。世界银行集团主要通过国际复兴开发银行(或简称"IBRD")、国际金融公司(或简称"IFC")和国际开发协会(或简称"IDA")三个机构为"一带一路"私人和公共投资提供资金支持,并通过另两个机构开展投资促进活动。截至2017年,仅多边投资担保机构(或简称"MIGA")在政治风险担保和信用增级方面就提供了10亿美元担保,并促进了"一带一路"沿线18亿美元的投资。因此,现有的多边机制在其专业领域内能为"一带一路"提供有力的支持,助力"一带一路"为全球带来更大发展。

(二)"一带一路"与多边机制合作将更显成效

"一带一路"这六年来为沿线国家和全球带来许多实惠,在政策、基础设施、贸易、资金、民心五通方面取得诸多成效。像联合国、亚投行、世界银行集团等多边机制在其专门领域为"一带一路"建设提供了重要支持。"一带一路"作为多边机制的完善和补充,通过与多边机制合作,能够在提升"一带一路"建设质量的同时推动全球治理的完善和新发展。以联合国为例,近三年来"一带一路"与联合国开展合作取得了丰硕成果,其进展超出预期,如在绿色发展方面,"一带一路"秉持绿色发展理念与联合国开发署着力推进的《2030年可持续发展议程》对接。联合国开发署作为联合国实现可持续发展的重要机构,通过发布《中国"一带一路"境外经贸合作区助力可持续发展报告》及其他多份报告、提供培训等,致力于帮助"一带一路"国家实现联合国 2030 年可持续发展环境目标。可以确定的是,"一带一路"与联合国开发署的合作将推动"一带一路"绿色发展并走向可持续发展,提升"一带一路"建设的质量,这也说明了"一带一路"与多边机制合作能够实现共赢。

二、促进多边机制自身的改革与发展

(一)当前多边机制发展遭遇瓶颈

当前多边机制如世界贸易组织、世界银行集团、二十国集团等都是在发达国家主导之下设立的,从人员组成到决策机制的设计都较多地体现了发达国家诉求。随着世界经济一体化进程的加快和发展中国家的崛起,发展中国家日益呼吁关注自身发展、改革现有多边机制不合理之处。在此背景下,多边机制面临改革和发展的挑战,如何协调发展中国家和发达国家利益关系着多边机制自身的稳定发展,甚至生死存亡。

世界贸易组织作为最重要的国际经济组织之一,可以说正面临着严重的发展危机。在 WTO 框架下多边贸易谈判进展缓慢,许多国家转向区域合作。如何处理与贸易有关的投资问题,农业、服务业等敏感领域的贸易自由化如何推进,贸易保护主义抬头下如何继续推进贸易自由化等都是 WTO 当前面临的困境。这些问题归根到底是由发展中国家崛起并日益活跃地参与全球经济治理情势下,多边机制需要协调发展中国家和发达国家利益所引起的。发展中国家在世界贸易组织中的力量逐渐增强,而以美国为代表的发达国家的地位和影响力受到影响,其中美国转而采取贸易保护,一度威胁退出 WTO,这更给 WTO 协调两者利益带来困难,使其当前发展遭遇严重瓶颈。同样,国际货币基金组织(或简称"IMF")、国际投资争端解决中心(或简称"ICSID")等国际组织也面临着改革和发展问题。

因此,在崛起的发展中国家对多边机制提出新要求的情况下,多边机制如何回应发展中国家诉求,协调发达国家和发展中国家利益是当前改革和发展首要思考的问题。这一问题使多边机制普遍遭遇发展瓶颈,使全球治理面临挑战。

（二）"一带一路"推动多边机制新发展

1. "一带一路"是多边机制遭遇瓶颈下的创新机制

多边机制面临改革和发展困境，进而使全球治理面临诸多问题和挑战，"一带一路"正是为解决人类面临的共同问题、全球发展动力不足的中国方案。首先，"一带一路"由最大的发展中国家中国提出并践行，它更多地体现广大发展中国家的发展需求。其次，"一带一路"自提出后得到越来越多的认同和支持，不仅沿线国家参与到"一带一路"建设中来，英国、瑞士、新西兰等发达国家也纷纷回应并支持"一带一路"建设，这体现出"一带一路"也注意到发达国家的需要，具有极强的开放包容性。最后，"一带一路"秉承共商、共建、共享理念，着重于基础设施建设，并未用制度规则约束各参与国，而是在实践中通过协调各方利益共同塑造新的国际规则。它能够体现并兼顾发达国家和发展中国家不同的利益诉求，是发展中国家设计并共同推进的新的全球治理机制。

"一带一路"实施以来，用实际成果为发达国家和发展中国家描绘了良好的发展前景，其作为多边机制的补充和完善将与多边机制一同为全球治理发展和完善不断努力。

2. "一带一路"推动多边机制改革与发展

在多边机制遭遇发展瓶颈之际，"一带一路"用实际行动证明了其作为多边机制的完善和补充，将推动多边机制改革与发展。首先，"一带一路"在促进发展中国家基础设施、投资、贸易等方面发展的同时也关注发达国家的利益，使发展中国家和发达国家共享"一带一路"发展成果。"一带一路"协调了发展中国家和发达国家的利益，使两者有更多平等对话和沟通的机会，这将不断增进多边机制内部的相互理解，减少机制改革和发展的阻碍。

其次，"一带一路"的倡导者中国在不断推进多边机制的实质改革。2016年，国际货币基金组织兑现了其2010年提出的给予中国等发展中国家更大发言权的改革方案，其份额改革将中国投票权增加到6.390%，成为占基金份额比例仅次于日本和美国的首个发展中国家。G20为适应国际经济权力变化将"金砖五国"和其他新兴经济体包含在内，并将首脑峰会制度化。2016年召开的杭州峰会是G20历史上发展中国家参会数量最多的一次峰会，体现了G20不断关注发展中国家的倾向。值得注意的是，多边机制当前仍面临着改革和发展瓶颈，如IMF一票否决权弊端的克服、WTO多边贸易谈判的突破等，需要与"一带一路"加强合作以推动自身新发展。

三、优化全球治理的格局与水平

（一）全球治理需要"一带一路"和多边机制

1. 多边机制仍在全球治理中发挥重要作用

尽管当前多边机制面临改革和发展的诸多挑战，但多边机制如世界贸易组织、世界银行集团、国际货币基金组织等运行多年来，为世界经济发展做出不可估量的贡献，并将在当前和今后一段时间内继续推动全球发展。多边主义下的全球治理机制是经济全球化趋势的必然结果，而全球化发展趋势短期内难以被逆转，各国日益相互依存成为命运共同体。在全球化趋势下，多边主义是必然，单边主义、贸易保护主义等仅仅是全球化发展到一定阶段的暂时阻碍。

首先，虽然像世界贸易组织这样的多边机制正面临发展危机，但当前在贸易领域并未出现能够替代的其他机制。其次，经过多年的发展，世界贸易组织已经形成了一整套非常完善的规则体系，在贸易领域的地位无法动摇，其他多边机制亦然。再次，多边机制面临的危机正是伴随着全球化逐步显现的。随着新兴经济体的发展壮大，发展中国家和发达国家之间的不平等备受关注。多边机制不能回答为何受规则影响的众多群体本身无法对多边规则施加影响，这是多边机制必须关注和解决的问题。多边机制面对来自时代的挑战，只有改革自身不合理规则制度才能更好地在全球治理中发挥重要作用。

2. "一带一路"是全球治理新思路新方案

"二战"后，发达国家一直主导着重要国际经济组织，发展中国家呼吁改善世界经济秩序未得到回应。进入后金融危机时代，全球治理成为重要议题，而多边机制未能有效应对全球治理的问题和挑战。值此之际，"一带一路"背负着探索全球治理新模式的使命应运而生。"一带一路"关注发展中国家发展需要，并回应发展中国家的诉求，在"一带一路"建设中，中国与沿线广大发展中国家成为积极推进全球治理不断发展完善的主体。"一带一路"并不仅仅是发展中国家的独唱，许多发达国家如英国、意大利、新西兰等也积极参与其中。它体现的是相互尊重、平等互利、合作共赢的国际关系新理念，倡导在尊重各国主权平等的合作模式下，弥补全球治理体系存在的缺陷，成为全球治理的新思路、新方案。

（二）通过合作创建全球治理新模式

多边机制将在全球治理中持续发挥不可替代作用，但自身当前也面临着发展困境，仅仅依靠多边机制并不能很好的推进全球治理的发展完善以及人类世界的发展。"一带一路"虽然是为应对全球化时代治理危机而产生的以发展为导向的区域合作机制，但并不能完全担负起推动全球治理更加公平合理的重任。首先，"一带一路"只是开放的区域合作机制，向着多边主义迈进，但尚未成为真正意义上的多边合作机制，尚未形成明确完整的规则制度。其次，仅靠"一带一路"推动世界经济发展并不现实，不仅在资金方面受到限制，而且相比其他多边机制如联合国、世界贸易组织等在专门领域中的经验、能力上可能有所逊色。

"一带一路"与多边机制合作能够产生"1+1＞2"的效果，"一带一路"本身就是多边机制的补充和完善。"一带一路"与多边机制共同推动全球合作，既充分发挥发展中国家在"一带一路"中推动全球治理作用，也能消除欧美等国家对"一带一路"的怀疑而得到更多认同和支持。如前所述，"一带一路"与联合国、世界银行集团等多边机制已经进行多方面合作并不断取得进展。这说明通过两者合作增进交流和理解，发挥自身优势，在互利共赢下推动世界发展是当前全球治理较为可行的新模式。

第三节 "一带一路"携手多边机制可行吗

在明确"一带一路"与多边机制合作的必要性之后，需要探讨其可行性问题。"一带一路"携手多边机制首先应当建立在共同的目标和利益之上。"一带一路"涉及贸易投资、货币金融以及符合和平与发展的其他诸多领域，目标与多边机制具有相通性，两者都肩负着促进世界经济发展、提高人民生活水平、实现全球共同繁荣的人类使命。成员的重合性也使两者利益诉求趋同。目前，许多国际组织或与中国签订了共建"一带一路"合作文件，或在国际论坛上表达了对"一带一路"的认同和支持，表明多边机制与"一带一路"具备强烈的合作意愿，并在相关领域正在筹划或已经展开合作，相关的合作机制也在不断形成中。此外，"一带一路"与多边机制的合作实践也证明了合作为双方带来发展机遇，双方具备良好的合作前景。

一、有无契合的目标与利益

（一）涵盖国家重合使两者有着相同的利益诉求

多边机制如联合国、世界贸易组织、国际货币基金、世界银行集团等成员国众多且分布范围广，涵盖不同类型、不同发展阶段的国家，这是由多边机制本身的特征所决定的。"一带一路"提出以来，以实际行动逐渐获得越来越多国家的认同和支持。截至2019年4月30日，共有131个国家与中国签署了共建"一带一路"合作文件，其中包括许多发达国家在内。"一带一路"以发展为导向的区域合作机制、向多边主义迈进的属性将会吸引更多国家参与其中。这使得"一带一路"在利益诉求上与多边主义具有非常大的相似性，为两者合作奠定成员基础。

（二）高度一致的利益诉求和目标为双方合作增添基础

多边机制不同于双边机制，其利益诉求和目标超越双边局限，不仅仅是两个国家利益诉求的反映。多边机制具有开放性，其成员国并不是封闭的，这也就决定了其利益诉求和目标所包含内容的特征。

首先，多边机制成员国众多。无论从分布上来看还是从发展程度来看都有所差别，这就决定了多边机制要兼顾不同地区、不同国情、不同发展水平的国家利益诉求。其次，多边机制的开放性表示出其希望更多国家加入，在利益诉求和目标设置上必须考虑更多不同国家的情况。这些原因决定了多边机制的利益诉求和目标必须能够反映不同国家的共同利益诉求和目标。因此，多边机制的利益诉求和目标是为绝大多数国家所接受并反映绝大多数国家自身需要。

多边机制的利益诉求和目标多为在和平发展的环境下，推动贸易投资发展，促进世界经济不断增长，消除贫困，提升人民生活水平，增加就业，实现全球繁荣发展等内容。如联合国的宗旨是维护世界和平与安全，促进国际合作，消除贫困；再如世界贸易组织的目标是削减关税，促进贸易自由化，确保发展中国家尤其是最不发达国家在贸易增长中获得与其经济发展水平相适应的份额和利益。多边机制的利益诉求和目标大多类似，都致力于促进世界经济发展，减少贫困实现全球共同繁荣。

"一带一路"从产生起就十分关注广大发展中国家的利益诉求，在基础设施上为其提供支持并促进其贸易、投资等不断发展，同时与发达国家也展开诸多合作。"一带一路"在共商、共建、共享理念下,通过合作解决全球治理面临问题,推动经济发展,以构建人类命运共同体。因此"一带一路"与多边机制本质上具有高度一致的利益诉求和目标,这为两者通过合作共同促进全球共同繁荣奠定了基础。

二、有无合作的意愿、领域和机制

(一)合作是"一带一路"和多边机制的共同选择

世界从未像今天一样被紧密连在一起,全球化趋势下各国际主体相互依存,各方认识到只有合作才能实现共赢。"一带一路"从产生起就坚持开放包容、合作共赢等理念,核心要义是共商、共建、共享,它并不是中国一个国家的独舞而是要吸引更多共识之士参与,共同致力于全球治理新发展。多边机制本身也是合作、多赢思想下的产物,它将众多主体纳入其中,倡导在多边机制内各主体通过相互合作实现互惠共赢。国际组织与"一带一路"建设的理念高度契合,在共建"一带一路"上具有强烈的潜力和意愿。[①] 因此,合作是"一带一路"和多边机制的共识。

当前,多边机制如联合国、世界银行集团、亚洲基础设施投资银行、二十国集团等对"一带一路"表示认同和支持,并与"一带一路"正在商议或者已经开展了广泛的合作。联合国与"一带一路"已经开展了广泛而深入的合作,在政策协调、南南合作、绿色发展、促进联合投资和人文交流等方面取得重要成绩。国际货币基金组织也与"一带一路"建立了联合能力建设中心,以提高金融服务的质量和水平,提升建设项目的可持续发展能力,进而推动"一带一路"可持续发展。世界银行不仅与"一带一路"达成了许多合作文件,如2016年《世界银行与亚洲基础设施投资银行签署投资项目联合融资框架协议》、2017年《关于加强在"一带一路"倡议下相关领域合作的谅解备忘录》、2018年《习近平会见世界银行行长金墉:加强在"一带一路"框架下合作》,而且通过与"一带一路"及欧洲复兴开发银行等机构就助力"一带一路"合作事宜成立多边开

[①] 参见王维伟《国际组织对"一带一路"建设的参与》,《现代国际关系》2017年第5期。

发融资合作中心，进一步与"一带一路"开展密切合作。

此外，还有其他多边机制如二十国集团、亚投行、多边投资担保机构等与"一带一路"有着强烈的合作意愿并已经开展合作。

（二）以基础设施建设为主不断拓宽合作领域

1. 基础设施建设方面的合作是"一带一路"与多边机制合作重点

基础设施是"一带一路"建设的重点，无论是"六廊六路多国多港"的框架设计还是"一带一路"具体实践都显示出"一带一路"着力完善基础设施、打造全球互联互通网络。一方面通过基础设施建设挖掘沿线国家自身发展潜力，另一方面基础设施对加强沿线国家之间经贸联通、区域经贸合作具有重要作用。这是"一带一路"推动全球发展的新思路，它与联合国《2030年可持续发展议程》相符合。作为指导全球经济治理和各国经济发展重要文件的联合国《2030年可持续发展议程》十分重视基础设施对发展的保障性、培育性作用，指出"高质量、可持续和能抵抗灾害的基础设施包括区域和跨境基础设施对经济发展和人类福祉具有支撑作用"。

基础设施的作用还表现在项目建设过程中对相关产业的需求也会增加，以及在项目建成后对贸易发展的促进进而推动区域优势互补，分工体系不断完善，创造陆海联动、洲际共振、全球共同发展的局面。"一带一路"与多边机制在基础设施建设方面的合作主要体现为为投资、融资提供资金支持、项目可行性研究和环境评估等咨询、技术方面的合作以及其他相关合作。如"一带一路"与亚投行、世界银行等机构建立多边开发融资合作中心就是多边机制与"一带一路"就基础设施建设开展合作的体现。

2. "一带一路"与多边机制不断拓宽合作领域

除了围绕基础设施建设相关合作外，"一带一路"与多边机制也在不断开拓合作领域。"一带一路"与多边机制发挥双方优势，在专门领域合作不断增加，如政策协调、贸易、投资、金融、农业、绿色发展、人文交流等方面。此外，双方在新的更加合理的制度规则构建、合作理念等方面也将进一步开展合作，在更高层面上开展合作，推动全球治理体系加速变革。如联合国与"一带一路"就政策协调开展合作，通过举办"海上丝绸之路城市联盟""全球治理高层论坛"为成员间交流互鉴、政策对话提供支持；2016年二十国集团杭州峰会提出的创新、活力、联动、包容理念也是"一带一路"与二十国集团合作对全球经济治理理念的一种创新。

因此,"一带一路"与多边机制合作领域十分广阔,在以基础设施建设合作为重点下,也要积极开展更全面的合作,不断拓宽合作领域,在更大范围内实现互利共赢。

(三) 在共商、共建、共享下构建合作机制

"一带一路"与多边机制有所不同,并不像多边机制走"制度承诺先行",而是走"具体项目推进"的务实道路。"一带一路"淡化规范性,以既有多边规则为基础,在共商、共建、共享中逐渐形成指导规则和机构。这就决定了"一带一路"与多边机制合作的过程是一个规则不断构建的过程,有助于形成多元化、多层次的合作机制。"一带一路"与多边机制构建合作机制过程中,现有的合作机制和交流平台是重点,这样能使双方利益、合作方向更加契合、顺畅。其次,通过开展各个层次的高层互访、战略交流对接增进合作共识,签订合作备忘录,搭建多样合作平台以加快多元化、多层次合作机制构建。"一带一路"国际合作高峰论坛是当前"一带一路"与其他主体开展合作的重要平台。通过两次合作高峰论坛不仅增进了各方交流,而且达成了众多合作成果。

因此,"一带一路"与多边机制应当以国际合作高峰论坛及其他重要平台为基础,在共商、共建、共享中不断创新,构建多元化、多层次的合作机制。

三、有无互利共赢的可能性

(一) 外部舆论对两者合作的影响

1. "债务陷阱"还是"共同发展馅饼"

从"一带一路"提出到现在,国际上的质疑一直存在。从早期"新殖民主义""中国威胁论""地缘俱乐部论"到近期"债务陷阱论",外界的误解和怀疑对"一带一路"与多边机制开展合作难免会产生影响。只有明确"一带一路"到底是"债务陷阱"还是"共同发展馅饼"才能讲好"一带一路"合作故事。

伦敦政治经济学院经济学教授金刻羽在第十三届夏季达沃斯论坛上表示,"一带一路"倡议是面对各界产生的新需求下,填补国际货币基金组织、美联储的空缺。孟加拉国是"一带一路"合作国家之一,其电力、能源与矿产资源部

国务部长 Nasrul Hamid 在该论坛上表示，"一带一路"倡议为处于发展新阶段的孟加拉国带来机遇，使经济增速和外汇储备大幅上涨。可见有关"债务陷阱论"与实际情况不符，"一带一路"是一个非常积极的倡议，未来合作将从基础设施层面扩展到文化、科研等方面。因此，"一带一路"是"共同发展馅饼"而不是"债务陷阱"。

但是，这并不是说"一带一路"沿线国家并不存在债务风险。"丝绸之路经济带"涉及的中亚、南亚、西亚及东欧各国由于所处的发展阶段和经济增长幅度的不同而面临不同的偿债风险。"丝绸之路经济带"沿线国家的发展阶段和发展经验表明一国在经济增长时容易过度借债，损害债务规模的可持续性发展。通过对"丝绸之路经济带"沿线国家实证研究，中亚五国中受国际能源价格下降、出口创汇能力降低等因素影响，哈萨克斯坦、吉尔吉斯坦和塔吉克斯坦三国偿债能力较弱；南亚地区巴基斯坦债务率超过国际警戒线100%，债务风险较高；西亚地区的土耳其和约旦短期外债与外汇储备比率、全部外债比率都超过国际警戒线水平，管理不当可能产生债务风险；东欧地区白俄罗斯、摩尔多瓦等国未来也面临一定的偿债风险。①

互利互惠是基本的商业逻辑，外债对一国而言既能促进本国经济发展，也加重了本国国民经济负担。"一带一路"沿线国家既要抓住机遇积极引入外资促进本国经济发展，也要增强风险意识，对外债进行防范和管理以防止出现债务危机。

2. 日益加深的共识使外部舆论难以影响两者互利共赢

六年来，"一带一路"不断用实际行动赢得国际社会的认同和支持，外部舆论已经很难影响"一带一路"与多边机制的合作。截至 2019 年 4 月 30 日，中国已经与 131 个国家和 30 个国际组织签署了 187 份共建"一带一路"合作文件，这表明了外界舆论并不能阻止"一带一路"与多边机制合作共赢的步伐。从 2016 年"一带一路"倡议首次被写入联合国大会决议之中，到世界银行集团与亚洲基础设施投资银行就共建"一带一路"成立多边开发融资合作中心，再到国际货币基金组织与"一带一路"成立联合能力建设中心，都表明了"一带一路"与多边机制共识日益加深下外部舆论已经难以影响两者合作共赢步伐。当前，"一

---

① 参见郭辉、郁志坚《丝绸之路经济带沿线国家外债风险评估和偿债能力分析》，《西伯利亚研究》2017 年第 3 期。

带一路"应当与多边机制不断加强交流,以便两者在更深入了解之下开展合作,实现互利共赢。

(二) 两者合作实践从实证角度验证了合作共赢

事实上,"一带一路"与多边机制已经开展了许多合作,并在合作中两者都得到了发展。世界银行集团(以下简称"世界银行")逐步认同"一带一路",并通过开展合作取得许多成果。2016年,世界银行集团(以下简称"世界银行")与亚投行就基础设施建设需求对"一带一路"进行支持,签署首份投资项目联合融资框架协议,为多个项目如巴基斯坦的发电项目、区域基础设施建设项目等提供联合融资支持。世界银行不仅为"一带一路"基础设施建设提供资金支持,而且对其本身来说也使其在基础设施融资发展上更加专业、高效,对其宗旨的实现和国际影响力的增强都大有裨益。2016年9月,联合国开发计划署与"一带一路"达成共识并签署谅解备忘录。此后,其与中国国际经济交流中心共同举办了"全球治理高层论坛"以关注"一带一路"金融合作、可持续投资环境和机制等。该论坛不仅增进了"一带一路"国家之间政策交流,而且在增进"一带一路"金融合作、促进沿线可持续发展发挥重要作用,有助于联合国开发计划署更好地发挥自身职能。

(三) 通过两者合作推动可持续发展

1987年"布伦特兰报告"首次提出了可持续发展概念,得到发展中国家和发达国家的一致认同。但在全球范围内就可持续发展概念达成一致存在困难,普遍认同的可持续发展概念包括共同发展、协调发展、公平发展、高效发展、多维发展五个方面的内容。[①]"一带一路"是可持续发展之路,多边机制也是走向可持续发展之路的。共建"一带一路"与联合国《2030年可持续发展议程》高度契合,并且在第二届"一带一路"国际合作高峰论坛上,与会各方同意共

[①] 从对布氏概念的分析中可以得出,可持续发展的核心思想是:健康的经济发展应建立在生态可持续能力、社会公正和人民积极参与自身发展决策的基础上。它所追求的目标是:既要使人类的各种需要得到满足,个人得到充分发展,又要保护资源和生态环境,不对后代的生存和发展构成威胁。它特别关注的是各种经济活动的生态合理性,强调对资源、环境有利的经济活动应给予鼓励,反之则应予摒弃。在发展指标上,不单纯用国民生产总值作为衡量发展的唯一指标,而是用社会、经济、文化、环境等多项指标来衡量发展。这种发展观较好地把眼前利益与长远利益、局部利益与全局利益有机地统一起来,使经济能够沿着健康的轨道发展。参见李龙熙《对可持续发展理论的诠释与解析》,《行政与法》2005年第1期。

建高质量可持续发展的"一带一路"。"一带一路"与多边机制合作能够在多领域实现可持续发展。"一带一路"与世界银行、亚投行等合作能够创造多样化的融资合作模式,为基础设施等相关合作项目提供资金支持和其他金融服务,促进成员国经济社会可持续发展,进而推动全球经济可持续发展。"一带一路"与世界贸易组织合作能够逐步推动贸易自由化、便利化,促进各国贸易可持续发展。"一带一路"和多边机制都秉承可持续发展理念,在合作中能够更好地实现可持续性发展这个全球共同发展目标。

第二章
"一带一路"与多边机制合作的原则与路径

"一带一路"与多边机制合作是双方自身发展完善的选择，也是推动全球治理更加公正合理的重要路径。但是，"一带一路"与多边机制毕竟是两个不同的机制，目前也尚未形成完善的合作机制。"一带一路"与多边机制在合作中应当坚持开放包容、求同存异、共商共建的原则，有计划有步骤地选择合作对象与合作领域，在相关领域选择代表性国际组织，之后再扩展到其他领域和其他国际组织。"一带一路"与多边机制的合作是长期的，不是一时之策，应当根据发展阶段和实际进展稳步推进。

第一节　合作应坚持的原则

"一带一路"与多边机制尚未形成成熟完善的合作机制，合作的开展缺乏有效指引。因此，有必要明确双方合作的指导原则，在原则的指导下开展合作以保证合作朝着互利共赢方向发展。开放包容原则、求同存异原则、共商共建原则是"一带一路"与多边机制合作需要遵循的基本原则。其中，开放包容原则是"一带一路"与多边机制合作需要坚持的首要原则，开放包容是前提，并将贯穿合作的全过程。求同存异原则和共商共建原则既是开展合作的方法又是两者合作的必要保证。"一带一路"与多边机制合作不仅需要在这三个原则的指引下开展，更要在具体合作中体现这三个原则，确保合作沿着正确的方向迈进。

一、开放包容原则

开放包容原则是指"一带一路"与多边机制要以开放的态度接纳彼此，并通过开放吸引更多国家参与到两者及其合作中，在合作中兼收并蓄、尊重差异，体现包容性。开放与封闭相对，包容与排他相对，开放包容意味着以一种世界眼光海纳百川、兼收并蓄。开放是一种姿态，更是一种思维方式；包容是一种气度，更是一种涵养。开放是包容的前提，而包容又是开放的必要保证。只有开放才能不断增进包容，而包容又反过来不断扩大开放。世界文明的发展对人类的最重要启示是开放带来进步，封闭必然落后；包容才能博采众长，排他必然阻碍进步。将开放包容作为"一带一路"与多边机制合作的基本原则，不仅是两者自身发展的要求，也是全球化趋势下必须坚持的发展方式。

　　古丝绸之路本身就是开放包容的。基于古丝绸之路框架提出的"一带一路"倡议延续了古丝绸之路精神，从产生时起就以开放包容作为建设原则。《推动共建丝绸之路经济带和21世纪海上丝绸之路的愿景与行动》中指出，"一带一路"建设是开放的、包容的，欢迎世界各国和国际、地区组织积极参与。从"一带一路"的实践来看，"一带一路"合作国家范围不断扩大，越来越多国际组织与中国就共建"一带一路"签署合作协议，建设范围从沿线国家逐步扩展到全球，"一带一路"以实际行动践行着开放包容。2019年4月22日，由推进"一带一路"建设工作领导小组办公室发表《共建"一带一路"倡议：进展、贡献与展望》指出，共建"一带一路"倡议是开放包容、共同发展进程，不是要关起门来搞小圈子，"一带一路"将以开放包容的丝路精神为指引，将倡议从愿景转化为现实，进而成为全球广受欢迎的公共产品。因此，只有开放包容才能使"一带一路"建设行稳致远。另一方面，开放包容原则是多边机制得以存在和发展必须坚持的重要原则。多边机制是相对单边、双边机制而言的，它本身就意味着开放包容。全球化使世界各国紧密联系在一起，只有开放包容才能共同应对人类面临的挑战，于是多边机制应运而生。联合国、世界贸易组织、国际货币基金组织等国际组织是多边主义的践行者，诠释了多边机制始终以开放包容作为指导原则。而多边机制的长远发展更要始终坚持开放包容原则，从G8到G20，从东盟6国到东盟10国再到"东盟＋1""东盟＋3"，都显示出开放包容是多边机制发展的必由之路。以G20为例，过去的G8具有明显的排他性和不合理性，为了有效应对金融危机并实现自身更好的发展产生了G20。G20机制克服旧机制的封闭性，并且扩大了治理范围，体现了开放包容精神。

　　"一带一路"与多边机制合作的目标是推动全球治理的完善，在合作过程中必须坚持开放包容原则，并将其贯穿合作的全过程。世界经济是开放的、包容的，阻碍这种开放不仅损害别国发展，更不利于自身。中美贸易战使中国和美国都遭了巨大损失，证明了封闭排他只会阻碍经济发展，只有开放包容才能实现互利共赢。全球经济治理必须坚持开放包容原则，并以此为基础建立和完善治理规则体系。只有实现合作治理规则、政策、机制的开放性和包容性，才能顺应全球化潮流，促进世界经济稳步发展，"一带一路"和多边机制才能实现自身可持续发展。因此，"一带一路"与多边机制在合作过程中要始终坚持开放包容原则，以开放吸引更多伙伴共同努力，以包容不断增进双方和多方理解。

二、求同存异原则

求同存异原则的基本含义是指"一带一路"与多边机制合作过程中，在两者利益、目标相通的方面不断增进共识，同时也要相互尊重两者具体利益、目标之间的差异，共同推进全球治理不断完善。"一带一路"与多边机制是在不同时间产生的两个机制，两者难免存在差异。"一带一路"与多边机制合作，并不是一方取代另一方，而是在尊重彼此特色特别是要尊重和维护既有多边机制的影响力下进行合作。在合作中如何凝聚共识、缩小分歧关系到两者能否顺利开展合作、合作目的能否实现以及能否实现共赢等。"独行快，众行远"，两者在合作中必须遵循求同存异原则。"一带一路"与多边机制的"同"主要体现在宗旨目标上，即促进各国经济发展，提高人民生活水平，减少贫困，推动全球治理不断完善，实现共同繁荣。"一带一路"与多边机制的"异"主要体现在：

1. 在制度和规则方面，"一带一路"尚不存在完整的制度和规则，而多边机制绝大多数都是规则导向的

"一带一路"并未像多边机制一样走"规则先行"的道路，它体现的是在具体实施过程中，由各个参与方共同制定规则，"大家的规则大家定"。这样不仅符合"一带一路"本身开放包容，共商、共建、共享理念，更能得到不同国家和国际组织的认同和支持，使"一带一路"规则更具适应性。而多边机制如 UN、WTO、IMF 等国际组织都是通过成员方的协商妥协签订基本文件后成立并根据该基本文件运行，其体现为"规则导向"。首先，"一带一路"并无具体规则制度，在两者合作中，如何保持多边机制现有规则与"一带一路"构建中的规则制度相协调是需要注意的问题。其次，现阶段，"一带一路"主要是对多边机制的补充和完善，如何使"一带一路"制度规则在保持自身特色独立性的同时兼顾补充和完善多边规则更是需要具体考量的问题。在合作中，需要认识到"一带一路"与多边机制在制度和规则方面的"异"，逐步扩大两者共识面。

2. 在成员方面，"一带一路"与多边机制虽存在"同"，但"异"也不容忽视

以 WTO 为例，截至 2016 年 7 月 29 日，WTO 共有 164 个成员方，其中既是"一带一路"合作国家又是 WTO 成员方的共有 111 个。20 个"一带一路"合作国家非 WTO 成员方，53 个 WTO 成员方尚未加入"一带一路"合作国家中。由此可见，在成员方面，"一带一路"与多边机制存在客观且不可忽视的"异"。

3. 在具体目标方面，WTO、IMF 等多边机制都有其主要工作领域即贸易、货币金融，并以推进该专门领域的发展为其具体目标

"一带一路"侧重于基础设施建设，着力沿线国家五通，并通过基础设施带动贸易、投资、金融的发展，在具体目标上与多边机制存在"异"，这是由多边机制本身包含不同专门领域的国际组织决定的。

此外，在开展工作方式、具体内容等方面，两者也存在"异"，如 WTO 争端解决机制与"一带一路"争端解决机制管辖权可能存在冲突。必须要认识到，"一带一路"与多边机制存在"异"是客观存在的、不可避免的，这是因为它们是两个不同的机制，而"同"也是客观存在的、不可忽视的。"同"是两者的纽带，它使双方具有坚实的合作基础。具体而言，WTO 争端解决机制与"一带一路"争端解决机制管辖权虽然存在冲突，但两者都是促进争端和平解决的争端解决机制。面对两者的"异"，应当以和平解决争端这个"同"为出发点，对双方愿意提交 WTO 解决或适用 WTO 争端解决机制更为合适的情况下，可以通过 WTO 争端解决机制解决争端；对于其他争端可以根据情况采用东道国国内救济、双边磋商等"一带一路"争端解决方式来解决。[①] 因此，"一带一路"与多边机制合作要遵循求同存异原则，既不能忽视"同"，也不能夸大"异"。在求同存异原则之下，不断凝聚双方共识，拓宽"同"的范围。同时，也要尊重彼此存在的"异"，以更宽容的态度逐步缩小分歧，和而不同，构建多层次、多元化的合作机制。

三、共商共建原则

共商共建原则是指在"一带一路"与多边机制合作过程中，共同商议、集

[①] 参见王茜、叶一鸣《WTO 与 FTA 争端解决机制管辖权冲突的解决路径》，《WTO 经济导刊》2018 年第 10 期。

思广益、寻找双方利益的平衡点，并在此基础上共同参与合作项目建设以及制度设计全过程。它不仅与"一带一路"核心要义共商、共建、共享有异曲同工之处，也是多边机制应有之义，更是"一带一路"和多边机制合作要坚持的重要原则之一。共商共建原则体现了人类命运共同体思想，从一定程度上说，"一带一路"与多边机制也是命运共同体。

共商不仅要求在初期合作项目设计、项目具体内容确定、制度规则安排上尊重各方意愿，博采众长，更要求在共建过程中彰显"集体之善"和"对话之美"。共商的核心是平等与平衡。"一带一路"与多边机制合作不存在谁领导谁，而是相互尊重下平等共处而非排斥竞争的伙伴关系；平衡要求在共同商议中寻找各方关切利益，平衡双方利益诉求，公正合理地建立两者利益共同体关系。共建的核心是合作与担当。合作强调"一带一路"与多边机制是完善全球治理的行动共同体，要积极参与以共建机制。担当则体现了"一带一路"与多边机制作为责任共同体通过合作打造责任连接点，共同为促进世界经济发展、维持国际秩序、完善国际体系而努力。

第二节 选择合作对象的法律思路

多边机制由职责领域不同的国际组织支撑、构建及运行，"一带一路"则广泛涉及贸易、投资、能源、人文等领域。因此，"一带一路"需要选择合适的国际组织开展合作。首先，需要考察"一带一路"重点合作领域，贸易投资、货币金融等都是"一带一路"重点合作领域。其次，国际组织的职能范围、法律地位有所不同，在选择上需要结合"一带一路"建设的具体需要来确定。根据法律地位和职能，可以选择先与在相关领域具有重要地位的国际组织开展合作，之后考虑分阶段分步骤与其他国际组织建立合作关系以构建完善的合作伙伴关系网络。在选择合作的国际组织时，也要对其决策机制进行考察，这关系着"一带一路"能否与相关国际组织建立起紧密的伙伴关系及今后合作的顺利开展。因此，在选择多边机制时，需要考虑合作领域、法律职能、法律地位、决策机制及其他相关问题。

一、考察合作领域

(一) 贸易投资领域合作

《推动共建丝绸之路经济带和21世纪海上丝绸之路的愿景与行动》(以下简称《愿景与行动》)中指出，投资贸易合作是'一带一路'建设的重要内容。宜着力推进贸易与投资自由化便利化，消除投资和贸易壁垒，建设良好的营商环境。联合国贸易和发展会议《2019年世界投资报告》指出，2018年全球外国直接投资比去年下降13%，这也意味着全球外国直接投资近三年连续下降。[①]当前贸易和投资保护主义日益严重，这种情况在未来几年可能持续加重，贸易和投资无疑是"一带一路"与多边机制合作的重要领域。第二届"一带一路"国际合作高峰论坛圆桌峰会联合公报中提到"通过包括'一带一路'倡议及其他合作战略在内的这种伙伴关系，在次区域、区域和全球层面加强国际合作……支持以世界贸易组织为核心、普遍、以规则为基础、开放、透明、非歧视的多边贸易体制。"[②]在"一带一路"与多边机制合作内容中，贸易投资成为重要领域，WTO将成为重要合作伙伴。然而，当前WTO也面临困境，多边贸易谈判进展缓慢。"一带一路"与多边机制合作更要加快贸易投资规则的改革完善以推进贸易投资自由化便利化，带动世界经济增长。

在贸易投资领域，除了WTO外，还有其他重要国际组织在推动贸易投资规则完善上发挥重要作用，如亚太经合组织(APEC)、世界银行集团的投资促进机构MIGA和ICSID等。"一带一路"与多边机制合作中，应当以WTO为重点合作对象，同时与MIGA、ICSID等贸易投资领域的重要国际组织逐步展开合作，推动贸易投资规则的协调和完善，以应对当前贸易保护主义、投资规则碎片化等问题，为全球经济发展提供支持。

(二) 货币金融领域合作

"一带一路"建设以基础设施建设为抓手，而基础设施建设具有建设周期长、投资回报期长等特点。因此，资金融通成为"一带一路"建设的重要限制因素。除了面临融资风险外，汇率风险、监管风险也影响着"一带一路"建设。不仅是"一

---

① 参见 https://www.sohu.com/a/320792519_10020617。
② 参见 https://www.sohu.com/a/310736816_119841。

带一路",多边机制也同样面临着类似问题,如 WB 和 IMF 的援助贷款吸引力已经大大下降。由于 WB 和 IMF 贷款的附加条件如要求贷款国增加政策透明度、完善会计准则、提高劳工和环境标准等,两者贷款业务正在减少。除此之外,如何防范和化解金融风险也成为当前多边机制的重要议题。《愿景与行动》中指出,资金融通是"一带一路"倡议的重要支撑。为此,需要深化金融合作,加强金融监管合作,构建区域性金融风险预警系统等。"一带一路"需要与多边机制在货币金融领域加强合作。

多边机制中如 AIIB、WB、IDA、IFC、IMF、G20 都是金融领域重要的国际组织,都是"一带一路"重点合作对象。"一带一路"与多边机制可以就融资达成合作文件,建立有效融资合作机制。在金融监管方面,签署监管合作备忘录,逐步建立高效监管协调机制,完善风险应对和危机处置相关制度安排。

(三)符合和平与发展理念的其他领域

当前,和平与发展是时代的主题。和平与发展不仅是"一带一路"和多边机制行稳致远的必要条件,更是两者合作要实现的最终目标之一。在任何时代,和平与发展都是合作前提和重要内容。《愿景与行动》中指出,和平、发展、合作、共赢是 21 世纪的主题,传承和弘扬丝绸之路精神尤为珍贵,共建"一带一路"将为世界和平与发展增添新的正能量。当前,和平与发展仍面临威胁,如东南亚整体而言是和平稳定的,然而该地区低烈度恐怖主义,武装叛乱和独立运动仍然存在。[①] 联合国贸易和发展会议《2019 年世界投资报告》指出,2018年全球外国直接投资比去年有所下降,这也是全球外国直接投资连续三年下降。以美国为代表对其贸易伙伴欧盟、中国采取的贸易保护措施影响范围扩展到周边地区,阻碍着世界经济的发展。

在和平与发展背景下,"一带一路"与多边机制合作才能反过来促进世界和平与发展。"一带一路"通过与联合国、亚太经合组织等致力于和平与发展的重要国际组织开展合作,加强国家之间理解和交流,减少地区以及国家之间的冲突,就联合国《2030 年可持续发展议程》共同采取行动,维护和推动和平与发展。

[①] 参见曹云华《论当前东南亚局势》,《东南亚研究》2017 年第 2 期。

二、考察法律地位

（一）多边机制的法律地位

多边机制的法律地位主要涉及其法律人格问题，包括对内和对外两个方面的内容。多边机制除了要维护内部运行外，还要与外部开展各种活动。多边机制有效开展对外交往的基础是该机制具有独立的法律人格，即其在活动范围内开展活动能够引起权利义务的产生、变更或消灭，使自身独立享有一定权利或者承担一定的义务。法律人格是多边机制在其活动范围内享有特定的法律地位的前提条件，一般规定在该组织基本书件中，是该组织成立时由其成员一致授予的。某个多边机制是否具有法律人格首先根据基本文件规定，在基本文件规定不明的情况下，可以从其组织章程的规定和组织的实践中推断。各种多边机制成立的基本文件对其法律地位的规定大多相同，一般规定该组织具有完全的法律人格，享有外交特权和豁免，能够获得并处置动产或不动产，有权提起法律诉讼或签订国际条约。这是多边机制能够在各自活动范围内独立对外交往所必须具备的法律地位。以此为前提，多边机制与"一带一路"能够通过交流达成共识，签署备忘录、框架协议等合作文件，在此基础上开展具体合作。

值得注意的是，G20是全球治理变革中出现的新的全球治理机制，其模式和理念体现了新的全球治理理念即"软法治理"。G20与UN、WTO、IMF等多边机制不同。首先，其并不是以创始该公约的基本法律文件为基础成立的；其次，其并无常设机构。因此，G20是非正式的，以首脑峰会形成的公报、原则、议程、蓝图等无法律拘束力的各项文件作为其软法治理的依据，通过沟通解决全球经济平衡发展的全球治理论坛。

（二）多边机制在各自领域内的独特法律地位

多边机制如WTO、IMF、AIIB在其成立的基本文件中规定了在各自专门领域内所具有的独特法律地位。其特定法律地位要结合该国际组织的职能来理解，即在其职能范围内该国际组织对外开展活动所具有的法律地位。

1. 综合性国际组织的法律地位

综合性国际组织是相对于专业性国际组织而言的，其职能和活动范围涉及经济、文化、贸易、投资、金融等多个领域。UN与G20的职能和活动范围并不仅仅集中于某一具体领域，属于综合性的国际组织。

(1) UN 的法律地位。《联合国宪章》未对其法律地位作出明确规定，只能从其他相关文件及其实践中推断。《联合国宪章》规定，在每一会员国领土内，应给予其执行职务及达成宗旨所必需的法律行为能力。《联合国特权和豁免公约》明确规定，UN 具有法律人格。通过考察其职能并结合其宗旨和原则可知 UN 是国际社会不同利益诉求和平沟通交流的重要平台，致力于和平与发展。其议题广泛，还涉及经济、文化、社会等，已经成为最具普遍性、代表性和权威性的具有法律人格的政府间国际组织。

(2) G20 的法律地位。G20 是金融危机下全球治理模式转变的产物，它是一种非正式机制。2008 年全球金融危机后，各成员就将其机制化并作为国际经济合作首要论坛达成共识。从 2011 年开始每年召开峰会，G20 转向长效机制。G20 的议题从应对金融危机逐步扩展到贸易、投资、发展等方面。G20 峰会达成的原则、公报等文件如《二十国集团全球投资指导原则》，形成 G20 软法。虽然对其成员国和第三方没有法律拘束力，但却构成了 G20 软法治理的依据。G20 软法特色可以在较容易达成治理规则的领域取得突破，并在气候变化、税收、国际金融监管等领域发挥全球新型治理机制作用。

2. 贸易投资领域内重要国际组织的法律地位

(1) 贸易领域重要国际组织的法律地位。WTO 是贸易领域重要的国际组织，《马拉喀什建立世界贸易组织协定》第八条对 WTO 的法律地位作出规定，WTO 具有法律人格，WTO 每一成员均应给予 WTO 履行职能必需的法定资格、必需的特权和豁免。根据第三条规定，WTO 的职能是促进其目标的实现，为本协定和多边贸易协定及相关协定的实施、管理运用提供条件，与 IMF 和 WB 合作以实现全球经济决策的一致性。据此可知，WTO 的法律地位为在贸易领域具有独立法律人格的国际经济组织。

(2) 投资领域重要国际组织的法律地位。MIGA 与 ICSID 都是世界银行集团致力于投资促进的非金融成员机构，分别在投资担保与投资争端解决领域具有重要地位。《多边投资担保机构公约》第一条和《关于解决国家和他国国民之间投资争端公约》第十八条都对机构的法律地位作出规定，明确机构具有完全法律人格。结合两者的目标宗旨以及职能能够更好地认识其法律地位。MIGA 是在投资担保领域具有完全法律人格的多边机构，在鼓励外国投资、补充国家性和区域性的投资担保计划以及非商业性风险的私人保险方面具有重要地位。ICSID 在各缔约国与其他缔约国国民争端友好解决，进而促进私人投资和国际合作上具有重要地位。

3. 金融领域重要国际组织的法律地位

IMF、AIIB 与 WB、IDA、IFC 都是金融领域重要的国际组织，且都属于政府间国际组织。《国际货币基金协定》第九条和《亚洲基础设施投资银行协定》第四十五条都规定了该机构具有完全的国际法律人格和法人资格，享有相应的特权和豁免。WB 作为一个政府间国际金融机构，是世界银行集团最重要组织。《国际复兴开发银行协定》第七条规定了其具有完全的国际法律人格和法人资格，在协定范围内享有的特权和豁免如档案不受侵犯、财产免受征收。《国际金融公司协定》和《国际开发协会》规定了国际金融公司和国际开发协会对国际复兴开发银行各项活动进行补充，为会员国特别是欠发达会员国或其私营企业提供资金支持，两者是国际复兴开发银行的附属机构。

三、考察法律职能

"一带一路"与多边机制合作的开展必须建立在对其职能的考察之上。通过考察其职能，更好地使多边机制与"一带一路"对接，实现两者互利共赢。

（一）具备综合性职能的国际组织

UN 和 G20 都是综合性国际组织。两者职能涵盖范围广，但两者重点职能有所差异。

1. UN 的职能

《联合国宪章》并未对 UN 职能作出明确规定，但根据该宪章及其实践可知，联合国的职能具有综合性。根据《联合国宪章》第一条的规定可知，联合国的职能主要包括：维持和平与安全并为此采取办法；发展国家间友好关系；以国际合作推进经济、社会、文化以及人类福利的发展；协调各国活动达成目的。《联合国宪章》第七条规定，联合国主要机关包括大会、安全理事会、经济及社会理事会、托管理事会、国际法院及秘书处，并可根据需要设立辅助机关。《联合国宪章》对大会、安理会、经济及社会理事会等职权作出规定，联合国主要机关的职能一定意义上也属于联合国的职能。除了联合国主要机关外，《联合国宪章》第五十七条还规定各国政府间成立的，在经济、社会、文化、教育、卫生及其他有关部门负有国际责任的各种专门机关，应当与联合国发生关系。如国际劳工组织、联合国粮食及农业组织、国际货币基金组织等，它们并不是联合国的附属机构，但联合国的职能必然包含与其有关的内容。因此，联合国是负责和平与发展，并通过国际合作以促进经济、社会、文化等发展的具有综合性职能的政府间国际组织。

2. G20 的职能

作为非正式机制的 G20 最初是为了治理金融危机而产生的，经过不断发展如今已经成为致力于国际经济治理和发展的国际经济组织。G20 并不是依据成员间达成的基本文件而成立的，其职能只能从其他有关文件如峰会达成的各种文件以及其实践活动中总结得出。首先，防范金融危机并为此采取各种有效活动是 G20 的基本职能。G20 可以通过每年召开的峰会或者与其他金融组织如金融稳定理事会（Financial Stability Board，简称"FSB"）合作维护金融稳定。其次，G20 的主要议题从应对金融危机逐渐向贸易、投资、发展等世界经济治理的重要议题扩展，如杭州峰会形成首个多边投资规则框架《二十国集团全球投资指导原则》，以指引国际投资政策协调和改革现有国际投资协定体系。此外，G20 的职能还包括为发展、反腐败、气候等全球性问题磋商提供平台，促进国际经济治理体系变革。G20 是具有综合性职能的重要国际经济组织。

（二）具备促进贸易投资相关职能的国际组织

1. WTO 的职能

WTO 是为促进贸易自由化与便利化而产生的国际组织。《马拉喀什建立世界贸易组织协定》第三条规定了 WTO 的职能，主要包括：维护多边贸易协定和复边贸易协定成果；为各成员贸易谈判提供平台，并促进谈判结果的实施和落实；为成员国贸易争端提供救济；监督各国承诺的执行；与其他参与国际经济决策的国际组织如 IMF、WB 等开展合作。WTO 的职能与其宗旨紧密相关，其职能包括推动贸易体制更加开放自由有关的各种努力。

2. MIGA 的职能

MIGA 是海外投资政治风险不断增加，对国际投资造成阻碍下，经过各国妥协和让步产生的国际组织。MIGA 的职能包括两个方面：(1) 为海外投资的政治风险提供担保，促进国际资本流动；(2) 与投资项目有关的信用增级，为其融资提供便利。此外，《多边投资担保机构公约》还规定了 MIGA 投资促进业务，包括提供技术援助和调解等投资促进服务。通过 MIGA 的努力，促进了国际资本流动特别是流向广大发展中国家，改善了投资环境。

3. ICSID 的职能

20 世纪 50 年代起发展中国家出现大规模国有化运动，使投资者与东道国争端不断升级为国家与国家之间的争端，国家之间陷入矛盾和冲突之中。为了营造良好的投资环境以鼓励私人资本流动，ICSID 作为发达国家和发展中国家共同接受的投资争端解决场所发挥投资争端解决作用。根据《关于解决国家和他国国民之间投资争端公约》规定，ICSID 的职能是为投资者与东道国特定争端的调解和仲裁提供各种设施和便利，防止国际投资争端的升级，创造良好的国际投资环境。

（三）具备金融相关职能的国际组织

IMF、AIIB 与 WBG 中的国际复兴开发银行、国际金融公司、国际开发协会都是金融领域重要的国际组织，其职能涉及金融领域相关事项。

1. IMF 的职能

根据《国际货币基金协定》的规定，IMF 的职能包括：(1) 金融监管职能。为统一国际货币体系与国际金融监管的实施建立了 IMF，因此金融监管是其主要职能。IMF 具体通过对成员国汇率政策、货币兑换性、与经常项目有关的支付等问题确定行为准则并实施监督。(2) 汇率的协调与稳定职能。监督和指导会员国的汇率政策和汇率变动避免汇率异常波动带来的金融风险。(3) 资金融通职能。为国际收支失衡的会员国提供资金支持，维护会员国国内以及国际金融稳定。(4) 其他相关职能。IMF 的职能还包括相关技术援助、培训、促进会员国交流与合作等。

2. AIIB 的职能

为了改善基础设施状况，推动亚洲基础设施和经济一体化发展，在中国倡议之下成立 AIIB。与其宗旨相适应，《亚洲基础设施投资银行协定》第二条规定其职能包括：推动区域内公共和私人投资与基础设施和其他生产型领域投资发展；关注欠发达成员需要，为本区域发展提供资金支持；鼓励私营资本投资，必要时并对其进行补充；为以上职能而进行的相关活动。

3. WBG 的职能

WBG 由五个机构组成，这里 WBG 的职能不包括 MIGA 和 ICSID 职能

(两者职能前文已述)。国际复兴开发银行、国际开发协会、国际金融公司之间存在附属关系,即国际开发协会和国际金融公司是国际复兴开发银行的附属机构。因此,其职能之间存在相互补充关系。根据《国际复兴开发银行协定》及其实践可知,国际复兴开发银行的职能是为发展中国家提供开发资金,具体包括:向会员国提供中长期贷款,资助其复兴和开发工作;担保或者参与国际性商业银行对会员国的贷款或融资,补充资金不足;为会员国提供技术援助等服务。国际开发协会和国际金融公司是为了满足世界经济发展的需要,弥补国际复兴开发银行贷款不足而产生的机构,根据《国际开发协会协定》与《国际金融公司协定》规定,其主要职能为向较贫困的发展中会员国或者私人企业提供贷款。

四、考察决策机制

多边机制的决策机制主要由决策机构和表决制度两部分组成。其中,考察其决策机构要对其组织架构进行研究,弄清各个机构的具体职能才能更好地理解多边机制的组织架构。

(一)多边机制的组织架构

1. WTO 的组织架构

部长会议是 WTO 最高权力机构,它由全体成员方代表组成,可以就任何多边贸易协议的任何问题作出决议。WTO 的日常工作由总理事会负责,代表部长会议开展日常工作。

2. IMF 的组织架构

IMF 内部组织采取理事会、执行董事会、总裁和职员三级架构。其中理事会是基金组织的最高权力机构,执行董事会是基金组织最高执行机构,负责基金日常业务的管理,行使基金协定规定的权利和理事会授予的权利。总裁是基金组织的最高行政负责人和合法代表,在执行董事会的指示下处理组织的日常事务。

3. AIIB 的组织架构

根据《亚洲基础设施投资银行规定》,银行设立理事会、董事会、1 名行长、1 名或多名副行长以及其他必要的高级职员与普通职员职位。银行的一切权利归理事会,是最高权力机构。董事会负责指导银行的总体业务,行使理事会授予的一切权利。管理层在理事会和董事会的授权下管理AIIB的日常工作。

4. WBG的组织架构

WBG五个机构都采取三级架构的组织结构，其决策机制非常相似。以世界银行为例，世界银行的组织机构为理事会、执行董事会、行长及职员三级架构。理事会是最高权力机构，其职责包括批准接纳新会员、增减银行资本、批准修改银行章程、批准解散银行、批准同其他国际机构签订正式的协定以及其他重大问题。执行董事会负责处理世界银行的日常业务，决定世界银行的政策，并对所有贷款和信贷建议进行审查和批准。行长是世界银行的行政首脑，主要职责是根据执行董事会的指示，负责领导银行总部和办事机构的日常工作。

（二）多边机制的投票表决制度

1. WTO的投票表决制度

在部长会议和总理事会会议上，每一成员平等地拥有一票，除另有规定外，决定由简单多数通过。《马拉喀什建立世界贸易组织协定》第九条规定，WTO继续遵循《1947年关税与贸易总协定》由协商一致做出决定的决策方法。除非另有规定，若就某一事项无法达成一致，则投票决定。因此，WTO内部存在两种不同的决策机制即全体一致和投票表决。而实践中的WTO决策机制的运行与协定文本规定有所差别。[①] 以多边谈判为例，首先，全体一致主导着WTO实践，基本排除了投票表决方式。其次，全体一致实际上存在障碍。WTO决策首先在有限范围内进行讨论即"绿屋会议"，再通知全体成员，实际上是在少数成员形成意见的基础上再征询其他成员意见。

2. IMF的投票表决制度

IMF决策机制的核心是其表决制度，即以份额为基础的加权投票制和多数表决制的组合。此外，IMF还采用协商一致的非正式表决方式。按照加权表决制，每一会员国的投票权分为基本投票权和份额投票权。基本投票权一律平等，每个会员国250票。份额投票权是依会员国在基金中分得的股份份额不同而不同，与其经济实力相挂钩。由于各国基本投票权相通且在实际决策中所占的比重不断下降，因此加权投票权对实际决策发挥决定作用，份额决定了成员国投票权

---

① 参见孙龑《WTO谈判规则的反思与改革》，《湖北经济学院学报》2017年第2期。

的大小。2016年初，IMF份额改革正式生效，中国的投票权从3.994%上升至6.390%，仅次于美国和日本，成为占基金份额第三大的国家，兑现了2010年"给予中国等国家更大发言权"的改革方案。至此，占基金份额前十的国家分别为美国、日本、四大欧洲国家和四大新兴市场国家。多数表决制分为50%的简单多数、70%和85%的特别多数两类。① 根据《国际货币基金协定》第十二条的规定，除另有规定外，基金组织的所有决议由简单多数通过。对于IMF认定的重要事项，往往采用特别多数投票表决。②

3. AIIB的投票表决制度

亚投行总投票权分为基本投票权、股份投票权和创始成员投票权，其中创始投票权是亚投行创新之处。基本投票权由全体成员国平均分配形成的，既包括创始成员国也包括以后加入的成员国。股份投票权就是成员国所持有的亚投行份额数。据《亚洲基础设施投资银行协定》的规定，每个亚投行的创始成员国都各享有600票投票权。亚投行的表决制度分简单多数、特别多数和超级多数三种。据《亚洲基础设施投资银行协定》的规定，除本协定另有规定外，亚投行理事会、董事会的一般事项均由成员国理事所投赞成票的简单多数通过。亚投行理事会在选举行长、增加资本等重大事项采用三分之二以上的全体成员国理事的四分之三以上的特别多数投赞成票通过，即亚投行理事会的超级多数投票表决制度；亚投行理事会还对一些事项采用50%以上的全体成员国理事的50%以上的特别多数投赞成票通过。亚投行董事会在重大事项上采用等于或者大于总投票权的四分之三的多数投赞成票通过。

4. WBG的投票表决制度

WBG各组成机构的投票表决机制有所不同，但设计大多类似。以世界银行为例，世界银行投票权分为基本投票权和股份投票权。基本投票权为世界银行每个成员国都各享有250票，股份投票权就是根据成员国所持有的世界银行份额数。但是世界银行每过一段时间就会增加资本总额，然后由成员国来认缴，股份投票权就会上升，而基本投票权的比例就会缩小，导致第三世界国家在世界银行总投票权中的比例不断下降。

《国际复兴开发银行协定》规定了世界银行的投票规则。其中，要求增加

---

① 参见黄梅波、赵国君《IMF表决制度：发展中国家的地位及其改革策略》，《广东社会科学》2006年第6期。
② 参见张全喜《国际货币基金组织决策机制改革研究》，安徽大学，2010年。

世界银行股本和停止会员国资格时需要世界银行理事会采用总投票权的四分之三特别多数投赞成票通过；买卖证券需要世界银行执行董事会采用总投票权的四分之三特别多数投赞成票通过；要求修订《国际复兴开发银行协定》时，需要四分之三的成员国理事参加并经参加会议的成员国的五分之四投赞成票才能通过，但是 1993 年修订的《国际金融公司协定》中将五分之四特别多数改为 85% 的特别多数加权投票权；要求增加执行董事名额的情况下需要理事会采用总投票权的五分之四特别多数投赞成票通过；停止营业后分配银行资产需要世界银行执行董事会采用三分之二特别多数投赞成票的加权多数投票制通过。

由于美国在世界银行的份额比例大，使得美国在世界银行理事会和执行董事会事项的中手握一票否决权。但事实上，只有在很少的情况下，由世界银行的理事或者董事提出要求对世界银行的事项采用投票制，世界银行多采用非正式表决的协商一致制。[1]

第三节　合作的基础与路径

在选择多边机制后如何展开合作，是"一带一路"与多边机制合作的核心问题。国际组织的法律地位和职能不同，与"一带一路"合作的法律基础和法律路径也有所不同。"一带一路"在与国际组织对接时，要从成员、宗旨目标、合作实践等多方面分析合作的法律基础。在明确合作基础的前提下，根据"一带一路"的实际需要和国际组织的法律职能确定合作路径，指引合作朝着最能实现两者共赢的方向发展。本节以致力于和平与发展、贸易自由化与便利化、贷款援助的重要国际组织 UN、WTO、WBG（此处指 WB、IFC、IDA 三个金融机构）为例，探讨"一带一路"与它们对接的基础和路径，为"一带一路"与其他国际组织的合作提供参考。

---

[1] 参见张梅《亚投行决策机制的法律研究》，内蒙古大学，2016 年。

一、以与 UN 的合作为例

(一)"一带一路"与 UN 合作的法律基础

1."一带一路"与 UN 宗旨高度契合

《联合国宪章》第一条即规定了 UN 的宗旨,即通过协调各国行动以维护国际和平与安全,发展国际友好关系,促成国际合作。2015 年 3 月发布的《推动共建丝绸之路经济带和 21 世纪海上丝绸之路的愿景与行动》中表明"一带一路"是在当前世界面临诸多挑战、发展问题尤其严峻下提出的促进共同发展、共同繁荣的合作共赢之路,是增进相互理解、加强交流合作的和平友谊之路。"一带一路"将恪守《联合国宪章》的宗旨和原则,以和平合作、开放包容、合作共赢的理念推进合作,共同打造利益、命运和责任共同体。"一带一路"旨在通过经济合作联动世界经济发展模式的改善,推动完善全球治理。这与 UN 致力于改善人民生活、协调各国行动、全球友好发展等理念高度契合。UN 也于 2016 年 11 月首次在决议中写入"一带一路"倡议,并得到 193 个会员国的一致赞同。世界卫生组织总干事陈冯富珍指出,"一带一路"与 UN 和平与发展事业全面对接已经取得重大进展。

2. 在合作文件和有效机制下开展合作

2016 年 9 月,联合国开发计划署与中国签署了第一份国际组织与"一带一路"合作的谅解备忘录——《关于共同推进"一带一路"建设的谅解备忘录》,并与中国国际交流中心共同创建"一带一路"国家之间政策对话机制——全球治理高层政策论坛。就共建"一带一路",中国还与联合国欧洲经济委员会、联合国环境署以及数十个国家环境部门启动"一带一路"绿色发展国际联盟,作为绿色合作平台。此外,通过"一带一路"国际合作高峰论坛,多个 UN 相关专门机构和附属机构就共建"一带一路"达成诸多合作项目,在此基础上构建绿色发展合作沟通平台。由此,UN 与"一带一路"在法律框架下开展有效合作,在政策协调、南南合作、绿色发展、联合投资和人文交流五个方面开展深入交流与合作。[①]

[①] 参见韩一元《"一带一路"对接联合国:进展超出预期》,《世界知识》2019 年第 11 期。

(二)"一带一路"与 UN 合作的法律路径

1. 建立机制化的保障措施保障和落实合作内容

目前，UN 是与"一带一路"开展合作最多，参与最积极的国际组织之一。在政策协调、南南合作、绿色发展、联合投资和人文交流等方面，"一带一路"与联合国签署一系列文件并进行多个"一带一路"对接项目。但是，有关文件由哪些主体负责落实、具体合作内容如何开展等都是需要进一步细化的内容。考虑成立 UN"一带一路"机构，充分发挥联合国桥梁沟通作用及其国际影响力，促进参与国家之间的交流。[①] 另外，对接项目的质量、运行和结果如何保证、评估更是需要注意的问题。中国教育部与联合国教科文组织就共建"一带一路"在人文交流方面达成合作并签署《丝绸之路青年学者资助计划信托基金协议》，其中中方为支持社科领域国际学术研究与交流，将对 35 岁以下各国青年学者丝绸之路相关学术研究和交流提供 100 万美元支持。值得注意的是，如何保证该信托基金的合理使用、双方有哪些权利义务等内容还需要进一步细化。

因此，"一带一路"与 UN 开展合作，首先，在现有合作基础上，使相关文件和对接项目持续得到落实是双方合作的重点。其次，如何确保文件和具体项目带来期待的实际效果需要双方进一步交流与合作。换句话说，建立机制化的保障措施促进合作内容的实质化、具体化是双方当前和今后开展合作的法律路径。

2. 在 UN 系统内开展更广泛的合作

UN 系统包括其自身以及被称为方案、基金和专门机构的多个附属组织。

"一带一路"与 UN 目前合作主要在农业、教育、绿色发展、投资等领域，还有众多合作领域有待开启，以实现双方合作的丰富化。UN 系统许多国际组织如联合国工业发展组织对共建"一带一路"还处于观望态度，虽然在不同场合以不同形式提及"一带一路"，但在实质性成果的达成方面还有待突破。因此，应当以现有合作平台为基础，以已经开展广泛积极合作的 UN 系统内的有关国际组织如联合国亚太经社理事会为示范，争取更多系统内国际组织就共建"一带一路"达成实质合作内容。

[①] 参见中国与全球化智库（CCG）课题组《"一带一路"国际合作共赢的实施方案及实现路径》，《宁波经济（三江论坛）》2017 年第 6 期。

二、以与 WTO 的合作为例

（一）"一带一路"与 WTO 合作的法律基础

1. "一带一路"与 WTO 目标和宗旨相重合

《建立世界贸易组织协定》的序言对 WTO 的目标和宗旨作出规定，其目标和宗旨是以开放、平等、互惠的原则，通过建立一体化的多边贸易机制逐步消除关税和非关税障碍，促进各成员国贸易增长，关注发展中国家在经济发展中的利益，尤其是最不发达国家在国际贸易增长中获得与其经济发展相适应的利益，实现可持续发展。[①]WTO 并不仅仅聚焦于贸易，其在环保、劳工、就业、投资、知识产权、成员国政策协调等方面也在做出相应努力。"一带一路"以基础设施建设为抓手，旨在实现沿线广大发展中国家互联互通，进而推动投资贸易便利化，实现全球共同繁荣。《推动共建丝绸之路经济带和 21 世纪海上丝绸之路的愿景与行动》指出投资贸易合作是"一带一路"的重点内容，要着力消除投资贸易壁垒，拓宽贸易领域并加快投资便利化进程，推动世界贸易组织《贸易便利化协定》的生效和实施。这说明"一带一路"与 WTO 在目标宗旨上具有很大的重合性，双方开展合作领域极其广阔。

2. WTO 多数成员方已签署"一带一路"合作文件

截至 2016 年 7 月 29 日，WTO 共有 164 个成员方，其中既是"一带一路"合作国家又是 WTO 成员方的共有 111 个。这 111 个 WTO 成员方同时作为"一带一路"合作国家都签署了共建"一带一路"谅解备忘录，说明 WTO 绝大多数成员方都已经认同并参与到"一带一路"建设中。无论是"一带一路"进一步提升在 WTO 的认同度还是使更多"一带一路"合作国家加入到 WTO 中，增进对 WTO 及其规则的认同都具有可行性。此外，这种广泛的重合也为双方开展合作提供了成员基础。

（二）"一带一路"与 WTO 合作的法律路径

1. 借鉴 WTO 相关领域经验构建"一带一路"规则

WTO 是国际贸易领域最重要的国际组织，在其运行的 24 年间不断改革完

---

① 参见 https://www.wto.org/english/thewto_e/whatis_e/tif_e/org6_e.htm。

善，已经形成了非常完整的贸易规则体系。"一带一路"与其相比还处于初步发展阶段，相关的规则并未形成，这对于自身未来将走向多边主义的发展前景十分不利。因此，有必要构建和完善"一带一路"相关贸易投资便利化规则。借鉴 WTO 经验构建"一带一路"的本身就是不断增进双方交流互鉴、增进合作的过程，这不仅有利于增进成员对"一带一路"与 WTO 本身及其规则的认同，更为两者协调合作、实现共赢奠定规则基础。

2. 联通"一带一路"和多边贸易谈判平台以增进理解认同

"一带一路"是多边合作交流平台，各方可以通过该平台增进交流和理解。首先，通过联通"一带一路"与 WTO 可以使双方规则在一定程度上的融合。其次，成员通过交流可以更好地理解两者的有关规则，更有利于规则的实施。最后，联通两大平台将促进符合更多国家利益需求、更合理的新的规则的出现，推动"一带一路"与 WTO 的发展与改革。

3. 与 WTO 联动推进"一带一路"沿线贸易畅通

贸易畅通是"一带一路"建设的核心和重点。"一带一路"在贸易畅通领域的顶层设计框架目前包括：投资贸易便利化、自贸区网络、国际产能合作、境外园区建设、中欧班列。与 WTO 联动推进"一带一路"沿线贸易畅通可以通过两者重合的合作国家将 WTO 在贸易便利化的成果如降低交易成本、简化贸易程序、减少有形和无形的贸易障碍引入"一带一路"中，使 WTO 相关规则如《贸易便利化协定》《与贸易有关的投资协定》《与贸易有关的知识产权协定》等逐步为"一带一路"合作国家认同和接受，弥补"一带一路"相关规则的欠缺。

4. 将 WTO 争端解决机制纳入"一带一路"争端解决机制多样化选择中

2017 年 4 月，最高人民法院院长周强访问世界贸易组织总部时表示，中国愿与 WTO 加强合作以建立健全"一带一路"投资争议解决机制。[①] 因此，"一带一路"投资争端解决机制的建立健全需要研究借鉴国际贸易投资争端解决机制的有益经验，以保护投资者权益，推动投资争议解决机制的法治化。对于国家间争端，WTO 仍然可以发挥作用，"一带一路"沿线国家利用 WTO 争端解决机制解决贸易争端具有可行性。从实证研究角度考察"一带一路"沿线国家参与和利用 WTO 争端解决机制的情况可知，就"一带一路"沿线国家间的

[①] 参见周强《建立健全"一带一路"投资争端解决机制》，《法制日报》2017 年 4 月 24 日第 1 版。

贸易争端而言，WTO 争端解决机制目前仍是解决沿线国家间贸易争端的最佳选择。

三、以与 WBG 的合作为例

（一）"一带一路"与 WBG 合作的法律基础

1. 致力于减轻贫穷、实现全球经济发展的共同目标

WBG 是联合国的一个下属机构，它由国际复兴开发银行、国际开发协会、国际金融公司、多边投资担保机构和国际投资争端解决中心五个成员机构组成。国际复兴开发银行、国际开发协会和国际金融公司的主要业务活动是为发展中国家提供援助性贷款和技术援助，三者都属于金融机构。多边投资担保机构和国际投资争端解决中心则属于具有投资促进性质的非金融机构。世界银行仅就前三个金融成员机构而言。根据《国际复兴开发银行协定》第一条的规定可知，国际复兴开发银行宗旨为通过投资生产事业或者参与贷款、贷款保证支持和鼓励成员国或者外国私人投资。《国际开发协会协定》规定国际开发协会的宗旨是对国家的公共工程和发展项目以较一般贷款更灵活、负担较轻的条件提供优惠长期贷款。1956 年《国际金融公司协定》规定其宗旨为为发展中会员国私营企业提供资金支持。无论是为国家还是私营企业提供贷款支持，世界银行目标都是通过为发展中国家提供资金支持促进发展中国家经济发展，减轻贫穷，实现全球经济发展。从"一带一路"提出以来，在投资、融资、基础设施互联互通等方面为沿线国家带来众多实惠，致力于沿线发展中国家经济发展，为全球经济注入活力，这正是"一带一路"与世界银行目标相一致之处。

2.WBG 与"一带一路"就合作已达成共识

在首届"一带一路"国际合作高峰论坛上，世界银行行长金墉表示将通过国际复兴开发银行、国际开发协会、国际金融公司等机构助力"一带一路"承诺变成现实。世界银行与"一带一路"达成许多合作文件，如 2016 年《世界银行与亚投行签署投资项目联合融资框架协议》、2017 年《关于加强在"一带一路"倡议下相关领域合作的谅解备忘录》、2018 年《习近平会见世界银行行长金墉：加强在"一带一路"框架下合作》。此外，在 2019 年 4 月第二届国际合作高峰论坛下，中国财政部与世界银行集团、欧洲复兴开发银行、国际农业发展基金

等就助力"一带一路"合作事宜成立多边开发融资合作中心。"一带一路"与世界银行集团今后将依据以上协议或者备忘录开展合作事宜。

(二)"一带一路"与 WBG 合作的法律路径

1. 细化合作文件内容、加快合作文件具体落实

WBG 与"一带一路"已就设计中亚、南亚和东亚地区的交通、能源、水利等多个联合融资项目进行商讨，并为其提供融资。但是，通过观察"一带一路"与 WBG 达成的合作文件，"框架性协议""谅解备忘录""在框架下合作"都显示出在投融资安排方面，WBG 与"一带一路"的合作内容还需进一步细化。两者应当就具体合作事项开展交流，关注实际操作中出现的问题。其次，在 WBG 与"一带一路"已达成许多合作文件的基础上，如何更好地开展合作实践是需要思考的问题。具体落实到相关部门执行，在执行中相互配合、协商以及如何监督，这首先需要明确主体，其次需要考虑文件落实的具体方法。其中，多边开发融资中心的具体谋划、筹备、运行都需要进一步协商。因此，"一带一路"与 WBG 的合作首先应当在现有文件基础上进行努力，确保合作文件的落实。

2. 开展各类金融机构的多边合作分散金融风险。

"一带一路"以基础设施建设为重点，大型基础设施建设需要更多来源的资金支持，但是其建设周期和投资回报期较长、收益率较低等使金融机构面临较大的金融风险。融资主体的多样化能够适当分散金融风险，在大型基础设施建设上，由多边金融机构主导、其他各类金融机构积极跟进对分散风险非常重要。[①] 各类金融机构在具体跟进时可以采取银团贷款、再保险等形式，既能扩大贷款规模同时也更好地分散了风险。因此，"一带一路"与 WBG 合作中，要坚持互利共赢原则，吸引更多金融机构联合投资，与亚投行、国内金融机构等进行合作，分散风险。

3. 重视 WBG 提供的技术援助并在此基础上开展合作

技术援助属于世界银行职能，包括提供技术知识，培训技术人员，承担考察、勘探、可行性研究、设计等投资前活动，提供技术资料和文献等。例如世界银行发布《"一带一路"经济学：交通走廊的机遇与风险》的研究报告以帮助

---

① 参见翁东玲《"一带一路"建设的金融支持与合作风险探讨》，《东北亚论坛》2016 年第 6 期。

发展中国家正确认识参与"一带一路"建设的潜在效益和风险，并提出一系列政策建议如提高透明度、开展多边合作等帮助沿线国家最大限度获得"一带一路"效益，规避各种风险。"一带一路"应当重视世界银行提供的技术援助，通过与世界银行就此开展交流，不仅能够增进世界银行对"一带一路"的深入认识，而且能够得到更有针对性的技术援助，对世界银行自身工作的开展也具有指导作用。

4. 与 WBG 共建绿色"一带一路"

世界银行是最早将环境因素作为项目考量因素的国际金融机构，其项目环境管理经验丰富。随着各项文件的出台，绿色"一带一路"已经成为各国共识。推动两者环境和社会政策的交流互鉴，不仅有助于世界银行自身环境政策的进一步完善，更加贴合发展中国家实际情况，而且增强了绿色"一带一路"的具体操作性。通过两者环境政策方面的交互，更好地推进绿色"一带一路"，实现可持续发展。

第三章
"一带一路"与国际货币基金组织（IMF）的合作

"一带一路"在促进沿线国家基础设施建设完善的同时，也强调经济的可持续发展，通过积极构建新的债务可持续性框架防止相关国家公共债务的扩大，这对全球金融稳定具有重要意义。"一带一路"与IMF在宗旨目标上有诸多相似之处，都致力于提高民众的生活水平，促进经济的可持续性增长。双方还具有良好的合作基础，在国际货币金融领域有很大的合作空间。"一带一路"与IMF合作可以促进各项资源合理配置、改善相关国家的金融状况，推动全球金融治理的不断完善。但是，"一带一路"与IMF合作也存在一些挑战。这些挑战主要来自IMF自身的缺陷、单边主义的影响和IMF对"一带一路"的不信任等。面对这些挑战，不仅要求双方通过平等坦诚的对话消弭分歧，以共同将合作推进到新的高度；还需要相关国家或地区的积极参与，以真正形成多方金融合作的稳定机制，及时有效地应对金融风险。

第一节 "一带一路"与IMF合作的意义

"一带一路"建设中的国际贸易、国际投资等经济活动都必须以国际金融作为支撑，其间会涉及各国货币的比较和兑换等国际金融的核心问题，作为一个成熟的国际金融组织的IMF在这些方面具有丰富的经验。"一带一路"与IMF合作有利于人力资源的良性流动，有利于金融资源的合理配置，有利于信息资源的互惠共享，以促进沿线国家的经济发展，促进全球的金融稳定。同时，IMF与"一带一路"合作也可以推动IMF自身的改革和完善。IMF作为一个重要的国际金融组织具有一般国际组织的基本特点，是制度化的常设性组织，本身拥有成熟的组织经验，未来的"一带一路"倡议可以借鉴IMF的组织经验朝着系统化的方向迈进。当前"一带一路"与IMF的合作主要集中于货币金融领域，追求目标是互利共赢。

一、有利于人力资源的良性流动

在第二届"一带一路"国际合作高峰论坛上，IMF 总裁克里斯蒂娜·拉加德发表了开幕致辞，对基金组织为"一带一路"倡议参与方创造就业和机会的金融联系进行了讨论。这是一个良好的信号，它传达出"一带一路"倡议对基金组织人力资源具有吸引力。"一带一路"倡议参与方多为发展中经济体，人口结构多呈"金字塔"形，年轻人口所占比重较大。也就是说，在这些国家或地区中具有劳动能力的人口数在总人口数中所占比重较大，有丰富的人口资源。不可否认的是，这些发展中经济体的人口受教育水平较低，普遍缺乏运用国际金融知识的能力，存在丰富的人口资源与水平较低的人力资源的矛盾，且这种矛盾在短期内很难依靠自身得以解决。这些发展中经济体大多数也是 IMF 成员方。IMF 内部拥有一批专业的国际金融领域的专业人员，具有丰富的人力资源。IMF 可以较大程度地在国际金融领域给予这些同时作为"一带一路"参与方的发展中经济体以指导。此种做法不仅会使"一带一路"参与方受益，也有利于 IMF 自身职能的完善，还能够进一步推动全球金融治理的改善。

人力资源是 IMF 各项资源中最为基本和重要的资源之一，它不仅蕴藏着大量的组织内部个人的智慧力、创造力、协作力，还可以影响组织的运作与决策，可以说人力资源直接影响了其他各项资源的分配和调动。总裁是基金组织的最高行政负责人，其职权是处理基金组织的日常事务，并且负责基金组织内部人员的任命与辞退。IMF 总裁亲临论坛现场，向国际社会传达出 IMF 的人力资源向"一带一路"倡议倾斜的信号。随着"一带一路"的深入推进，"一带一路"与 IMF 的人员往来也更加密切。这是"一带一路"与 IMF 合作的重要条件。另外，国际货币与金融委员会是 IMF 最重要的决策机构，其决定几乎等同于理事会的决定，重要性不言而喻。2019 年 4 月的国际货币与金融委员会与会者名单中包括许多"一带一路"沿线国家的财政部长或央行行长，中国人民银行副行长陈雨露也在此名单中。这些与会者具有双重身份，他们不仅是国际货币与金融委员会的成员，而且在某个国家财政金融领域身居要职。这种组织方式可以更好地推行本组织的一些政策和决议，使组织的政策和成员国的政策相联系，增强了组织的执行力。

二、有利于金融资源的合理配置

IMF作为专职于国际金融事务的国际组织,与"一带一路"合作可以促进金融资源的合理分配。在国际货币领域合作的框架下开展汇率稳定、金融监管和资金融通,以促进国际贸易和国际投资是IMF的主要职能。"一带一路"沿线国家和地区多为发展中经济体,对基础设施建设等项目资金的需求量较大。但是历史经验表明,如果对基础设施投资所带来的债务加剧采取漠不关心的态度,将不利于国际金融秩序的稳定。为此,IMF和世界银行曾在2005年4月正式完成了"低收入国家债务可持续性框架"(简称"DSF"),其目的是保证债务的可持续。债务可持续分析的对象主要是负有重债且获得了IMF减贫增长贷款的国家。[①]

"一带一路"已经考虑到出现这种情况的可能性,并且也正在积极地采用新的债务可持续性框架来评估一些经济项目。"一带一路"已经在满足投资及可持续发展的融资需求和债务可持续性间寻求平衡。[②]从这一点来看,IMF不仅可以提供资金融通之类直接的金融资源,还可以提供风险评估经验类间接的金融资源。金融资源通常与一国的宏观经济政策有着十分密切的联系,会影响一国资源的分配。"一带一路"势必要与IMF在金融领域开展合作以促进金融资源更加合理地配置,帮助沿线国家经济的发展,造福更多的人民。

三、有利于信息资源的互惠共享

信息资源在当今互联网时代显得日益重要,足以和能源、材料资源的重要性相媲美。IMF十分重视信息的收集与沟通,在信息收集方面,IMF拥有非常庞大的信息储备,组织内部的信息资源较为丰富;在信息沟通方面,IMF会通过各种途径进行信息沟通来制定经济和金融政策。在新多边主义框架下,信息资源的价值更集中地体现在信息的沟通和信息资源的共享。高频率的信息沟通

[①] 参见王加春《IMF债务可持续框架的影响与评价》,《开发性金融研究》2017年第6期。
[②] 参见《"一带一路"债务可持续性分析框架》,http://www.mof.gov.cn/zhengwuxinxi/caizhengxinwen/201904/t20190425_3234663.htm。

与共享不仅使经济和金融政策制定得更加科学合理，而且能够提高政策制定的透明度，这对于提升全球经济信心和稳定全球金融秩序具有十分重要的意义。随着国际社会多边主义和分离主义势力的抬头，通过信息资源的收集和沟通可以更清楚地分析国际政治经济状况。除此之外，信息资源本身的特点也增强了它的作用，例如可重复使用性、可整合性、目标导向性等。IMF每年定期都会发布《全球金融稳定报告》《世界经济展望》以及其他一些监测报告。这些报告都是IMF根据当前最新的国际金融状况所做出的一些反馈，主要提供对全球金融市场的评估，以在全球框架下解决新兴市场的融资问题。

"一带一路"对全球金融市场的把握可以通过与IMF在不同方面进行信息资源的交流与共享来实现。IMF对全球金融市场的监测手段和方法给"一带一路"以很好的启示，换言之，"一带一路"不仅可以与IMF在信息资源方面展开合作，而且可以学习IMF的信息资源的收集和沟通方法、经验。

第二节 "一带一路"与IMF合作共赢的可行性

"一带一路"选择与IMF进行合作首先应当考虑竞争成本的问题。在现有的"一带一路"框架下，并没有直接调整"一带一路"沿线国家货币金融关系的区域性组织，与其说这是一个缺陷，倒不如说这是一个优势。不像世界银行与亚投行之间所具有的微妙关系，"一带一路"框架下并未形成与IMF有直接竞争关系的组织，"一带一路"与IMF的合作空间较大。实际上，在"一带一路"框架下设立新的货币金融组织的竞争成本较大，不太可能通过设立一个新的国际货币金融组织来重建国际货币金融秩序，但却可以通过与IMF进行合作，充分使用IMF的资源促进"一带一路"建设。由于不存在直接的竞争关系，IMF会为"一带一路"提供更大程度的帮助，并给予更多的支持。因此，处理好"一带一路"与IMF的关系对于双方的合作有着至关重要的作用。

一、覆盖的国家高度重合

"一带一路"自提出以来，就得到了世界范围内许多国家的支持，并逐步扩展到更多国家。从空间分布来看，"一带一路"不仅得到欧亚大陆国家的支持，还得到了撒哈拉以南的非洲、拉丁美洲以及大洋洲的国家和地区的认同。截至2019年4月30日，中国已经与131个国家和30个国际组织签署了187份共建"一带一路"合作文件。这些国家当中的绝大部分都是IMF成员国，具有双重身份。这除了与"一带一路"自身的吸引力之外，还和IMF的准入条件有关。IMF作为联合国的一个专门机构，只有联合国成员国而且只能是联合国成员国才有权直接或间接成为基金组织的成员，依托联合国这个广阔的平台，造就了IMF成员国众多的事实。IMF作为一个独立的国际金融组织，其本身就是一个制度化和组织化的国际经济法主体，通过确定的规则来约束和规范成员方的行为，对成员方具有一定的强制力。这种特点也体现出IMF组织内部的政策和决定可以被较好地执行，这些政策和决定可以直接对成员方产生影响。

"一带一路"与IMF不同之处在于自身并不是一个国际组织，对参与方并没有硬性的组织规章加以限制和约束。参与方多通过国际合作协议承担一定的义务。"一带一路"与IMF合作在一定程度上弥补了各自"软性协议"和"硬性规章"的缺陷，有参与方或成员方在中间充当了桥梁，可以更好地落实各项举措。所以"一带一路"参与方与IMF成员方具有相当的重合度，这无形中为双方的合作奠定了基础。

自2008年金融危机爆发以来，发达国家的经济增长乏力，发展中国家成为世界经济增长的引擎，尤其是以"金砖五国"为代表的新兴市场国家，为全球经济复苏与金融稳定做出了重要贡献。在看到发展中国家经济增长潜力的同时，也应看到一些经济实力较弱的发展中国家仍然存在公共债务快速增长的现实，这也是全球金融的不稳定因素之一。"一带一路"参与方多是发展中国家，同时也是IMF的成员方。IMF的成员方中有大量的发达国家。尽管发达国家在IMF拥有较大的话语权，但是单纯地从国家和地区分布来看，发达国家与发展中国家兼具是IMF的一大特点。反观"一带一路"合作国家中，鲜有发达国家，这也是美国对"一带一路"反对与忌惮的重要原因。

虽然说目前加入"一带一路"的发达国家数量较少，但并不能说明那些发达国家无合作意愿。相反，随着意大利与中国正式签署"一带一路"合作文件，越来越多的发达国家会看到"一带一路"建设将给意大利带来更多的机遇，在未来一段时间会有更多的发达国家加入"一带一路"倡议，"一带一路"将得到更多的发达国家的支持。事实上，国际社会没有必要将注意力一直聚焦于发达国家，尽管目前发达国家在 IMF 拥有较大的话语权，新兴市场国家以及广大发展中国家的发展在未来势必会稀释发达国家在 IMF 的投票权。新兴市场国家的力量正日益壮大，是未来国际经济的主要增长点，维护好发展中国家的发展权益对维持世界经济良好健康发展具有重要意义。

"一带一路"倡议是为了全人类的共同利益，通过丝绸之路经济带来促进沿线广大发展中国家的经济发展。同时，发展中国家的宏观经济易失调，外债结构易失衡。这些在一些发展中国家中固有的经济缺陷并不能单单依靠"一带一路"得到解决，还需要第三方来充当"危机监管者"，而 IMF 就是一个合适的角色。许多发展中国家既是"一带一路"沿线国家又是 IMF 成员国，这些成员国在 IMF 组织内部也会尽力去维护本国的利益，这与"一带一路"的初衷大体相同。从这一点看，IMF 与"一带一路"有着较为稳固的合作基础。

二、目标与 IMF 宗旨具有协调性

（一）"一带一路"的目标

"一带一路"本身就是为了实现区域互联互通，通过政策沟通、设施联通、贸易畅通、资金融通和民心相通促进沿线国家和地区间的互联互通，在中国倡议下的"一带一路"建设以此目标不断向前推进。在"一带一路"建设的推进过程中，中国政府积极将"一带一路"目标与相关国家和地区的发展目标进行对接。"一带一路"目标也是这些国家和地区的发展目标的集合，东盟"互联互通总体规划 2025"、欧洲"欧洲投资计划"、土耳其"中间走廊"倡议等一批国家或地区的发展目标与"一带一路"目标高度契合。[①]"一带一路"目标不断地进行更新和调整，以符合全人类的最大利益。

不同国家或地区之间差异巨大，发展目标和利益诉求不尽相同，"一带一路"

---

① 参见宋国友主编《复旦国际关系评论："一带一路"倡议与国际关系》，上海人民出版社 2017 年版，第 79 页。

目标之所以可以代表这些国家的发展目标和利益诉求，很大程度上是因为"一带一路"建立在中国与相关国家共同创造的合作机制之上，且这种合作机制是以相互尊重、平等相处和彼此理解为前提的。"一带一路"目标正是在这种合作机制中孕育产生，实现区域的互联互通。在"一带一路"框架之下，中国与相关国家坦诚合作，稳步推进互联互通。互联互通并不要求相关国家不顾现实国情而盲目推进互联互通，而是在尊重和理解彼此的差异的前提下求同存异，共同发展。

（二）IMF 的宗旨

《国际货币基金协定》第 1 条规定了 IMF 的宗旨，虽然 IMF 自成立以来对《国际货币基金协定》做过多次修订，但是宗旨一直得以保留，足以看出组织的宗旨对 IMF 的重要性。IMF 的宗旨主要是促进会员国在货币领域的合作，以达到促进会员国实现经济增长并促进国际贸易与投资的进行，维持汇率稳定，消除妨碍国际贸易发展的外汇管制，维持国际收支平衡等。IMF 作为一个制度化的国际金融组织，可以依靠内部的组织规章给会员国规定行为准则。也就是说，IMF 可以通过这种具有较大约束力的文件来规范会员国的行为，从而在现实中就更容易实现 IMF 的既定目标。虽然在约束力方面，IMF 与"一带一路"有所不同，但是两者的共性都是为了促进某一国家的本国发展目标与国际社会的发展目标相协调。与"一带一路"的互联互通目标相对应的是，IMF 的宗旨亦是为了促进全球经济的包容性增长。

（三）互联互通与经济包容性增长

IMF 总裁克里斯蒂娜·拉加德曾在第二届"一带一路"国际合作高峰论坛的金融互联互通会议上表示，"一带一路"所强调的基础设施建设的互联互通总是与金融的互联互通相伴而行的。[①] "一带一路"在沿线国家开展国际贸易活动时，必然需要通过基础设施建设来维系不同国家或地区之间的经济联系，而基础设施建设又需要金融联系，可以说金融联系往往催生一个地区的经济繁荣发展。对于金融联系，"一带一路"强调互联互通，而 IMF 强调经济的包容性增长，

---

① 参见《"一带一路"倡议：实现金融互联互通的两个关键渠道》，https://www.imf.org/zh/News/Articles/2019/04/24/sp042519-belt-and-road-initiative-two-key-channels-to-achieving-financial-connectivity。

事实上两者在本质上是基本相同的。这种相同性也是双方合作的重要基础，而双方所面对的整个国际经济环境又是如此的一致，因而有稳固的合作基础。经济的包容性增长往往与可持续增长、开放性增长相提并论，但是包容性增长又可以看作是两者的合集。实现经济的包容性增长，即意味着一国的经济状况是良性的，发展前景是光明的。"一带一路"的互联互通也有类似的特性，两者在以下方面都有着巨大的共识：

1. 发展开放型经济，扩大高质量投资

历史经验告诉我们，如果一个国家或地区闭关锁国，那么它是没有前途的。然而放眼全世界，仍然有许多的国家或地区自我闭塞，与世界经济的联系较少，国际贸易与国际投资未能在这些国家或地区产生可期望的效益。中国俗语称"要想富，先修路"，交通基础设施的建设客观上不仅可以拉动一个地区的经济发展，更重要的是可以加深该地区与其他地区的经济联系。现实问题是，这些亟待建设基础设施的地区往往经济落后，缺少充足的资金，对基础设施建设资金的需求较大。同时也应注意，不能为了吸引境外投资而无条件地降低投资准入门槛，还是应该立足于可持续发展的目标而吸引高质量的投资。高质量投资是符合可持续发展目标的，从长远来看，高质量投资能够给投资东道国带来实实在在的好处。但是高质量投资的获得却不是那么容易，甚至对于某些国家来说是一件可遇而不可求的事情。高质量的投资，不仅被IMF总裁克里斯蒂娜·拉加德在各种国际场合上多次提及，而且还被"一带一路"所关切，上述问题也正是"一带一路"的互联互通目标所要解决的对象。

2. 维持金融稳定、减少债务高砌

目前，影响世界经济的主要问题是债务高砌。当前世界经济的下行压力较大，各主要经济体的经济增速趋缓，但是公共债务水平却普遍偏高，这个问题不仅会阻碍世界经济的包容性增长，而且还会导致世界金融危机的发生。这就好比是司机饮过量的酒之后，在面对前方道路的紧急情况时，因为反映过于迟缓而发生交通事故。根据IMF相关数据，当前世界的浪费性支出较多，尤其是在低效能源方面，并且公共债务水平普遍高于2008年金融危机之间的平均水平。对于浪费性支出较多的问题，国际社会可以将投资目光更多地转向基础设施、教育、医疗等领域。"一带一路"和IMF都鼓励有关各方将资金投入到可以持续推动国民经济增长的领域，同时要求各方需要制定合理的政策对投资可能产生的公共债务风险及时管控。

3. 提高政策透明度，防止腐败的滋生

通常认为，治理腐败是一国的内政，过多地在国际领域关注一国的腐败状况似乎有违国际法，但是根据 IMF 的数据统计，对比收入水平相似的国家政府税收收入占 GDP 的比重，腐败程度最低政府征收的税收收入比腐败程度最高的政府多出 GDP 的 4%。[①] 腐败问题会使一国的国家收入减少，直接体现在国家税收收入的减少，而这些税收收入原本可以用来改善民生，进行经济建设。"一带一路"并不具有要求参与方防止腐败的强制力，但是可以通过与 IMF 合作来帮助参与方改善国内的腐败问题，加强对腐败的监督，来促进世界经济的良性发展。《廉洁丝绸之路北京倡议》明确倡议各方增强政府信息公开透明，并且鼓励各方加强反腐败相关机构人员交流、信息沟通和经验分享，传达了"一带一路"向外的合作意愿。

三、建设方向与 IMF 改革方向具有一致性

"一带一路"的建设方向从大范围来看是为了促进区域经济的发展，尤其是发展中国家的经济发展。"一带一路"倡议的互联互通始终是"一带一路"建设中的首要选项，这将加深中国与周边国家、亚洲与世界之间的经济联系，符合世界各国的长远利益，尤其是发展中国家的利益。当今世界，发达国家基本控制了世界经济的走向，对世界经济发展的影响力较大，而发展中国家在世界经济发展中的话语权较小。但是随着发展中国家中的新兴市场和中等收入国家不断发展壮大，发达国家在世界经济中的垄断地位正在改变。与此同时也应注意发展中国家中的低收入国家和最不发达国家的经济持续恶化。从某种程度上来说，这些国家一直遭到了发达国家的经济剥削，在世界经济中的分工较为低下，一般是以提供初级产品为主，例如原料、能源等。低收入国家往往因为缺少足够的资金会造成基础设施不完善、教育医疗体系不健全，持续深陷贫困的泥沼。这不仅会影响一国的民生，而且会阻碍本国的经济发展。"一带一路"的互联互通正是期望通过补齐低收入国家的这块短板来促进世界经济的繁荣发展。

[①] 参见《财政监测报告：遏制腐败》，https://www.imf.org/zh/Publications/FM/Issues/2019/03/18/fiscal-monitor-april-2019。

以新兴市场和中等收入国家为代表的新兴经济体的崛起，在一定程度上冲击了 IMF 现有的体制，但是未能从根本上对 IMF 现有体制进行改革。2008 年世界金融危机爆发后，一方面，IMF 无法有效阻止金融危机的发生；另一方面，西方主要发达国家在 IMF 的份额中占据主导地位，而新兴市场和中等收入国家却在世界经济中的作用日益显现。美国长期在 IMF 拥有极高的份额，是目前唯一拥有一票否决权的国家，正因为美国在 IMF 存在较大的利益，美国也希望通过改革来完善 IMF 的现有职能。正因为这样，IMF 的 2010 年改革受到了大多数成员国的支持。尽管美国最终也支持了改革，但是并没有改变自己事实上拥有一票否决权的现实，而是通过牺牲欧洲国家的份额来推动改革。尽管如此，IMF 的 2010 年改革仍然具有十分重要的积极意义，显现出对发展中国家的重视，以及由此体现出的在互相尊重的基础上所开展的国际经济合作。

第三节 "一带一路"与 IMF 合作面临的挑战

"一带一路"与 IMF 合作能够促进双方人力、金融等资源的流动共享，促进双方在相关方面的交流借鉴，但 IMF 与"一带一路"是两个不同的存在，在具体合作开展过程中可能面临挑战。从 IMF 方面来看，其融资机制、监管机制及决策机制本身存在一些缺陷，这些问题在两者合作中不容忽视，应当被客观对待。这也是当前 IMF 面临的发展与改革危机在合作过程中的体现，只有清楚了解 IMF 存在的缺陷才能有效化解合作中可能因此造成的阻碍，并在合作中推动 IMF 自身的改革和发展。除了 IMF 自身的障碍外，以美国的"退群"行为为代表的单边主义正在兴起，加上 IMF 可能对"一带一路"存有疑虑，两者合作将会受到威胁。

一、IMF 融资机制存在缺陷

(一) IMF 的融资机制具有条件性

IMF 向成员国提供融资的目的是消除妨碍国际贸易与投资的国际收支问题，以促进经济增长。IMF 成员国在没有充足的资金以减少国际收支逆差的情况下，可以向 IMF 申请贷款。申请贷款必须遵循一系列条件，甚至这些条件略显严苛。

首先，成员国向 IMF 借款时，必须经过执行董事会的投票批准，执行董事会就某些事项进行投票时，必须由其所代表的国家按照投票权进行表决，换言之，投票权越大的国家在批准贷款事项上的发言权也就越大。众所周知，西方发达国家所持有的投票权比重较大，这可能会成为某些国家挟持借款国做出让步的砝码。其次，成员国在借款时必须向 IMF 承诺实施可以解决国内收支问题的政策，这种做法本来无可厚非，但是借款国与 IMF 在实力上常常是不平等的，借款国承诺实施的政策经常是被迫的。这很容易让人联想到在欧债危机中，欧盟曾要求希腊削减国内财政赤字。其实借款国与 IMF 之间的不平等性是大于希腊与欧盟之间的，所以成员国向 IMF 借款时会有一定的政策压力。IMF 提供给成员国的贷款一般都是短期的，通常期限为 3～5 年，在当今金融危机愈加复杂和多样的情况下，很多国家无法在短期内改善本国的国际收支状况，时间较为紧迫。最后，借款国向 IMF 借款的额度常常根据借款国在 IMF 的份额确定，份额越多的国家其实际贷款金额越高，这也加剧了不平等。"一带一路"与 IMF 在国际收支问题等方面的合作，必然需要考虑 IMF 的融资条件具有严苛性这一特点。

(二) IMF 的融资机制常伴随大国政治目的

前文已提 IMF 的融资体制具有严苛的条件，集中体现在《国际货币基金协定》第 5 条上，成员国必须在财政政策上做出改变以期获得 IMF 的贷款。这些政策要求不仅包括一国的宏观经济政策，还逐渐涵盖了诸如公司管理、银行规制、税收改革等内容，甚至还包括了人权、政府腐败及环境问题。[1] 从这

---

[1] 参见向雅萍《后次贷危机时期 IMF 改革的法律思考》，《武汉理工大学学报（社会科学版）》2010 年第 2 期。

些需要改变的内容可以看出借款国和 IMF 事实上并不是处在平等的位置,尤其是美国在 IMF 决策中拥有实际的一票否决权,这很难不把美国的国家意志与 IMF 的组织意志进行联想。现在 IMF 的组织内部,出现了一个较为奇怪的现象,美国因为经济实力领先于其他国家,不仅不是份额的竞争国,而且还常常充当"决策者"的角色,美国的支持在很多情况下显得异常重要。"一带一路"与 IMF 进行合作必须要避免大国政治的干扰,要在双方独立自主平等互助的原则下展开合作。

二、IMF 监管机制存在缺陷

(一) IMF 的监管对象较为单一

IMF 根据《国际货币基金协定》第 4 条第 1 节的规定会员国保证同基金和其他会员国进行合作,以保证有秩序的外汇安排,并促进一个稳定的汇率制度。尽管 IMF 对成员国宏观经济政策的监管具有十分重要的意义,但是近年来随着国际金融业的发展以及由此带来的国际金融衍生产品的增加,IMF 的监管对象显得单一,无法适应这个不断变化和发展的国际金融世界。国际金融资本流动速度较快,在金融衍生工具杠杆效应的影响之下,使得虚拟经济与物质经济的差距越来越大[①],这必然会加剧国际金融市场的不稳定性。目前,IMF 主要是对成员国的宏观经济政策进行监管,即"一对一"监管模式,通常就是 IMF 工作人员对于成员国的监管。IMF 缺少对国际经济运行的整体动态监管,[②]即"一对多"监管模式。"一对一"监管模式采取的是片面的监管模式,割裂了 IMF 成员国与全球的经济联系,无法实时灵活地监测世界经济形势。这种模式造成的直接恶果就是 IMF 在全球金融危机来临时,对金融危机的反应过于迟钝,无法及时有效地采取措施应对危机。"一带一路"由点及线及面,彼此相互交错形成互相关联的网状结构,在与 IMF 合作应该克服其"一对一"监管模式,采取更加灵活多样的方式来监测相关国家的经济状况。

---

① 参见袁冬梅、刘建江《世界金融一体化背景下的 IMF:挑战与对策》,《湘潭大学学报(哲学社会科学版)》2006 年第 6 期。
② 参见张明《国际货币体系改革:背景、原因、措施及中国的参与》,《国际经济评论》2010 年第 1 期。

（二）IMF 的监管力较为薄弱

IMF 的监管力较为薄弱主要是对监管范围而言的，主要有三个层面的监管范围问题。第一个层面，IMF 的成员只能是联合国成员，但不包括所有联合国成员，换言之，IMF 对于朝鲜、古巴等国是无法行使监管职能的。第二个层面，IMF 对于不向组织借款的成员国也很难行使监管职能，因为 IMF 在向成员国发放贷款时，通常会要求借款国调整本国的宏观经济政策以符合 IMF 规定的维持国内收支平衡的要求，如果 IMF 成员国并不是借款国，那么就很难受此条件的限制，这样 IMF 监管的力度就会减弱。第三个层面，由于 IMF 决策体制的特殊性，发达成员与发展中成员的投票权并不是相等的，双方处于不平等的地位，美国的投票权最大，这就造成了以美国为代表的西方发达国家在 IMF 中的权力较大，这些国家的意志往往可以凌驾于 IMF 组织意志之上，使得 IMF 的权威得到削弱，落实到具体成员国的政策也很难真正得到落实。

"一带一路"与 IMF 合作首先会增强 IMF 在组织内部的话语权，因为"一带一路"的参与方很多都是新兴市场国家，IMF 与"一带一路"合作就意味着 IMF 获得了新兴市场国家的支持，这个因素是发达国家必须要考虑的。另外在双方合作过程中，"一带一路"也会积极借鉴 IMF 的成熟的金融监测方法，这不仅可以帮助"一带一路"在推行过程中避免引发参与方的金融危机，而且也可以帮助 IMF 在"一带一路"框架下更好地实施政策。

三、IMF 决策机制存在缺陷

（一）IMF 的份额和表决制度

IMF 的表决制度采用加权表决制，IMF 成员国在加权表决制下拥有基本投票权和份额投票权。因为基本投票权在所有成员国中都是平等的，均为 250 票，所以成员国对于基本投票权的争议不大。份额投票权因为其与成员国向 IMF 所缴纳的资金直接挂钩，因而在各成员国之间并不是平等的，所以也一直是呼吁改革的对象。提起份额投票权，就不得不提份额，份额是 IMF 的主要资金来源，通常一国在基金组织的份额是由该国的经济总量决定的。美国作为全球最大的经济体，在 IMF 也拥有了最大的份额。虽然份额并不与投票权严格对应，但是在某些事项上可以起到决定性作用。根据《基金协定》的规定，

IMF 的表决多数分为简单多数 51%、特别多数 70%、以及特别多数 85%。[①]一些特别重大事项的通过必须达到 85% 多数，然而被规定为特别重大事项的数量却不断增加，这进一步加剧了 IMF 决策机制的不合理，以及成员国间的不平等状况。

（二）IMF 决策机制的现状

长久以来，国际社会对于 IMF 决策机制的批评一直不绝于耳，这一现象自 IMF 成立之时就已经产生。新兴市场国家和低收入国家对 IMF 决策机制的抨击更甚，主要原因就是新兴市场国家和低收入国家在 IMF 中的份额和投票权远远低于他们在世界经济总量中的比重。与此形成鲜明对比的是美国的份额和投票权。美国拥有超过 15% 的投票权，对于需要 85% 多数同意才能通过的特别重大事项拥有事实上的一票否决权。虽然美国在 IMF 成立之时拥有接近 40% 的投票权，并且在 20 世纪六七十年代面对欧洲和日本的经济崛起而减少投票权，以及在 21 世纪初期面对新兴市场和中等收入国家的经济崛起再次减少投票权，但是这两次大的减少并未从根本上改变美国在特别重大事项上拥有一票否决权的现实。而且，在 2010 年 IMF 份额改革后，IMF 份额最多的 7 个国家中，发达国家就有 6 个[②]，除去美国之外，还有日本、德国、法国、英国和意大利，这些国家在 IMF 中面对特别重大事项时也往往与美国保持一致，从而使得本集团在对 IMF 重要事项进行决策时拥有绝对的决策力。

"一带一路"的多数参与方都是发展中经济体，IMF 决策机制的投票权分配在发达经济体和发展中经济体中的差异悬殊，存在不公平的现象，以中国、印度为代表的新兴市场国家的投票权被严重低估，更不用说 IMF 历任总裁都是出自西方发达国家，这些势必成为阻挠"一带一路"与 IMF 合作的重要因素。但是，近年来 IMF 将部分投票权分配给新兴市场和中等收入经济体的做法仍然具有积极意义。

[①] 参见宋伟《IMF 近期决策结构改革及其对中国的影响（2006—2012）》，《国际经贸探索》2013 年第 6 期。
[②] 参见 IMF Quota and Governance Reform—Elements of an Agreement, https://www.imf.org/external/np/pp/eng/2010/103110.pdf。

四、双方合作可能受到单边主义干扰

（一）国际单边主义的兴起

"一带一路"与 IMF 合作的障碍除了 IMF 自身的缺陷之外，还有当今国际政治环境的影响。近几年，国际社会的"黑天鹅事件"频频发生，说明当今的国际社会处在一个不稳定的状态。而且全球经济复苏缓慢，国际舞台上单边主义与分离主义甚嚣尘上。在美国总统特朗普提出的"美国优先"政策的影响下，美国相继退出《巴黎气候协议》《伊朗核协议》《中导条约》，并退出了联合国教科文组织。令国际社会更感忧虑的是，"美国优先"政策会助长全球范围内的单边主义和分离主义，美国此举会使得更多国家争相效仿，使得国际社会规则和秩序荡然无存。在国际金融领域，单边主义的影响更甚，因为当今全球金融环境是一个整体，局部金融危机的爆发都会"牵一发而动全身"，进而引发连锁反应，形成全球金融危机。在金融衍生产品不断增多的今天，对于国际金融的合作管理显得尤为重要。

在此背景下，中国希望在实现国内经济发展的同时，也能够实现全球经济的稳定和发展，尤其在后金融危机时代单边主义不断抬头的背景下，中国提出的"一带一路"倡议对于全人类都有十分重要的作用。"一带一路"倡议正是立足于全球经济新的增长点，以实现区域内的互联互通为目标，实现区域乃至全球的经济繁荣与稳定。在国际金融领域，"一带一路"可以通过与现有的国际金融组织的合作来维护有关国家的经济稳定，双方都致力于维护多边体系，反对单边主义，这一点是双方合作的重要基础。

（二）IMF 对"一带一路"存有疑虑

自"一带一路"倡议提出至今，西方国家大肆炒作"一带一路""债务陷阱论"，其背后的政治意图不言而喻。在西方国家舆论的影响之下，本就和西方发达国家保持紧密关系的 IMF 一度也受到了这种论调的影响。IMF 起初认为"一带一路"对相关国家进行基础设施投资的同时，也会使这些国家背负沉重的债务，陷入"债务陷阱"，所以 IMF 对"一带一路"总是存有疑虑，IMF 总裁克里斯蒂娜·拉加德曾公开表示过对相关国家陷入"债务陷阱"的担忧。

随着"一带一路"的深入推进，国际社会逐渐消除了疑虑，对"一带一路"普遍持积极看法。在第二届"一带一路"国际合作高峰论坛上，克里斯蒂娜·拉加德就曾对中国采取的新的债务可持续性框架来评估"一带一路"项目表示了支持；除了 IMF 之外，许多"一带一路"参与方都否认西方国家所谓的"债务陷阱论"，国际社会对"一带一路"的看法直接显示出"债务陷阱论"的错误。事实上，在 WB 和 IMF 认定的 17 个非洲债务危机国中，多数国家的债权人是欧美国家银行、企业等，不是中国。[①] 从这一点可以看出，"一带一路"并不是一些国家陷入"债务陷阱"的原因，而西方发达国家的政府、银行、企业对"债务陷阱"的作用较大。"一带一路"与 IMF 必须在互相理解与信任的基础上开展对话与合作，这不仅会增进双方对彼此的了解，而且会有效地消除彼此的疑虑，将合作推向一个更高的水平。

第四节　促进"一带一路"与 IMF 合作的若干路径

　　IMF 与"一带一路"在合作的路径上可以在现有合作的基础之外，充分发掘其在货币金融领域的其他优势具体构建和实施。"一带一路"与多边机制已成立联合能力建设中心，在具体合作中应当以此为基础，更好地发挥联合能力建设中心的作用。双方尚未建立稳定的金融合作机制，整体的金融合作机制是今后合作的重点。除此之外，IMF 作为货币金融领域重要的国际经济组织之一，在系统性金融风险、国际货币危机、主权债务危机方面有优势，"一带一路"应携手 IMF 防范和应对相应的风险和危机。

一、建立稳定的金融合作机制

（一）双方金融合作的现状

　　现阶段，"一带一路"与 IMF 之间并未形成成熟的金融合作机制，双方没

---

① 参见《"一带一路""债务陷阱论"可以休矣》，https://www.yidaiyilu.gov.cn/ghsl/gnzjgd/94115.htm。

有进行深度合作，两者大都是在各自的体系下分别对外开展各自的金融合作机制。"一带一路"在本身的框架之下，开展国家或地区之间的金融合作。这些开展金融合作的国家或地区通常因为地理位置、经贸关系、经济发展水平等因素。能够建立金融合作机制的国家或地区在上述因素等方面总是比较相近，从而形成关系较为紧密的区域性金融合作机制。区域性金融合作机制是目前国家或地区间进行金融合作的主要形式，这种方式不仅可以避免因成员过多而产生较大分歧的问题，而且可以进一步加深区域内的金融合作，从而扩大区际金融合作，为全球金融合作铺平道路。"一带一路"在沿线国家已经通过这种方式取得了诸多成效，大大深化了多边金融关系。

中国无疑是区域性金融合作的典型国家。中国通过"一带一路"与相关国家或地区大力发展双边经贸、投资关系，金融关系也随之发展，这就促成了中国与多个国家或地区积极开展国际金融合作，例如金砖国家金融合作机制、中国—中亚金融合作机制等。与"一带一路"框架下的金融合作机制不同的是，IMF 在 2008 年金融危机之后就一直被成员国批评金融监管不力以及应对金融危机的能力较弱。IMF 框架下的金融合作陷入了停滞，随后经过一系列改革，在一定程度上平衡了发达国家与新兴市场国家之间的利益，全球金融合作也得以继续推进。然而，IMF 框架下的金融合作更多的是 IMF 与成员国之间的单线合作，缺乏一个整体的金融合作机制。

令人欣慰的是，近年来 IMF 积极关注"一带一路"，与 IMF 的互动频率也增多，"一带一路"也开始重视与 IMF 的合作，双方都互相传达出希望彼此合作的积极信号，例如 IMF 总裁参加"一带一路"国际合作高峰论坛，IMF 对"一带一路"相关国家的关注与指导。然而现实问题是双方之间并未形成一个稳定的金融合作机制，双方仍然都只是在各自的框架下开展国际金融合作，彼此的交集可能是形式意义大于实际意义。基于此，未来双方的金融合作模式一定要朝着体系化的方向迈进。

（二）双方建立稳定的金融合作机制的具体举措

1. 开展定期磋商会议

"一带一路"与 IMF 的交流远远没有达到深度合作的程度，通常都是一方相关人员象征性地参与另一方组织的峰会或发表致辞。不能否认这些交流活动可以进一步增强双方互信，但仅依靠这些活动来建立稳定的金融合作是不太现实的。"一带一路"并不是一个国际组织，与 IMF 不能像正常的国际组织之间开展活动，两者达成深度合作首先必须确定双方合作的现实主体。中国既是"一带一路"的倡议方，同时又是 IMF 的重要成员国，中国可以在一定范围内代表"一带一路"与 IMF 开展定期磋商会议。定期磋商会议首先可以实在地拉近双方关系，增强双方在国际货币金融领域的友好合作；其次可以促进双方定期交流国际金融信息，互相沟通了解彼此的看法和利益关切；最后可以达成具有法律约束力的国际文件，以便合作成果更好地落实。

2. 建立金融合作机构

不似在基础设施融资领域建立的亚投行，"一带一路"在货币金融领域尚未建立相关的机构，这在一定程度上也显示出"一带一路"在货币金融领域的短板。"一带一路"尚未成为国际经济法主体，所以在一些事项上必须借助参与国与 IMF 共同建立金融合作机构来达到建立稳定的金融合作机制的目的。中国依然可以为"一带一路"与 IMF 的合作添砖加瓦。中国与 IMF 建立"一带一路"框架下的金融合作机构，不仅可以使 IMF 的职能得到更充分的发挥，也会完善 IMF 的职能体系，增强 IMF 的公信力和权威，而且可以使"一带一路"在相关国家进行基础设施投资助力相关国家经济发展的同时，也兼顾经济的可持续性增长。国际金融合作机构的建立将使"一带一路"与 IMF 的关系联系得更加紧密。

二、发挥联合能力建设中心的作用

（一）中国在双方合作中的重要性

前文也提到过中国可以在"一带一路"与 IMF 之间起到连接作用，中国之所以充当了桥梁的角色，是因为"一带一路"并不具备国际法主体资格，在宏观政策方面"一带一路"确实可以直接与 IMF 进行合作，但是具体到微观措施上，通常都是相关国家在"一带一路"框架下开展对外合作。这种特征不能否定"一带一路"的国际性，即"一带一路"是由众多国家在平等自愿的基础上参与的活动，"一带一路"是众多国家集体意志的体现。从这一点来看，"一带一路"的任何一个参与国都可以在框架下与 IMF 展开合作。"一带一路"与 IMF 的金融合作不仅仅是双方的合作，更是多方主体的合作。中国作为"一带一路"的倡议方可以为双方的合作做出积极的贡献。中国—IMF 联合能力建设中心（The

China-IMF Capacity Development Center，以下简称"CICDC"）就是这种具体举措的最集中的体现，双方一致同意在国际金融机构与服务方面共同发挥作用及应对挑战。可以说，中国在双方合作的过程中发挥了不可替代的作用。

（二）CICDC 的作用

CICDC 的建立，是"一带一路"与 IMF 之间具有里程碑意义的合作。目前 CICDC 尚处在初始阶段，相关具体措施还不完整成熟，需要双方进一步研讨商议。具体而言，CICDC 可以在以下领域开展合作。第一，建设金融合作机构，提高金融服务的质量和水平。现在"一带一路"框架下有亚投行、丝路基金等新形式的国际金融合作，但是甚少涉及国际货币金融领域，"一带一路"强调经济的可持续发展，为此，"一带一路"及相关国家越来越重视国际金融监管机构的作用，CICDC 在将来应该加强彼此的国际金融监管合作，互相分享国际金融信息。第二，构建良好政策环境，提高科学决策水平。CICDC 必须建立在透明度高的决策机制之下，因为 CICDC 不仅仅是中国与 IMF 的双方合作，更是"一带一路"与 IMF 合作的重要形式，CICDC 直接影响到了"一带一路"的其他参与方，只有建立高效的、透明的决策机制，CICDC 才能够获得这些国家的信任与支持。第三，严格评估各项建设项目，促进经济可持续发展。CICDC 必须设立确定的标准以保证各项建设项目是符合可持续发展目标的，努力促成建设资金用在应该用到的建设项目上，更好地造福于"一带一路"相关国家。

总而言之，CICDC 应持包容开放的态度来欢迎"一带一路"所有参与方共同参与，更好地发挥自身的作用。

三、携手 IMF 防范系统性金融风险

（一）系统性金融风险

美国次贷危机爆发以来，国际社会对系统性金融风险的担忧从未停止。在金融全球化和自由化的背景之下，当代的系统性金融风险可以在顷刻间爆发并传播。其爆发速度之快、波及范围之广是国际社会始料未及的。IMF 在次贷危机爆发后，曾向许多国家提供了贷款，这些贷款在一定程度上缓解了申请贷款

国的紧张的金融状况。虽然国际社会多有唱衰IMF之声，但是目前尚没有出现可以代替IMF的国际金融组织以维护国际金融稳定，IMF对于防范系统性金融风险有重要的作用。

"一带一路"倡议是在美国次贷危机爆发后提出的，"一带一路"对次贷危机所造成的后果应该是十分清楚的，并且不论是"一带一路"外的国家发生次贷危机还是参与国发生次贷危机，都会对"一带一路"的整体进程产生极大的消极影响。对于系统性金融风险的成因，大致有"内因说"和"外因说"两种观点。[1]以美国为代表的西方发达国家以及IMF认为系统性金融风险是相关国家国内经济状况决定的，这和该国的国内宏观经济政策以及国内经济结构等有着直接的关系；新市场国家和低收入国家则认为系统性金融风险是发达国家利用自身的经济优势操纵国际金融市场。事实上，两种看法都有一定的道理，重点是通过"内外原因"来找到一条双方合作的共同路径来预防系统性金融风险的发生，所以从这一点来看，"一带一路"与IMF在这一方面有共同的目标和一致的任务。

（二）合作建立风险预警机制

当今世界金融体系是不平衡的，新兴经济体更关注实体经济的发展，发达经济体往往会将目光投放到金融业上，这种认识重点的错位也在一定程度上加剧了两者的分歧。"一带一路"和IMF可以充当两者沟通的桥梁，整合资源共同应对系统性金融风险。国际金融受到的干扰因素十分众多，其中有很多因素是不可控的，比如国际重大事件、国际金融市场情绪等都可以干扰国际金融市场。每个国家都应当尽力搜集金融情报和信息，实时监测国际资本的跨国流动，但是一些国家因为监测能力有限，无法掌握资本的实时信息，容易造成系统性金融风险。像这样的国家在"一带一路"中有很多，以"一带一路"现有的金融资源和能力是无法胜任这项工作的，并且当一国发生系统性金融风险时，极有可能波及整个"一带一路"区域内的国家。"一带一路"必须与IMF一道共同建立风险预警机制，实时监测区域内国家的系统性金融风险的发生，争取在源头上消除风险。

---

[1] 参见李仁真主编《国际金融法新视野》，武汉大学出版社2013年版，第69页。

(三) 合作建立风险救济机制

风险救济机制可以比喻为一张安全网，有关部门在系统性金融风险发生之后应当及时有效地发放贷款，采取信贷支持以减少金融风险带来的经济损失。在系统性金融风险发生后第一时间采取救济措施以及时止损是非常必要的。如果在第一时间不及时采取措施，金融风险就会似滚雪球般向外界蔓延，不加控制的蔓延最终会导致经济的衰退。前文已提金融市场情绪是一个不可控因素，但是却可以通过风险救济来影响金融市场情绪，提升金融市场的信心，这对于恢复金融市场的正常秩序有着十分重要的作用。当然这种风险救济机制不是一种孤立的救济机制，必须以国际金融合作为基础，这是因为系统性金融风险的传播特点决定的，金融风险很容易波及风险发生国之外的国家或地区，加强国际合作可以促进国家或地区之间金融信息的沟通和共享。

"一带一路"在相关国家进行贸易、投资事项时，应尽量减少系统性金融风险对"一带一路"的影响，所以"一带一路"必须对相关国家金融风险的发生进行救济。在对相关国家进行救济时，"一带一路"的经验和金融资源都不丰富，和 IMF 进行合作是非常必要的。对于 IMF 受到既有国际金融组织固有弊病的影响，无法高效率地展开对成员国的金融风险救济，"一带一路"在一定程度上可以为 IMF 注入新鲜的血液。

四、携手 IMF 防范国际货币危机

(一) 国际货币危机

第二次世界大战后建立起来的布雷顿森林体制从法律层面上确立了美元在全球的霸权地位，即使在 20 世纪 70 年代布雷顿森林体系崩溃之后，由于美国在全球经济中的影响力，以及美国通过各种手段极力维护美元的霸权地位，美元也一直是全球的主要储备货币。这种状况的弊端随着国际货币危机的不断爆发而逐渐显现，事实证明将一国的主权信用货币作为国际储备货币的风险是非常大的。

长久以来，以中国为代表的新兴市场国家大量持有美国国债，新兴市场国家的经济状况很大程度上受到美国国内经济和金融政策的影响。近年，阿根廷比索大幅贬值，国际货币危机再次吸引了全球的目光。有观点认为，美国经济

走强及美联储不断加息是诱发部分新兴市场国家货币危机的主要外因。[1] 因为美联储不断加息，就会造成新兴市场国家对资本的吸引力减弱。"一带一路"参与国中新兴市场国家数量众多，因此维护好新兴市场国家的国际金融利益至关重要。"一带一路"必须开展同IMF的合作，共同应对国际货币危机给充满活力的新兴市场国家的经济所带来的潜在或现实的危害。

（二）共同推进多元化的国际储备货币

前文所提，布雷顿森林体制瓦解，动摇了美元的霸权地位。虽然随后的牙买加体系在法律上对此并没有明确的规定，但是美国依靠强大的经济实力使得美元成为全世界认可度和流通度最高的主权信用货币。然而不可否认的是，美国的经济实力在不断地下降，"一带一路"参与国的经济实力却在不断上升。"一带一路"参与国近年在经济上增长明显，与之相伴的则是在国际金融领域的诉求增多，但现有的国际货币体系不仅不符合当今的国际经济发展情势，而且容易引发国际货币危机。

"一带一路"参与国的货币符合国际货币要求的并不多，尚不能在实际的国际货币兑换中充当重要的角色。目前，在国际货币领域符合国际储备货币要求的货币一般公认为五个：美元、欧元、人民币、日元和英镑。五种货币之间所形成的相互竞争关系会使彼此之间相互拮抗，而有序的竞争环境可以加强对国际货币体系的监督，有利于国际金融体系的稳定。可以看出，全球最有影响力的五种货币中，只有人民币是唯一由新兴市场国家发行的主权信用货币，因此人民币国际化对于新兴市场国家具有十分重要的启示意义。

（三）共同研究区域性超主权货币

国家主权信用货币因为容易受到货币发行国国内货币政策的影响而越来越无法适应当前的国际经济新形势，国家主权信用货币作为国际储备货币受到国际社会的广泛抨击。超主权货币不会像国家主权信用货币一样直接受到一国国内金融政策的影响，作为世界各国整体意志的产物更容易让国际社会接受。但是，在现有条件之下，要想实现全球范围内的超主权货币并不具有成熟的诞生条件，

---

[1] 参见邱牧远《阿根廷货币危机近况及前景展望》，《清华金融评论》2018年第8期。

甚至在未来很长的一段时间也不太可能产生。这不仅是因为世界各国的经济发展水平差异巨大，而且随之需要解决的具体事项和协商程序也是一个异常繁复的过程，例如类似"国际中央银行"的设立等。

尽管实现全球范围内的超主权货币有很大困难，但是"一带一路"参与国的区域性特征比较明显，可以尝试与IMF合作在"一带一路"框架之下，实现区域性的超主权货币的流通。区域性超主权货币的主要形式就是单一的区域性超主权货币，即区域国家在区域内创设一种全新的货币来取代原有货币的形式，这是一种最接近"超主权货币"构想的货币形式，可以避免货币兑换风险。在一定的区域范围，一定数量的国家之间经济发展水平应该相近，这样才有可能形成区域性的超主权货币。欧元是目前最成功的区域性超主权货币，其影响力也在日益壮大，使得国际货币体系更加合理。

五、借鉴 IMF 经验应对主权债务危机

（一）国家主权债务危机

主权债务通常是指以国家的名义向外筹措的，以国家信誉为偿还保证的债务。与一般民事债务相比，主权债务的影响更大，因为主权债务会影响一国的国家信誉和经济情况，会导致一国因无法筹集资金而使国家经济陷入低迷。国家经济低迷会有一系列连锁反应，不仅会引发国内私人债权人的经济利益受损，还会波及全球金融市场，引发动荡。自20世纪末期开始，新兴市场国家通过大力引入外来资本来发展本国经济，并取得了较好的经济发展成就，新兴市场国家的经济增速也一直保持在高位水平，与之相伴的是主权债务危机爆发的可能性。以希腊为例，在21世纪最初的几年时间里，该国的经济增速一直保持在高位水平，其中一个重要原因就是希腊加入欧盟之后，获得了低息贷款以及经济援助用以基础设施的建设和信贷消费。但是随后在美国次贷危机所引发的金融海啸中，以希腊为代表的一批国家先后受到波及，财政赤字不断累加，主权信用风险也逐渐显现出来。现今，希腊也加入了"一带一路"倡议，并且希望借此能吸引外来资本进行诸如港口、铁路、公路等基础设施建设，其成效也是显著的，近年来希腊的经济状况明显好转。

西方媒体对"一带一路"的批评之声不绝于耳，认为中国对相关国家实施"债

务陷阱外交",并认为"一带一路"会令相关国家背负沉重的主权债务。现实情况是,相关国家在加入"一带一路"时是完全基于自主意识所做出的独立决定,这是相关国家自己的选择。"一带一路"倡议下的基础设施投资建设对相关国家的贷款很多都是低息甚至是无息的,并不会导致相关国家"债务陷阱"的发生,反倒是从发达国家借款的债务份额占比更大。"一带一路"尽管被公认为具有可持续性,但是依然十分注意避免扩大相关国家的债务,其共商、共建、共享理念也得到进一步落实。

(二) 克服国际官方救助的弊端以应对国家主权债务危机

全球范围内,对于主权债务危机,国际上通行的解决办法有两种,分别是国际官方救助和主权债务重组。[①] 有观点认为国际官方救助因为存在固有的弊病如"资金有限"和"附加政治性条件"而不建议采用此种方法用以解决主权债务危机。然而,在"一带一路"与IMF建立稳定的金融合作机制的背景之下,将国际官方救助排除在解决主权债务危机的方法之外,不利于继续加强与IMF的合作。在"一带一路"倡议之下,主权债务主要存在于各国官方之间,融资渠道较为固定。同时,国际社会也没有必要一直对IMF持苛责的态度,IMF的改革也在逐渐推进,发达国家对IMF的绝对控制力正在减弱,IMF国际官方救助的缺陷正在逐步得到改正。

对于"资金有限"这一问题,"一带一路"可以通过整合区域内的国际资金与IMF在资金方面保持合作。此种做法的优点也是双向的:一方面,IMF可以缩小资金缺口,有更充足的资金向发生债务危机的国家提供贷款援助,以缓解危机和防止主权债务危机的扩散;另一方面,"一带一路"通过与IMF在资金方面加强合作,也可以通过IMF职能的履行来达到促进相关国家或地区经济可持续发展的目标。对于"附加政治性条件"这一问题,需要追溯到IMF的决策机制的改革,必须通过决策机制的改革,才能改变IMF在决策层面的单一力量对比,可以引进多元的决策机制,使得IMF的决策机制由代表不同利益的政治实体来共同掌握,这样就会减少"附加政治性条件"的发生。

---

① 参见李仁真主编《国际金融法新视野》,武汉大学出版社2013年版,第409页。

（三）运用主权债务重组以应对国家主权债务危机

相较于 IMF 的国际官方救助，主权债务重组更具灵活性和便捷性，因而越来越受到国际社会的普遍欢迎。对于债权人和债务国而言，主权债务重组有着直接的积极意义；对于"一带一路"和 IMF 而言，主权债务重组也有着十分重要的间接作用。

首先，国际官方救助通常在发放贷款的同时，也会附加一些政治性的条件，但是主权债务重组很少存在这样的问题，并不要求债务国的负债水平在某个标准之下，也不要求债务国必须采取某一固定的财政和金融政策，事实上，主权债务重组下的债权人也没有这样的权力。其次，不像 IMF 给成员国发放贷款时会有短期还款的规定，主权债务重组通常可以在债权人和债务国之间达成一份延迟还款时间的协议，这就意味着债务国不必在紧迫的期限内履行还款义务，债务国可以更好地进行一些资金安排。再次，私人债权人通过主权债务重组可以更深入地融入世界经济之中，实现自身的飞跃，而且主权债务重组是债权人与债务国之间达成协议的方式实现的，这种协议对于双方都有约束力，会更有效率地解决主权债务危机。最后，"一带一路"和 IMF 也会从主权债务重组中间接受益，IMF 所追求的就是世界金融的稳定，"一带一路"也会从这种稳定的金融环境中受益，而"一带一路"自身的灵活性的特点与主权债务重组的特点相契合，在"一带一路"倡议之下，鼓励主权债务重组不失为一种恰当的方法。

第四章
"一带一路"与二十国集团（G20）的合作

G20是金融危机下全球治理模式转变中出现的非正式机制。在新的"软法治理"理念指导下，G20的议题从应对金融危机逐步扩展到贸易、投资、发展等方面。G20作为当今国际经济领域最大的合作论坛，与"一带一路"倡议具有相通的理念、相近的立场以及相关的合作领域。二者互助合作不仅将为世界经济增长和全球经济治理水平提升注入新鲜活力，也是全球化时代各方共同的利益诉求。"一带一路"与G20都是致力于金融、贸易、投资等综合领域发展的国际合作平台，在很多领域都具有合作的可行性。但是，"一带一路"与G20合作发展也存在着障碍与挑战。作为经济合作的不同平台，两者在组织性质、成员组成、辐射范围和领域等方面存在较大差异。面对合作中存在的诸多问题挑战，中国作为"一带一路"的倡导者、推行者、践行者，在推动两者合作中应发挥关键作用。

第一节 "一带一路"与G20合作的意义

要研究"一带一路"与G20合作问题，首先要了解G20的由来、性质及特点。G20成立于1999年9月25日，当时是以八国集团财长和央行行长会议为基础邀请了11个新兴市场国家和欧盟参加。[①] 从成员构成看，包括了主要发达国家、新兴市场国家以及重要的国家集团；从分布区域看，涉及亚洲、欧洲、美洲、非洲和大洋洲；从对世界经济的影响看，成员的国民生产总值总量占世界总量的90%，贸易额占全球的80%。2008年次贷危机爆发后，G20财长与央行行长会议升级为G20首脑峰会，即由G20成员的首脑定期磋商所形成的非正式的国际合作与协调机制。该机制主要有以下性质和特点：

第一，非正式性。G20不同于国际组织或国际机构，它是一个非正式的国

[①] G20成员包括：中国、阿根廷、澳大利亚、巴西、加拿大、法国、德国、印度、印度尼西亚、意大利、日本、韩国、墨西哥、沙特阿拉伯、南非、土耳其、英国、美国、俄罗斯以及欧盟。

际制度[1]，是一个多边合作平台和非正式对话机制。在形式上，G20 本身并没有具有法律约束力的国际条约或宪章作为基础；G20 峰会达成的"公报""宣言""联合声明""行动计划"等没有法律拘束力，只是反映成员国之间政治共识。

第二，灵活性。G20 机制在议题设置、成员组成、议事和表决方式上具有高度的灵活性。理论上，G20 峰会的议题可以灵活设置，只要经成员国协商一致即可。事实上也是如此，G20 峰会的议题十分广泛，从金融安全到农业生产、从能源供应到气候变化，只要是影响全球政治与经济形势的重大问题以及峰会之前或峰会期间发生的重大突发事件都有可能被纳入 G20 峰会。

G20 机制的非正式性和灵活性特点，使 G20 在全球治理中相对于正式国际组织而言具有自身独特的优势：

第一，有利于创造和谐的国际关系，进而容易达成国际共识。在 G20 组织商讨和厘定有关的改革措施时，至少会遇到两个问题：一是此改革措施是否正确；二是此改革措施是否动了某些国家的奶酪。在这两个问题面前，G20 可以且试且调整。由于是非正式的多边机制，所以一旦发现改革措施存在明显不足，那么调整起来相对容易，与需要经过严格的表决制度的国际组织比较，G20 有更多的回旋空间；同时也正是因为其柔性特色，G20 峰会的任何宣言或声明，在成员国间更容易协商一致、形成共识，使 G20 峰会更显成效。

第二，有利于 G20 保持对全球政治经济变化的灵敏性以及行动和决策的高效性。正是由于 G20 的软性机制特色，有助于减少正式国际组织通常面临的合法性、正当性等法律困扰，使 G20 得以专注于亟待解决的全球性问题，保持对全球政治经变革的敏感性，及时反应和及时决策。[2] 此外，G20 的影响力和号召力便于其调动、聚合、协调相关的国际资源，其成员数量少又有利于提高工作效率。

第三，有利于降低运行成本从而保持长久的生命力。运行成本低一是因为

---

[1] 根据成员国在国际制度中所做承诺的属性，把国际制度分为正式制度与非正式制度两种：从义务性、授权性和精确性三个方面来衡量国际制度中承诺的属性，如果在国际制度中做出的承诺具有国际法上的义务性和法律约束力，将执行承诺的权力授权给国际制度本身，承诺又清晰明确，那么这样的国际制度就是正式国际制度。反之，则是非正式国际制度。Kenneth Abbott, "Hard Law and Soft Law in International Governance", International Organization (3, 2000), pp.421-456.

[2] 如果是一个正式的国际机构，那么 G20 的代表性不足则会被广泛批评，而代表性不足又影响决策过程和规则执行中的合法性。目前对 G20 忽略了 80% 的国家和 35% 的人口、没有最贫穷国家的代表、欧洲代表过多等有非议的也不在少数，只是批评声相对于正式的国际机构而言，没有那么严重而已。

G20 峰会机制在原 G20 财长和央行行长会议基础上升级而成，避免了制度重建过程中围绕成员国标准之争而产生的高额成本[①]；二是 G20 松散性和包容性的非正式制度特色可以降低各成员国达成正式协议和履行协议过程中的主权成本。众所周知，货币金融领域的主权成本相对于其他领域通常更高，各国对于货币金融领域的制度建构、国家责任尤其敏感和重视，因此 G20 峰会机制在降低成员国的主权成本方面具有先天优势；三是因为历次 G20 峰会机制的协调与运作，主办国依靠的是临时秘书处以及国际金融机构的技术支持，总体运行成本较低。金融危机的治理是一项长期、系统、艰巨的工程，要想持续进行，就必须保有经费支持，降低运行成本。

一、有助于解决当前的发展困境

当前国际局势较不稳定、中美两大国关系紧张，世界经济秩序保持稳定发展面临挑战，G20 能否获得进一步发展面临很大的不确定性。从 G7（七国集团）、G8（八国集团）发展到现在，G20 已经成为世界性、永久性的国际经济合作组织。其中心逐渐由西方发达国家向新兴市场国家和经济体转移，而后者在 G20 机制中发挥着越来越重要的作用，成为整合 G20 资源并推动机制转型的重要力量。G20 的议题也从国际经济领域开始向社会、气候、环境以及国家安全等多重议题扩展。[②] 在 2018 年底召开的 G20 布宜诺斯艾利斯峰会上，日本首相安倍在高层交流的会议上担任主要发言人并引领讨论。他在发言中表示 G20 作为国际经济合作的首要论坛，在现阶段面临许多问题亟待解决，如推动 WTO 改革以建立自由和公平的贸易规则，确保公平竞争；要加强 G20 在全球金融安全网和打击逃税、避税方面的作用，包括基地侵蚀和利润转移（BEPS）项目。除此之外，G20 还应解决其他紧迫问题，如产能过剩，全球发展过度失衡，经济数字化征税以及低收入国家的债务等。[③]

---

① 参见崔志楠、邢悦《从"G7 时代"到"G20 时代"——国际金融治理机制的变迁》，《世界经济与政治》2011 年第 1 期。
② 参见李鞍钢《基于组织惯性视角的 G20 全球经济治理结构转型——兼谈"一带一路"带来的转型动力》，《广西社会科学》2018 年第 2 期。
③ 参见 G20 Buenos Aires Summit, https://www.mofa.go.jp/ecm/ec/page25e_000291.html.

进入后 G20 时代，G20 主要关注的问题已不限于国际金融危机的应对与解决，而是力图寻求一个长期治理机制与体系。在这一过程中，以中国为代表的新兴市场与发展中国家已成为推动 G20 转型的重要力量。发展中国家与新兴经济体相比发达国家更具广阔的市场和丰富的劳动力资源，有着丰富的投资项目与良好的前景，具备广阔的发展潜力，尤其是以中国为代表的新兴市场国家，在全球化中的表现越来越积极主动。我国提出的"一带一路"合作倡议正是迎合了这一发展要求。"一带一路"建设的持续推进，不仅增强了我国自身经济发展，扩大我国对外贸易和投资领域，将自身的产能优势、技术与资金优势、经验与模式优势转化为市场与合作优势，改善我国产能过剩、外汇资产过剩的困境，而且对促进沿线发展中国家和地区的发展，增强其综合国力，提升国际社会上的话语权具有重要作用。[1] 但是，"一带一路"沿线国家大都是经济发展水平不高的发展中国家，尽管涵盖了亚欧非三洲的 65 个国家，这些国家占全球经济总量的比重远远落后于 G20 国家在全球经济总量中所占比重。推进"一带一路"建设需要更多力量支持，其中基础设施建设、贸易投资发展、金融风险防范都存在薄弱之处。"一带一路"与 G20 面临发展困境下，合作将是两者共同选择。

二、为全球经济增长注入新活力

"一带一路"建设促进发展中国家的经济发展，为推动世界经济持续繁荣、焕发生机注入一股强劲力量。当前"一带一路"沿线国家大都是经济发展较为欠缺的发展中国家，在道路交通、电力供应、能源以及基建项目等方面还不能满足国内企业以及居民的正常生产生活需求，国民就业率不高且收入水平较低，急需大量外资引入发展本国经济。"一带一路"建设将促进沿线国家经济发展作为计划开展的重点和优先领域，致力于通过提高基础设施水平以更好地吸引外资、增加就业，提升本国居民的生活质量。为促进这些国家的基础设施建设，目前主要依靠丝路基金、亚投行以及其他传统金融组织和金融机构为沿线国家项目建设与开发提供资金。但是这些项目在建设过程中投资缺口较大，远远不

---

[1] Zhao Lei, "Belt and Road Lifts Off", Newsweek Global (9, 2018), pp.28-29.

能满足资金需求，"一带一路"所涉及的互联互通项目还存在着很大的资金缺口。G20 将基础设施建设问题同样纳入了讨论议程范围，并且在峰会上讨论基础设施建设融资不足问题的解决。

G20 机制与"一带一路"合作能够在全球范围内提供更大的融资平台，一方面可以吸引发达国家，为发达国家寻找新的贸易投资增长点、扩宽投资领域创造条件；另一方面可以集聚国际社会多方面的力量，为发展沿线国家经济提供更有力的资金支持。此外，G20 还可以为沿线国家提供技术支持。沿线国家工业化较发达国家差距较大，水平不高，对于技术、人才以及管理经验等方面的需求较强，而 G20 成员方中发达国家的工业化水平高，可以为这些国家提供技术支持与帮助，带动沿线国家引进先进技术和管理经验，为其经济发展与产业升级提供更坚实的基础。

G20 本身包含了世界上主要的发达经济体，其成员方的国内生产总值与贸易额占据世界很大比例，是推动世界经济繁荣、维持国际经济秩序的主要力量。推进"一带一路"与 G20 对接，借鉴各自的优势实现长远发展，为二者的发展增加助力。虽然"一带一路"沿线国家从整体上看发展水平不高，但结合起来足以构成世界经济的重要组成部分。商务部新闻发言人高峰于 2019 年 4 月 18 日在例行新闻发布会上表示，随着"一带一路"建设的持续推进，自 2013 年至 2018 年我国与"一带一路"沿线国家在贸易总额、对外直接投资以及对外承包基建项目工程等方面的总额激增，成绩斐然。2019 年 4 月 27 日，第二届"一带一路"国际合作高峰论坛成果清单发布，在这次论坛上经过各方协商讨论，达成了 283 项务实的成果。[①] 商务部、农业农村部等分别发布了相关的专业报告，从不同的领域展示了六年来相关国家和地区在共建"一带一路"合作当中取得的丰硕成果。

由此看来，"一带一路"建设正呈现强劲发展态势。推动"一带一路"与 G20 合作可以解决建设过程中的融资问题、政策计划协调问题以及其他困难，在更深层次上打造区域经济合作发展平台，为世界经济的增长注入新鲜力量。

[①] 参见《第二届"一带一路"国际合作高峰论坛成果清单》，http://www.xinhuanet.com/world/2019-04/28/c_1124425293.htm。

三、推动全球经济治理方式多元化

新兴经济体的崛起和发展是推动国际秩序变革和完善全球经济治理方式的重要动力。随着新兴经济体的崛起，现存的国际经济秩序已越发不能满足各方需求，与现存的国际经济格局不相适应，尤其是不能代表广大发展中国家的利益与诉求，对新兴市场国家的经济产生了巨大的负面影响。且随着发展中国家实力增强，开始在国际舞台上发挥作用，对于共享经济全球化所带来的利益的要求不断增强。它们纷纷要求在国际领域内扩大话语权，建立一个更加平等开放的经济秩序，在国际经济竞争中获得一个更加有利的席位。

中国致力于推动沿线国家间合作与对话，发展同其他国家平等友好关系，在带动沿线发展中国家经济发展的同时增强我国在国际上的影响力，增强参与经济治理的实力和基础，进而建立更加平等均衡的新型全球发展伙伴关系。"一带一路"推动着全球经济治理理念的创新，打造更加公平的国际秩序，改变传统的由大国主导的经济治理体系，在尊重新兴经济体和发展中国家利益的基础上实现互利共赢。中国作为世界上最大的发展中国家，在国际舞台中常常主动承担起为发展中国家谋取利益的责任，代表广大新兴经济体发声。G20 的形成及其演变发展表明，世界经济并非完全由发达经济体所主导，在国际治理中问题常发，仅仅依靠少数国家无法解决世界经济发展所面临的突出问题。

因此，推进"一带一路"与 G20 合作可以完善 G20 合作机制，提升发展中国家的经济实力，使各国共同分享经济全球化所带来的利益与机遇，缩小发达国家与发展中国家的差距，提升人类生活质量与水平，构建多元化的经济治理方式。

第二节 "一带一路"与 G20 合作共赢的可行性

G20 在宗旨目标、重点关注发展对象及其本身的软法性方面为"一带一路"提供了合作空间。G20 不断推动各国发展战略和经济政策相协调，注重维护发展中国家的利益与需求,促进世界经济实现稳定发展和持续增长。这与"一带一路"的宗旨相对接。其次,在重点关注对象方面,国际基础设施建设和完善、贸易和投资发展、金融稳定都是 G20 重要议题。此外,G20 本身的软法性将减少双方合作阻碍。其运作方式、决策方式以及达成的各种政策性文件都具有非正式性,并未形成约束性规则体系,更具灵活性。

一、目标与 G20 宗旨的可对接性

我国外交部部长王毅在接受采访时曾指出 G20 作为世界性的国际经济协作平台,与作为世界上规模最大的区域合作平台的"一带一路"在很多方面存在相通之处。[①]G20 在其成立初期在恢复崩塌的世界经济秩序、应对和解决国际金融危机方面发挥了不可替代的作用,同时也完善了国际金融合作与金融监管框架,构建更加安全稳定的经济秩序。通过 G20 历届峰会,成员国对世界经济发展过程中出现的各类全球性问题协商讨论,就有关国际贸易领域、金融领域的问题开展交流,积极寻求解决之道。"一带一路"立足于沿线国家并积极与世界各国发展国际经贸关系,建立更加开放互惠的合作机制,推动各国在更深层次互通贸易投资,不断促进资金、资源、人才以及技术的交流与发展,促进各种资源要素在各国的流转。G20 的部分成员方同时也是"一带一路"沿线国家,两者在宗旨目标、发展方向以及重点关注领域等方面都存在相通之处,为双方合作互助发展奠定了基础。

(一)以推动各国发展战略和经济政策相协调为目标

自由开放的经济是世界和平与经济繁荣的基石,加强和改进以单边、双边以及多边规则为基础的国际贸易体制和经济伙伴关系是构建更加开放的经济秩序的必要手段。在贸易领域,保护主义、贸易限制措施以及歧视性政策不会使任何国家受益,世界经济的发展需要不断促进自由和公平的经济秩序,确保公平竞争,逐步取消市场扭曲、限制市场开放的政策。

---

① 参见《王毅:"一带一路"和 G20 两大平台可以相互配合相互促进》,http://www.xinhuanet.com/world/2017-05/25/c_1121030425.htm。

G20近年来举办的峰会都鼓励各成员方讨论WTO改革的议题，同时对可持续发展目标（SDG）和气候变化给予更多关注。作为全球经济治理的重要平台，G20不断协调各国经济政策，要求各国充分考虑国际经济联系，调整各自的经济政策以达到互利的目标，就有关国际性问题在达成一致意见。随着各国宏观经济政策的溢出效应的不断增强，全球性的经济问题对各国影响逐渐加深，而一国单方面对本国经济进行宏观调控的效果不甚明显。只有通过各国相互协作，制定和实施相关政策才能起到应对危机和解决问题的作用。"一带一路"以"共享"的发展理念邀请沿线各个国家参与进来，在平等互利、合作共赢的基础上开展交流，尊重沿线国家和地区发展意愿以及发展差异，推动沿线国家更新信息技术时代下的发展理念与发展模式，为各国带来充足的资金支持与投资机遇，逐渐缩小各国经济政策的差异。这与G20目标宗旨不谋而合，为两者开展合作提供了前提。

（二）注重维护发展中国家的利益与需求

二战后，发展中国家一直为改变不合理的国际政治、经济秩序而努力。G20取代G8成为永久性国际协作组织，自其成立之际就非常注重尊重和体现发展中国家的利益，是发展中国家以及新兴经济体努力争取的结果。G20的建立意味着发展中国家正式跻身于世界经济决策圈的"富国俱乐部"，其快速崛起不断冲击以发达国家为中心的全球力量架构。G20协商一致的决策方式也使发展中国家在谈判国际经济和金融问题时拥有同发达国家相对平等的地位。

"一带一路"与G20在尊重和关注发展中国家利益方面的立场相当。"一带一路"沿线以发展中国家居多，这些国家大都经济发展水平较低，亟待引入外资与技术发展本国经济。我国推进"一带一路"本身旨在通过加强沿线国家与地区经贸合作的发展来促进这些国家的经济增长，帮助沿线各国提高就业水平，提升当地人民生活水平。"一带一路"向西开展，努力缩小经济全球化造成的贫富差距，缓和地区发展不平衡的局面，推动国际经济增长重心由西向东转移，不断缩小世界经济发展差距。

（三）促进世界经济实现稳定发展和持续增长

后危机时代的G20将议题的重点从维护国际金融秩序安全与稳定，加强国际金融监管体系与推动监管方式创新与改革，逐渐扩展到全球共同关注的国际性问题，其中，推动世界经济实现强劲和可持续增长成为历届集团峰会讨论的重点议题之一。从华盛顿峰会到伦敦峰会，再到匹兹堡峰会，议题的重点逐渐从国际金融领域逐渐扩展到国际贸易、投资以及其他领域，讨论实现全球经济增速，探寻促进全球经济强劲与均衡发展的良策。

国际贸易与投资是促进各国生产力发展，推动技术与科技创新，扩大就业率的重要引擎，因此要持续保持市场开放，注重互惠互利的贸易和投资框架并反对包括所有不公平贸易做法在内的保护主义，塑造公平互利的贸易和投资环境。G20重视对WTO、WBG以及其他国际经济组织的监管，不断寻求促进经济增长和贸易投资的机会，构建一个更大包容性、公平性和平等性的国际社会。这些追求经济增长与繁荣的目标同时也是世界各国一直以来为之努力的目标，与"一带一路"所提出的发展理念互联互通，相得益彰。"一带一路"旨在鼓励沿线国家实现五通发展，加强沿线国家的交流与合作，促进投资与消费进而创造需求和就业。由此可见，这些理念与G20关注重点不谋而合，是世界各国与国际组织为之努力持久不变的目标。

二、重点关注对象与领域的趋同性

作为世界上最大的经济合作论坛的G20与"一带一路"合作不仅在宗旨和目标上存在共同之处，所关注和发展的领域上也存在许多重叠之处。

（一）注重金融领域的合作与发展

G20一直以来都将国际金融和金融监管领域作为重点议题。在首次华盛顿峰会上，领导人决心加强合作，恢复全球增长，实现世界金融体系的必要改革。通过采取紧急和特殊措施支持和稳定金融市场，以共同信念——市场原则，开放贸易和投资制度以及有效监管的金融市场为指导，促进经济增长，增加就业和减贫以焕发经济活力，鼓励创新和创业精神。峰会阐述了资本流动增加、市场参与者没有充分了解风险、薄弱的监管标准以及不健全的风险管理经验导致全球经济系统风险的增加，再加上各国宏观经济政策协调不足、监管领域的懈怠共同导致严重的市场混乱。发达国家通过采取一切必要措施来维护金融系统稳定，认识到制定适合各国国情的货币政策的重要性，利用财政措施刺激需求，维持有利于财政可持续性的政策框架。此外，还帮助新兴国家和发展中经济体在当前金融危机条件下降低为恢复经济发展可获得的融资标准，支持这些较落后的国家迅速恢复国内经济秩序。在金融危机过后，G20更加注意金融领域的合作与发展，避免由危机导致经济倒退、经济秩序崩塌、社会秩序紊乱等后果。

近年来的G20议程迈向更稳定和有弹性的国际金融领域，将继续改进资本流动的分析和监测，关注资本流动过度波动导致的风险管理，进一步加强全球金融安全网（GFSN）的工作，建立一个配额和资源充足的国际货币基金组织，提高风险监管的能力。在"一带一路"建设过程中，能否获得充足的资金支持是计划开展的关键一环。目前建设的资金来源主要是丝路基金和亚投行，但项目资金缺口大，不能保证投资企业获得可用资金，而且从项目开始到回收投资历经很长一段时间，企业在这一过程中面临很大风险。因此要加强与其他国家和多边金融机构以及多边开发银行的合作，吸收社会闲散资金，为"一带一路"提供资金支持。

（二）重点关注贸易与投资领域

2008年金融危机后，G20在重点关注金融安全领域的同时，也将促进世界贸易和投资发展纳入讨论的范畴，提出反对贸易保护主义，促进贸易和投资发展。在多伦多峰会上提出刺激经济复苏，保持经济刺激政策的连续性和稳定性，通过采取开放政策以便利贸易和投资，避免实施与WTO规则不相一致的措施，提高投资和贸易门槛或者设置新门槛。在杭州峰会上提出将致力于促进投资发展，重点关注基础设施的数量和质量。领导人重点讨论促进全球贸易与投资增长，通过包容性发展、可持续的贸易和投资增长来促进世界经济繁荣。当前全球贸易和投资增速缓慢，市场疲软，更要促进贸易和投资便利化、自由化，构建开放的世界经济体系。在上海举行的G20贸易部长会议上成立了G20贸易和投资工作组（TIWG），为加强G20的贸易和投资合作起到了更大的促进作用。

"一带一路"通过基础设施建设带动沿线国家贸易投资发展，推动贸易投资领域的政策协调和畅通。"一带一路"在促进沿线国家贸易与投资发展上取得的成绩是有目共睹的，反过来贸易与投资发展也是推动"一带一路"建设的重要力量。"一带一路"与G20都将着力推动贸易投资自由化发展。

（三）注重国际基础设施建设

完备的基础设施对各国吸引外资、增加就业以及经济增长具有重要意义。在基础设施领域，G20 提出全球基础设施建设倡议，于 2014 年批准成立全球基础设施中心（GIH）并且设立全球基础设施基金，为各国基建项目的投融资提供了制度性安排和可行性架构。[①]G20 努力与多边开发银行发展合作关系，营造发展中国家基础设施投资的有利环境，调动私人资源。通过多边开发银行（MDBs）支持基础设施投资活动，考虑基础设施项目的周期成本、安全性、抵御自然灾害的能力、创造就业机会以及投资利益的回收等因素，最大限度地提高基础设施建设的数量与质量。

中国是 GIH 的捐赠国也同时是受援国，GIH 与我国"一带一路"合作倡议所主张加强基础设施建设规划相对接。"一带一路"正是从加强沿线各国间的互联互通开始，其中投资当地基建项目占据很大比例，为满足当地人民生活基本需求，降低产业生产成本，提供充足的可用能源资源做出了很大努力。

三、G20 软法机制的合作便利性

（一）G20 机制的特点

相对于 WTO、IMF、WB 等国际组织的国际经济组织性质（世界性的，政府间的永久性国际经济组织）所具有的正式性和强制力相比，G20 从成立到运作机制，到决策方式以及其产生的各项会议文件方面均具有软法治理和非正式机制的特点。

在国际社会中，一个正式国际组织需要复杂的程序来建立，通常以"国际条约"为基础，所达成的国际协议对成员方创设权利以及义务，具有法律约束力。而 G20 诞生于金融危机之际，设立时没有一个创始性的公约或法律文本，在组织机构上也没有常设的秘书处或其他机构，达成的协议也仅发挥着引导作用。

---

① 通过 GIH 分享全球基础设施投资最佳实践信息、投资策略和风险管理工具等信息，促进基础设施领域的政府和社会资本合作，优化政府和社会资本对基础设施的投资，帮助发展中国家建设可持续的、无服务障碍的、因地制宜和灵活适应的基础设施，通过项目融资、以 PPP 模式动员社会资本参与，加强基础设施相关能力建设与知识积累等加强多边合作，推动全球基础设施建设，促进联合国 2030 年可持续发展目标的实现。

作为全球性的经济合作平台，G20 在组织架构和运作方式上具有其他正式国际组织所不具有的特点。

首先，在运作方式上，G20 是以非正式的部长级会议形式运行，在每年年末举行，主席采取轮换制，不设常设秘书处。该集团的财长和央行行长会议每年举行一次。会议由主席国及一些国际机构和外部专家提供秘书服务和支持，并可根据需要成立工作小组，就一些重大问题进行评审和提出对策建议。

其次，在决策方式上，由于 G20 是为应对全球金融危机而产生的，其在决策上更加注重成员方之间具体政策的协调。其决策采用协商一致的形式，并且通过协商达成的共识对成员方没有约束力，并不具有国际硬法的效力。通过软法治理使各成员方充分的交流意见或者建议，以求达成共识，协调成员方国内政策，实现治理效果，使得国际社会中某些长期达不成一致意见的领域实现破冰，取得初步性的进展和成果。通过组织和召开首脑峰会和财长会议，有利于让各成员方认同和接受 G20 机制所形成的建议和成果，在沟通和协调各成员方的国内政策方面发挥更加积极的影响和作用。具备软法治理与非正式机制的特点的 G520 为国际金融治理带来的灵活性是现实中能够最大程度符合国际金融治理需要的选择。①

再次，在峰会或者财长会议达成的各项文件上也体现着 G20 的特点。在历届会议结束后，各成员方会联合发表一些公报、原则、议程、蓝图等各项文件成果。这些文件并不为各成员方创设具体的权利和义务，仅具有建议性质，引导各成员方在调整国内经济和金融秩序方面的法律和政策逐渐趋于一致，促进国际范围内经济秩序的稳定与发展，防范金融危机的再次发生。会议成果围绕着 G20 调整的具体领域和治理功能形成一个治理框架，就各国重点关注的经济问题开展对话讨论，推动国际金融体制改革的同时促进 G20 治理体制的进展。

总之，无论是从 G20 成立上，还是其运作方式和决策方式以及会议中产生的各项政策性文件上，G20 机制不同于其他正式性的国际性组织，具有软法和非正式机制的特征。这在一定程度上具有其他组织所不具有的优势和特点，同时也暴露了一些问题和不足，增加了该机制运行的困难和挑战。如何推动 G20

---

① 参见赵骏、谷向阳《论全球治理中的 G20 软法治理》，《浙江学刊》2018 年第 5 期。

在全球经济治理和国际金融治理中实现长期有效的治理成为当下 G20 所面临的紧迫问题。

（二）发挥 G20 非正式机制的优势促进二者合作发展

如前所述，G20 运作机制软法治理与非正式机制的特点使其运作方式具备一定优势，总结起来有如下几点。

1. G20 运作机制具有很强的灵活性

G20 的诞生起源于 1997 年世界经济危机之际，在协调国际社会中"失衡的宏观经济"的问题以及加强各成员方之间的经济合作方面发挥了十分重要的作用。[1] 而 2008 年亚洲金融危机的再次爆发，明确揭示了当时由西方发达国家主导的世界经济治理体系在预防和解决国际金融危机和问题能力上存在明显缺陷和不利，世界上各主要国家为了应对金融危机，通过 G20 平台灵活及时地沟通和协调各国国内经济政策，彼此合作，携手共进，使得 G20 机制再次发挥了应对和解决经济危机的巨大作用。正是 G20 非正式机制的特点，在应对国际社会中的各种突发性经济和金融危机方面，能够加以准确、及时、灵活地应对和解决，稳定国际经济和金融秩序，促进世界经济合作与稳定发展。

作为全球经济治理的主要论坛，G20 机制的灵活性不仅体现在应对危机方面所发挥的巨大作用，对于促进全球经济治理也颇有助益。G20 不仅仅致力于解决当前经济危机与问题，还关注和解决影响全球经济稳定发展的长期问题和潜在问题。G20 集团关注和讨论的议题十分广泛，国际金融安全与监管领域一直是其长期关注的重点领域，在历届峰会上都讨论有关国际金融安全、金融秩序改革、国际金融监管以及金融监管改革等各项议题。伦敦峰会推动金融稳定理事会（FSB）的形成，旨在制订和实施促进金融稳定的监管政策和其他政策，解决金融脆弱性问题，为国际金融监管领域制定规则和标准，并在该领域改革的实施中发挥着极为重要的作用。[2]

除了关注国际金融方面，G20 的议题逐渐由宏观经济政策协调、国际金融监管改革扩展到多边贸易体系建设、流动性过剩、发展援助、反腐败、粮食安全、能源安全、气候变化等各项议题。议题的广泛化凸显出 G20 在促进全球经济治

---

[1] 参见王在亮、齐为群《G20 实现机制化的模式与中国的战略选择》，《印度洋经济体研究》2018 年第 1 期。
[2] 参见尹继志《金融稳定理事会的职能地位与运行机制分析》，《金融发展研究》2014 年第 1 期。

理方面所做的积极努力和重要贡献，也表现出其在全球经济治理中的地位日益上升。

2.G20 运作机制更具开放性

G20 机制的软法治理方式益于各成员方在重要复杂的治理领域中达成共识，引导各国规范和调整国内政策，弥补全球治理中制度供给不足的缺陷。[1] 所谓软法通常是相对于硬法来说，指一些国际协议内容设计得较为泛化和宏观，没有设定具体的规则和制度，而且通常不具有强制约束力，在解决争端方面也没有行之有效的实体或程序规则。作为布雷顿森林体系框架内非正式对话机制，G20 软法治理方式更具开放性，能够适应不断变化的国际形势，最大限度地符合各成员方的利益和需求，在一些长期难以达成共识的领域促使各国形成行为准则和规范，为进一步完善特定国际机制提供协商平台或框架基础。[2]

3.G20 运作机制更具可操作性

G20 非正式机制在全球经济治理中的操作性较强，有助于平衡和维护发达国家与发展中国家的利益和需求，推进全球治理多元化。在全球经济秩序的演变历程中，从 G8 发展到 G20，表明以发达国家为中心的全球经济治理体系已经无法适应复杂多变的国际经济发展局势，西方发达国家已经无力掌控全球经济格局，同时标志着西方发达国家经济实力的相对下降，以及发展中国家经济实力的相对上升，这是世界经济版图的重大变化。G20 的"转正"，意味着发展中国家正式跻身于全球经济治理体系的决策圈之中，为争取自身利益最大化而积极与发达国家讨论谈判。使得 G20 代表更广泛的国家和利益，拥有更广泛的代表性和参与度，推动全球经济秩序和结构更具公平性。即使这并不意味着发展中国家可以和发达国家完全平起平坐，但是随着新兴经济体群体性崛起和不断努力争取，全球经济治理结构和机制中不合理、不公平的部分逐渐被纠正，全球化利益的分配也越来越趋于平衡。新兴经济体从全球经济治理的边缘走进中心，积极参与治理机制创新，努力营造一个更加多元、更加民主的国际社会。[3]

---

[1] 参见朱杰进《G20 机制非正式性的起源》，《国际观察》2011 年第 2 期。
[2] 参见王学东、方志操《全球治理中的"软法"问题——对国际气候机制的解读》，《国外理论动态》2015 年第 3 期。
[3] 参见王飞《变革全球经济治理：新兴经济体的角色》，《学术探索》2018 年第 10 期。

第三节 "一带一路"与 G20 合作面临的困难

G20 与"一带一路"宗旨目标相对接，两者的重点关注和优先发展领域相重合，加上 G20 本身软法性特点使双方开展合作具有深厚的基础。但是，G20 与"一带一路"合作也存在一些困难。G20 本身的非正式性在另一方面也增添了其与"一带一路"合作的困难，双方难以形成合作机制，这将不利于合作的长远发展。在成员方面，G20 集中了世界上主要的经济体，包含世界上主要的发达国家和新兴发展中国家，成员之间的发展程度不一，在协调不同利益诉求上需要付出更多努力。此外，"一带一路"自身特点也将在一定程度上阻碍两者合作。

一、由两者的差异性决定

（一）二者在性质方面的差别对合作发展产生阻碍

如前所述，G20 是一个永久性的国际经济合作论坛，是布雷顿森林体系框架内非正式对话的一种机制。G20 的建立前期是为应对和解决国际金融危机而产生，在后来发展过程中逐渐演变为解决全球范围内各主要经济体共同关心和面临的全球性问题。可以说，G20 是一个非正式的国际性的合作"组织"，重点解决全球范围内涉及国际经济、货币政策和金融体系等重要问题。"一带一路"是中国借用古代丝绸之路的历史符号，依靠与沿线有关国家既有的双多边机制建立的区域合作平台，在性质上并不是"国际组织"，在涵盖范围上也称不上全球性，只是在当今国际形势和背景下，中国提出的发展同沿线国家和地区经济、政治以及文化上沟通交流的一个计划，旨在通过建立和加强中国与沿线各国互联互通伙伴关系，推动沿线各国政策对接与耦合，发掘区域内市场的潜力，促进贸易、投资和消费，创造需求和就业，增进沿线各国人民的人文交流与文明互鉴。

总的来说，G20 与"一带一路"在性质上相差较大，是两个独立平行发展的组织和计划，可相互运用的资源和机构并不互通，想要推动二者的高度合作难度较大，须从组成二者的基本单位出发，通过不断的协调沟通，实现二者在宗旨、目标、发展方式和策略等方面的对接。

（二）二者在成员组成方面的差异也不利于合作发展

G20 与"一带一路"两者涵盖的国家在发展程度和地区分布方面存在较大差异，增加了合作难度。G20 集团的成员方数量少，分布广泛，代表性强，包含世界上主要的发达国家和新兴发展中国家，集中了世界上主要的经济体。成员方之间发展程度不一，这是新兴经济体为扩大在全球经济治理中的决策权和话语权而斗争的结果。

截至 2019 年 4 月 30 日，"一带一路"合作国家已达 131 个。"一带一路"合作国家数量多且主要分布在亚欧非，大都是发展水平较低的发展中国家，发展程度较 G20 差距较小。二者在成员组成方面差异较大，要推动 G20 与"一带一路"的合作实际操作中存在困难。加之不同发展程度、不同地区的国家利益需求相差较大，二者在发展计划上难免出现相互重叠或者冲突的地方，出于各自利益的考虑，G20 的成员方可能对"一带一路"倡议存有疑虑或抵触心理，"一带一路"沿线各国反过来可能对西方发达国家的决策充满不信任，这无疑会增加各国间的协调难度，不利于"一带一路"与 G20 的合作。

二、源于 G20 机制的问题

作为国际经济合作与协调的首要全球性论坛，G20 的运作机制尽管具备一定优势，但是在一定程度上也存在很多问题与不足，如该组织机构的合法性缺陷、缺乏约束力和强制力的制度和规则、所代表国家数量较少且差别过大、缺乏与其他组织的协调和联系等。

（一）G20 在组织上存在合法性和制度性缺陷

G20 自成立时起，就没有依据组织内各成员方缔结的条约或者其他正式法律文件，没有设立秘书处或其他常设性组织。其运行方式以非正式的部长级会议形式每年举行一次，作出的决议对成员方也没有法律约束力，仅发挥着方向引导的作用。[①] 总的来说，G20 是典型的非正式国际机制，其机制的合法性存在着重大缺陷，由此引起的是否推进 G20 组织实现机制化的问题在理论界存在很大争议，更有学者质疑在后危机时代 G20 是否有必要继续存在。有学者指出，在现行全球经济治理背景下，试图推进 G20 向机制化发展仅仅是一种不涉及实质变革的修正，在这一过程中必然面临如何协调具有灵活性优势的决策机制与现在缺位的执行机制之间关系的制度性难题。[②]

另外，G20 是一个共商共讨的合作性论坛，其制度合法性存在缺陷，没有明确的成员方资格标准，仅包含了世界上主要的发达国家和发展中国家，还有其他 170 多个国家被排除在组织之外，其是否能够代表世界上大多数国家的利益与需求就存在很大争议，而且该组织达成的共识和决策没有征得这些国家的意见，期待非成员方国家能够向达成的共识积极靠拢，未免有些不切实际。

（二）G20 机制的多元化导致其决策难以达成一致

G20 机制的多元化在一定程度上具备优势，但在另一方面也反映了某些问题。

一方面表现在该组织成员方多元化导致其决策效率较低，国家之间矛盾和冲突明显。该组织包括了世界上最重要的一些发达国家，同时也纳入了一些发展中国家成员方，成员方组成代表性广泛，对于平衡发达国家与发展中国家利益，营造一个公平合理的全球经济治理结构和秩序发挥了重要作用。由于 G20 在性质上全球经济领域的合作论坛，其非正式机制不具有强制力和约束力，加上主权国家之间的利益与需求存在很大差别，发达国家与发展中国家往往难以对涉及国家经济主权领域的议题达成一致意见，由此而导致决策效率低下。另外，由于 G20 的决策机制与规则也对于决策做出产生了一定阻碍，协商一致原则对于其成员方在某些重要领域的议题上达成一致的难度加大，尤其是涉及成员方核心利益的时候。[③]

另一方面表现在 G20 议题多元化导致其重点弱化，难以落实其决策。G20

---

① 参见徐凡《G20 机制化建设研究》，对外经济贸易大学，2014 年。
② 参见王国兴、成靖《G20 机制化与全球经济治理改革》，《国际展望》2010 年第 3 期。
③ 参见王在亮、齐为群《G20 实现机制化的模式与中国的战略选择》，《印度洋经济体研究》2018 年第 1 期。

诞生于危机之际，从重点关注国际金融安全与金融监管领域方面的问题，到逐步将全球共同关注的国际性问题纳入讨论的范围，G20 所涵盖的议题逐渐扩展到在全球化背景下世界上各主要国家共同面临的问题。同时，在 G20 逐步向全球治理机制转型的过程中，有关贸易、投资、发展等领域的议题也成为 G20 峰会的重点议题。议题的广泛化使 G20 机制在应对金融危机过程中所发挥的作用逐渐淡化。在危机过后，G20 因本身所存在制度性缺陷等问题，使其继续存在变得有些多余。再加上非正式机制的性质使其决策缺乏约束力和执行力，其关注的问题越来越广泛最终只能弱化自身所发挥的作用，导致其决策越发得不到各个国家的切实履行和遵守。面对其他正式性的国际经济组织在全球治理机制中的逐步完善和改进，G20 所发挥的作用越发弱化，其在全球经济治理中所发挥的治理机制能否顺应当下形势发展，遭到其他国家和国际组织的质疑与抵触。

（三）G20 受到其他经济治理机制的挑战

在经济全球化背景下，金融危机的爆发暴露了传统上以发达国家为主体的经济治理方式的失灵，随着新兴国家的崛起，世界经济权力格局逐渐改变，新兴经济体和主要发展中国家跻身于全球经济治理机制当中，开始逐渐参与全球经济利益的博弈当中。G20 的出现标志着世界经济秩序的改革，致力于实现全球经济治理的"合作共赢"。尽管发展中国家越来越多地参与到全球经济治理中，但这并不意味着改变了以发达国家为主导的国际格局，代替了原有的经济治理方式。事实上，G20 的出现并未使美国等发达国家在世界经济秩序中的主导地位受到严峻挑战，美国仍然保留在 IMF、WTO 组织中的一票否决权，IMF、WTO 与 WB 等国际组织在国际经济秩序中的地位和作用仍未减弱，甚至于 G8 调整和完善自身机制仍然发挥着作用，G20 若想继续在后危机时代仍然发挥作用必须改革和完善运作机制以适应全球经济发展的需要。[①]

另外，G20 达成的决策本身没有法律约束力和拘束力，若想使其成果取得实质性进展必须依赖其成员方的自觉履行，或通过加强与其他国际经济组织的联系实现其目标，如在贸易方面依托 WTO 的协作，在国际金融与监管方面与 IMF 协调合作。

[①] Renard, "G20 : TOWARDS A NEW WORLD ORDER", Studia Diplomatica (2, 2010), pp.8-21.

三、实践中可能产生的合作阻碍

(一)"一带一路"沿线国家利益诉求较为多元

从地理范围看,"一带一路"贯穿亚欧非,一头是活跃的东亚经济圈,一头是发达的欧洲经济圈,中间是发展潜力巨大的腹地国家,沿线国家的政治、经济、文化和法律制度存在巨大差异,导致在开展计划中面临很多行动困境。

1. 政治方面

不同国家根据各自历史进展与国情发展出不同的政治体制。由于"一带一路"沿线国家政治体制不同,政局动荡不稳,导致在推进倡议发展过程中也存在很大障碍。沿线各国大都处于政治转型中的发展中国家,既有我国这样的社会主义国家,也有实行西方式政党制度的资本主义国家,还有实行君主政体的一些阿拉伯国家等,几乎涵盖世界上所有的政治体制类型,而在这样的情况下,经贸合作将面临很大风险。尤其是在亚洲中南部地区,许多国家国内政治形势复杂,政局变化频繁,政策变动性大,甚至内战冲突不断这就无可避免地增加了"一带一路"建设中的政治风险。

2. 经济方面

沿线经济发展程度不同,市场开放难度大。"一带一路"沿线国家既包括欧洲发达国家,又涵盖新兴发展中经济体,还有欠发达国家,不同国家的经济发展水平和市场开放程度存在巨大差异。有些国家市场发育程度较高,经济环境相对稳定,为引进外资提供了良好环境;也有一些国家市场开放程度较低,进入难度大,增加了双边以及多边贸易与投资合作的难度。尽管中国利用自身在资金、技术以及人才等的优势不断推进沿线项目开展,对沿线国家施以优惠政策,但仅依靠中国力量远远不够。

3. 社会文化方面

沿线国家宗教信仰与文化多元,增加了合作难度。"一带一路"沿线国家众多,有些国家民族众多,信仰不同宗教,各民族宗教之间的历史纷争复杂,加剧了国内环境的动荡不安。再加上各国社会文化差异较大,有些国家文化包容性较低,对外来文化呈现抵触情绪,有可能对中国提出的倡议产生误解。此外,还有一些国家故意误解或歪曲"一带一路"倡议,借机煽动"中国威胁论""中国扩张论",企图阻挠我国"一带一路"倡议的顺利建设。

（二）"一带一路"建设过程中的风险影响其实施进展

尽管"一带一路"为中国与沿线国家带来了很大机遇，但在实施过程中也存在潜在的风险和挑战。"一带一路"基础设施建设、重要能源开发以及相关重要产业的合作等项目的开展必须依靠安全稳定的资金来源，而"一带一路"沿线国家大都为新兴市场或发展中经济体，金融市场不发达，现有融资模式已无法满足资金需求，解决资金融通问题还面临很大挑战。另外，"一带一路"建设中投资收益风险也较为明显，很多项目建设面临很大政治、市场、外汇管制等风险，使得外国投资者很难取得收益。就基础设施建设来说，每年项目建设需要新增大量资金，而基础设施项目投资规模大、回报周期长、收益率不稳定为公共部门与私人部门的投资资金安全性、流动性带来了很大隐患。一方面，这些项目的投资回报率极不稳定，单纯依靠项目建成后收费很难回收投资本息，需要很长时间；另一方面，国外投资者能否一直掌控这些项目的投资利益，安全将投资收益汇回本国也存在很大风险。

此外，跨国投资者在国外还面临诸如外汇风险、政治风险、投资保护风险以及因不了解投资东道国法律与政策而带来的各类风险，不利于双边以及多边贸易与投资发展，阻碍"一带一路"建设的顺利开展，同时对于G20中的其他发达国家与新兴经济体抓住发展机遇，支持"一带一路"项目建设产生一定顾虑，不利于二者合作发展。

第四节　促进"一带一路"与 G20 合作的若干路径

一、促进成员方的认同

"一带一路"建设促进了沿线国家国内市场的开放，为引进外国投资提供了更加便利的条件，加强各国间的密切合作，不断提升沿线国家和地区的贸易投资水平，促进各国市场开放并在更大范围实现合作，符合当今国际经济全球化之趋势。而要推动"一带一路"更好的发展，实现各国贸易与投资在世界范围内开放的目标，促进经济要素在国际社会中流转，仅仅依靠"一带一路"倡议还远远不够，可以借助 G20 这一平台，推动二者实现长远发展目标。要促进二者互助合作，必须首先征得 G20 各成员方的理解与认同。

（一）积极举行并参加多边组织会议以扩大影响力

随着"一带一路"建设的持续推进，愿意参与到这一倡议的国家越来越多，在国际社会上获得认可越来越多。但在建设过程中，由于各国各方面的审视与考量，"一带一路"的发展面临许多挑战，一些不怀好意的西方国家或组织故意丑化中国形象，反对的声音此起彼伏，在国际上对我国甚至对于"一带一路"的开展产生许多负面影响。要获得 G20 成员方对"一带一路"的理解，消除偏见，打消疑虑，我国还需做出许多努力。首先，可以通过加强与其他国家和国际组织的交流与沟通，积极宣扬"一带一路"的提出本着友好合作、互利共赢的意愿发展同沿线国家与地区的友好关系，努力构建一个更加开放、包容与平等的世界秩序。其次，我国还可以通过举办国际性合作论坛以及开展其他活动，向世界各国传达我国提出"一带一路"的宗旨与目标，形成正确认识。[①]

最后，要积极参加各种多边经济组织会议，可以通过务实引导上海合作组织议长会晤、金砖国家议会论坛等新兴多边机制发展，让国际社会认识中国，了解中国，树立负责任的大国形象，在各国议会组织中不断扩大中国话语权，代表广大发展中国家发声。此外，要不断在 G20 峰会中发挥建设性作用，同其他国家共同努力打造公平互利的全球伙伴关系，争取世界上各主要经济体对"一带一路"的认同，促进两大平台合作发展，改革国际经济秩序中不合理的地方，使各国公平分享世界经济合作带来的利益。

（二）将 G20 峰会提出的发展战略在可适性范围内对接"一带一路"

作为全球最大的经济合作领域的平台，G20 历届峰会聚集了世界上主要的经济实力和综合国力较强的国家和经济体，就国际经济领域内较为重要的以及重点关注的议题予以讨论，解决全球经济发展中的矛盾与问题，对国际社会重点关注的问题达成决议以引领世界经济健康稳定的发展，推动贸易与投资自由

---

① 参见陈石磊《中国在 G20 机制创新中的作用研究》，吉林大学，2017 年。

化，促进经济秩序朝着更加公平合理的方向改进。G20 通过为全球经济发展规划路径，成为治理全球经济问题的重要平台，引导世界经济平稳有序地进行发挥着巨大的作用。

作为最大的区域性合作平台，要实现长远发展，必须加强国与国之间，国家与国际组织之间以及国际组织之间的联系和协作，加强区域互联互通网络式合作。在推动区域合作发展这一过程中，可以通过对接 G20 历届峰会提出的倡议及决策，在本国范围内积极调整国家发展战略，制定符合自身国情、符合世界趋势、符合人类共同利益的方针政策，在承担国际义务的基础上向外寻求与其他国家和地区的合作，构建双边以及多边合作框架，由点到面的扩大合作区域，实现在经贸投资、金融合作以及政治文化交流等方面的互联互通，持续凝聚国际合作共识，在国际社会开创合作共赢的新模式。

二、加强金融合作

（一）扩大融资渠道以提供资金支持

自"一带一路"建设开展以来取得了很大的成就，在促进沿线国家基础设施建设、货物贸易、对外直接投资、经贸合作投资等方面都取得了极大进展，也产生了庞大的资金需求。这些项目成本很高，项目资金需求大且回报收益时间长，很多中小企业难以获得所需资金，因此必须扩大融资，为项目开展提供稳定的资金支持。[①] 资金支持是项目建设开展的重要支柱，关系到能否顺利推进国内外投资合作的持续开展。取得资金支持的关键在于加强沿线国家和地区的金融合作，调动世界上其他国家和金融机构投资"一带一路"的积极性，打造安全稳定的资金链以保障项目建设资金需求。[②] 通过加强"一带一路"与 G20 在金融领域的相关合作，为 G20 成员方扩大投资市场，增加收益提供了一个可选择的平台，此外，对于降低融资难度、管控融资风险，减少金融危机发生的危险性因素，构建更加开放的世界经济，稳定全球金融市场也多有助益。

---

① 丝路基金、亚洲基础设施投资银行、金砖国家新开发银行、亚洲开发银行等。
② 参见《"一带一路"5周年，晒出满意成绩单》，http://tougao.12371.cn/gaojian.php？tid=1618043。

(二) 加强金融监管领域的合作以防范金融风险

G20 是随着金融危机的爆发应运而生，形成了一套应对和解决金融危机蔓延，恢复世界经济秩序平稳增长的自有体系，国际金融领域的相关问题是 G20 一直以来所关注的重点议题。G20 前期的几次峰会都围绕国际金融危机方面的问题展开讨论，目的在于恢复经济秩序，完善国际金融治理。作为国际经济合作的重要平台，在治理金融危机、构建全球金融安全网以及加强金融领域监管方面发挥着重要作用。①G20 通过现存国际金融机构（IMF、WB 以及其他金融组织）向国际金融市场尤其是陷入困难的国家提供资金与流动性支持，有效遏制危机的蔓延。在 2009 年华盛顿峰会上明确指出要刺激经济增长，增加流动性，鼓励各成员方普遍采取扩张性政策，促进投资以刺激经济恢复、增加就业，使国际金融秩序得以稳定发展。在金融监管方面，G20 成员方在华盛顿峰会上决定建立宏观审慎的金融监管机构，加强资本流动性和充足率的监管；②在伦敦峰会上决定成立金融稳定理事会专门负责全球金融稳定以及金融监管事宜，并通过 FSB 加强与其他金融机构的互助协作；在匹兹堡峰会上指出要规范资本和流动性监管以及场外衍生品市场，维护金融秩序的安全与稳定。③

"一带一路"建设以实现互联互通为前提，涵盖许多国家和地区的基建项目以及经贸领域的合作。这些项目投资资金缺口、投资周期长，外商投资在建设过程中常常伴随金融供给不足、风险防范和安全、资金链断链等问题，因此必须加强"一带一路"沿线国家和地区国际金融监管领域的相关合作，增强金融服务实体经济的能力，为满足"一带一路"发展需求提高金融供给质量，为经济高质量发展奠定坚实基础。随着当今世界逆全球化和保护主义的趋势逐渐显现，国际经济形势仍面临着很大不确定性，④如美国股市价格的暴跌也引发了其他国家股市的剧烈波动，对各国经济产生较大冲击严重影响了"一带一路"沿线国家及新兴经济体的发展，造成了较为严重的金融危机冲击。因此，加强"一带一路"与 G20 在金融监管领域的合作具有十分重要的战略意义。"一带一路"的有序开展需要借助 G20 这个经济合作的大平台协调各国金融政策以防范金融

---

① 参见高杰英、王婉婷《国际金融治理机制变革及中国的选择》，《经济学家》2016 年第 8 期。
② 参见沈伟《逆全球化背景下的国际金融治理体系和国际经济秩序新近演化——以二十国集团和"一带一路"为代表的新制度主义》，《当代法学》2018 年第 1 期。
③ 同前引高杰英、王婉婷《国际金融治理机制变革及中国的选择》，《经济学家》2016 年第 8 期。
④ 参见万喆《防范化解"一带一路"金融风险》，《中国金融》2019 年第 8 期。

风险，为计划的顺利开展提供一个健康良好的国际大环境，而 G20 的可持续发展同样可借助"一带一路"区域合作以弥补由自身机制带来的缺陷。

（三）加强对绿色金融的认同以实现可持续发展

随着全球气候环境的恶化，极端天气与自然灾害频发，全球环境问题日益成为 G20 峰会所关心和讨论的议题之一。环境问题是国际社会一直以来关注和难以妥善解决的问题，在目前也没有找到一个行之有效、可适用性的方式引领世界各国共同解决生态问题。作为世界上最大的经济合作论坛，G20 成员方致力于在经济领域讨论和解决全球生态问题的应对之策，于 2016 年纳入了绿色金融的提议。绿色金融是在中国杭州峰会上提出的，旨在为全球气候寻求保护策略，减少经济发展过程中产生的各种温室气体和污染物质，以有利人类赖以生存的生态环境实现可持续发展创造条件，在金融领域提高全球经济发展的环境效益。作为全球重点关注和各专家学者研究的难题，环境问题同样应是我国推进"一带一路"合作倡议过程中不得不考虑和关心的领域，经济发展和环境保护不可隔断而行，一味忽视环境问题势必会遭到大自然的考验，要努力承担起提高环境效益的环境责任。

绿色金融研究小组致力于在五个专业领域和跨领域包括银行业、债券市场、机构投资者以及风险分析和指标体系研究绿色金融发展所面临的规则与制度障碍，在尊重各国发展差异的基础上以及考虑切实可行建议的基础上，为各国以及社会各界提出发展经济环境效益高、绿色投资能力强的可选措施。[1] 2016 年《G20 绿色金融综合报告》将绿色金融定义为在推动经济可持续发展过程中能产生环境效益的投融资活动。[2] 报告总结了绿色金融产生的原因，主要是为环境可持续发展提供融资渠道，鼓励和倡导各类企业在生产过程中注重环境保护，提高资源利用效率，为其更新设备，改革经营模式和经营体制提供资金支持，降低融资标准以及扩宽渠道。[3] 为改善全球环境质量，提高人类居住幸福指数，需要倡导社会各界提升环境意识，鼓励各行各业改善发展策略，在追求利益的同时不忘注重发展质量，更新高耗能、高污染、难治理的机器及能源设备，不断

---

[1] 参见刘钰俊《绿色金融发展现状、需关注问题及建议》，《金融与经济》2017 年第 1 期。
[2] 参见 G20 绿色金融研究小组 2016 年《G20 绿色金融综合报告》。
[3] 参见周日旺、王丽娅《商业银行绿色金融业务发展的现状、问题及对策建议》，《海南金融》2017 年第 12 期。

提高节能环保意识。在这一过程中，需要大量资金支持，预计未来十年内，全球主要绿色领域的投资需求将达数十万亿美元，如建筑业、非可再生能源资源、基础设施、电力产业、水资源以及防治污染治理。[①]

因此，作为金融领域的新兴起的绿色金融发展前景十分广阔，且受到国际社会的广泛支持与关注，并推出了一系列方法和措施来支持绿色金融的发展。经过一年的发展，绿色金融取得了一定进展，但仍面临许多发展障碍。2017年，研究小组梳理了2016年《G20绿色金融综合报告》所提出的七项可选措施在G20成员内部和国际上的进展情况。作为一项新兴的事务，绿色金融蕴含强大生机和生命力，也伴随着障碍与挑战。绿色金融需要世界各界的关注和支持，尽管现阶段绿色金融处于探索阶段，相关制度规则还很不完备，而且没有经验和方法可以借鉴，需要发达经济体的不断探索以及国际社会的合作发展。国际金融的"绿色"转型无疑是漫长而且痛苦的，改革范围涉及广泛，淘汰落后产能、提高环保标准、加强环境监管，改革财政金融政策，需要社会各界与国际社会的互助合作。

三、加强贸易与投资合作

（一）加强各国宏观经济政策的协调

在世界各国经济的相互依赖不断加深的背景下，各主权国家独立制定的经济政策不单只对其国内发挥作用，通过国家之间的相互联系也对其他国家产生明显的"溢出效应"。任何单独的国家或地区已经无法满足国际经济秩序的治理和维护，必须依靠国际宏观经济政策协调机制。国际宏观经济政策协调是指在经济全球化背景下，各主权国家或者组织通过机构或者会议形式，就国内宏观经济政策进行相互协调和磋商，缩小与发达国家之间的距离，就国际领域的重点问题协商达成一致，不仅对于各国自身经济发展具有重要意义，还为繁荣国际领域贸易投资提供发展机遇。

G20的产生和发展以及其机制特点在协调各国经济政策方面发挥着重要作

---

① 参见刘春彦、邵律《法律视角下绿色金融体系构建》，《上海经济》2017年第2期。

用，反映了国际政治经济呈现出的多样化要求。G20 成员方在匹兹堡峰会上形成了共同采取行动支持强劲、可持续和平衡发展的相互评估框架；在多伦多峰会上进一步促进财政整顿，减少政府财政赤字以及政府债务比例，鼓励各成员方进行持续性的结构性改革以促进各国经济不断发展；在汉堡峰会上注重双边、多边以及区域协定的公开透明，鼓励各方建立同 WTO 一致的规则，并承诺努力确保它们与多边贸易协定相辅相成。WTO 支持贸易便利化，呼吁发达国家向发展中国家提供技术以及资金援助，并确保有效和及时地执行贸易规则和承诺。而"一带一路"建设中，由于沿线国家分布地域广泛，各国之间在经济、政治、文化以及社会环境方面存在很大差异，具有不同的利益诉求和需要。因此在建设"一带一路"过程中，必须推动国家之间协调国内经济政策，通过双边或多边沟通和磋商，实现经济优势互补。①

（二）联合和发挥其他国际经济组织共同发展

虽然 G20 是目前国际经济合作领域的首要论坛，其成员包含世界上主要经济体，但是由于其自身存在的合法性和制度性缺陷，G20 还存在很大局限性，仅依靠自身力量难以落实历届峰会达成的各项共识和决策，必须通过加强与其他国际经济组织的沟通以及协作才有望实现全球经济治理的目标。

G20 应加强与世界上具有重要影响力和专业化的国际经济组织的合作，如 WTO、IMF 以及 WB 等。目前，G20 在全球经济治理决策机制中发挥着重要作用，虽然其在决策过程中也不可避免出现很多问题，如成员方的多元化特征导致决策难以达成一致，决策效率低下。相比于其他正式国际组织，G20 非正式机制和软法治理方式在决策方面还是比较具有优势，但由于产生的文件并不具有有效约束力，G20 所达成共识及决策对各成员方仅起到引导作用。G20 提出的大都缺乏实际可操作性，面对长期重大的治理目标，缺少相应的具体的措施，导致其执行与落实环节效率低下，很多倡议都成为一纸空文。要解决这个问题，必须借助于其他经济组织的执行框架和结构，发挥和运用其他专业化组织的有效职能，为促进 G20 的治理机制顺利运行提供帮助。同时，可以通过提高全球贸易机制的治理效率、调整各国在 IMF 的投票权和份额、扩大发展中国家的话

---

① 参见王义桅《"一带一路"的十大愿景》，《国外测井技术》2017 年第 3 期。

语权以及加强 WB 的援助和促进经济增长的职能，促进这些国际组织参与和融入 G20 治理进程中，增加 G20 的代表性，弥补 G20 在国际社会制度性和合法性的缺陷，从而实现完善全球经济治理的目标。[1]

因此，加强 G20 与其他国际经济组织的合作在制定决策执行方案、资金供给、监督和评估环节以及综合协调等方面具有重大意义和作用，可以为实现 G20 全球经济治理预期目标增强可操作性和执行力。

（三）不断促进全球经济贸易与投资一体化发展

G20 早在 2008 年峰会上就将国际贸易的议题纳入重要关注和讨论的问题中。在伦敦峰会上，集团努力促成多哈谈判达成协议，打破国际贸易领域的僵局，承诺将在未来两年为促进世界贸易发展提供融资支持，鼓励各国调整与改变国内经济政策，努力做到不违反 WTO 所设定的规则，并且要求 WTO 每季度披露贸易保护主义的行为。在匹兹堡峰会上，由 G20 领导人率先表态，承诺不采取任何违反 WTO 规则的措施，不断扩大国内市场，不设置任何新的关税和贸易壁垒，并将采取一系列经济刺激措施促进各国经济实现可持续性复苏，对于出口限制措施也加以严厉控制，致力于实现全球贸易自由化，促进全球贸易和经济均衡发展。[2] 然而在此后 G20 关于该议题的实际执行效果并不理想，如 2010 年多哈回合贸易谈判陷入停滞，近年来难民危机、英国脱欧，中美贸易战等一系列"反全球化"事件频繁发生，在发达国家中间似乎出现贸易保护主义抬头的趋势，将对国际经济秩序产生不利影响。

四、共同参与全球治理

（一）G20 为"一带一路"沿线国家提供了参与全球经济治理的平台

在第二次世界大战后，建立了以 WTO、IMF 等国际经济组织为中心的全球经济治理体系与 G20 的前身 G7、G8 都是以世界上各主要发达国家为中心建立起的运行准则、权力分配准则以及经济治理体系。但随着经济全球化的逐渐

---

[1] 参见王丽莎《全球经济治理：问题、改革与中国路径》，《现代管理科学》2018 年第 8 期。
[2] 参见李军政《G8 与 G20：比较研究》，外交学院，2010 年。

加深，以发达国家为主导的经济治理体系已无法满足全球经济合作与治理的需要。正是在这一背景下，G20 应运而生，意味着世界经济中心逐渐偏移，新兴国家跻身于全球经济决策圈之中，开始越来越多的考虑这些国家的利益诉求，[①] 为发达国家与发展中国家协调磋商创造一个切实可行的机遇，推动了广大发展中国家以及其他经济体的利益积极同发达国家展开制度上、话语权上的博弈，使全球经济治理体系更加能够体现这些新兴国家和地区的利益诉求，努力推动全球治理体系向着更加多元化的方向发展。更为重要的是，运用 G20 这一广泛代表性的平台，积极参与全球经济治理，中国将以更加积极和负责任的姿态更加有力地提出自身的全球治理主张，向世界传递中国话语和中国声音！[②]

与 G20 协调机制和运作模式稍有不同，"一带一路"从提出时就不以发达国家的利益为中心，一直致力于实现全球经济治理的合作共赢，重视并尊重沿线国家的利益和发展需求，在符合各自国情的前提下实现利益最大化，为促进沿线国家经济改革与体制变迁提供新动力，同时为全球经济治理体系注入新活力和发展动力。G20 与"一带一路"合作能够在促进沿线各国发展的基础上，为沿线国家在全球经济治理中争取利益最大化，提升参与经济治理、缩小与发达国家差距的实力。[③]

（二）G20 与"一带一路"倡议共同致力于不同层次经济治理

关于经济治理的层次，从小到大可以分为国家经济治理、区域经济治理和全球经济治理三个层次。在进入经济全球化之前，各国只能处理主权国家之内的经济事务而不能干涉其他国家的经济事物。随着国家之间的经济联系不断加深，国家与国家之间建立起双边或者多边的经济合作组织，经济治理的范畴逐渐扩展至区域或者地区。且一国经济政策也会影响和干涉其他国家，以传统的经济治理方式也无法满足全球经济发展的需要。随着世界经济形势的发展和国际经济力量对比的演变，现有的全球经济治理体系也存在着明显缺陷和问题。将"一带一路"议题纳入 G20 的合作范畴，在全球范围内为 G20 进程提供更为

[①] Vines, "Cooperation between countries to ensure global economic growth: a role for the G20?", Asian-Pacific Economic Literature (1, 2015) pp.1-16.
[②] 参见吕松涛《提升中国在 G20 中的制度性话语权：机遇、挑战与路径选择》，《东岳论丛》2017 年第 12 期。
[③] 参见陈建奇《"一带一路"与全球经济治理创新》，《学习时报》2017 年 7 月 21 日第 6 版。

宽广的视角和强劲的动力，促使 G20 成为全球治理体系的"中枢"。[①]

在改善我国经济治理体系和提升经济治理能力的基础上，我国可以依托 G20 这一经济协作平台，借助其全球性治理机制，与不同国家和地区进行双边以及多边的对话和协商，推进中国与其他经济体的平等交流与成果共享，不断增强中国参与全球经济治理的手段和能力。要提升中国在 G20 机制中的话语权，增强包括中国在内的新兴国家在全球经济治理体系中的建设性作用，扩大中国在国际社会上的制度性权利，利用 G20 机制在全球经济治理中的影响和地位以及与重要国际组织和机制之间的协调合作关系对国际制度体系产生影响力，在国际社会中发挥更大的影响和作用力。

（三）利用 G20 体制提出参与全球经济治理的中国方案

首先，中国在利用 G20 机制参与全球经济治理过程中，要承担起大国义务，在国际社会交往中积极维护广大发展中国家的利益。中国利用 G20 机制促进自身经济发展的同时，还要不断提高为广大发展中国家和新兴地区谋取利益的能力，不断改革全球经济体系中不公正不合理的地方，增加新兴市场国家和经济体在全球经济治理中的发言权和话语权，使 G20 工作更具包容性，更好回应各国人民诉求，努力使全球治理体制更加平衡地反映大多数国家的意愿和利益。而这一做法正和我国提倡的"一带一路"建设遥相呼应。

其次，积极参与 G20 议题设定，不断推动 G20 议题规范化，增加议题的连贯性。G20 起初是围绕金融危机的应对和解决展开讨论，在此后所关注的问题不断呈现扩张的趋势，不仅仅对国际金融领域的问题予以重点关注，逐渐扩展到涉及全人类公共利益的问题，如国际安全问题、腐败问题、能源问题、人口老龄化、粮食安全、气候与环境问题以及数字经济、人工智能、网络安全等新兴领域。由于西方发达国家凭借其强大的实力和综合国力牢牢掌控全球治理机制的话语与决策权，历来在 G20 议程设定过程中占据主导权，这就意味着处于边缘或弱势地位的新兴发展中国家的相关利益诉求得不到完全认同和保护，新兴经济体与广大发展中国家集体话语权的严重缺失。在这一过程中，中国绝不能置身事外，要积极参与议程的设定，避免被边缘化的同时努力为广大发展中

[①] 参见《让 G20 继续引领世界》，http://theory.people.com.cn/n1/2017/0707/c40531-29388955.html。

国家积极争取利益平衡和维护，要推动变革国际经济秩序中不公平合理的制度性安排，推动国际秩序更加民主化和法治化，在治理体制中反映大多数国家的利益和诉求。同时，在非正式机制的安排下，各成员方从自身利益出发就各自关注的领域和问题提出倡议，以期获得其他国家的共鸣从而参与设置议程。随着议题更加泛化分散，协调和达成共识的难度也增加了，在这样的背景下，中国应携手集团其他成员方，共同致力于控制议题泛化，设置 G20 峰会的议题标准，提高 G20 经济治理能力与水平。

　　再次，参与全球经济治理必然离不开与发达经济体的沟通与协作。尽管前述以发达国家为中心的"单极化"主导的世界经济秩序和国际格局不断受到新兴经济体和广大发展中国家的挑战，治理方式不断朝着多元化方向发展，但发达国家占据的中心地位还无法动摇，仍然在国际社会中牢牢占据主动地位。在大国的推动和带领下，多边治理与合作有序向前发展。[1] 中国在尊重和维护新兴发展中国家利益的同时，还要对接发达经济体的治理体系和规则，通过 G20 这一全球性机制，中国可以在发达国家和发展中国家架构起沟通协作的桥梁，推动不同地区的主要经济体之间的交流互鉴和共同发展。一方面加强与发展中国家的政策沟通和协调，促使发展中国家进一步消除贸易和投资壁垒，为发达国家扩宽对外贸易与投资领域创造条件。[2] 另一方面鼓励发达国家为缩小世界差距做出努力，重视对新兴发展中国家的资金、技术和政策支持。当今世界的发展早已超越一国发展，区域发展、联盟发展才是必由之路，只有在互利互惠的基础上实现发展才能更好地提升全球经济发展水平。

---

[1] 参见陈伟《冷战后全球化进程中的 G20 治理研究》，东北师范大学，2018 年。
[2] 参见余振、杨佳《推动"一带一路"战略纳入 G20 框架：机遇、挑战及中国对策》，《天津社会科学》2016 年第 2 期。

第五章
"一带一路"与亚洲基础设施投资银行（AIIB）的合作

亚洲基础设施投资银行（AIIB，以下简称"亚投行"）是在中国首倡下成立的区域性多边开发金融机构，致力于为基础设施建设和其他生产性领域投资提供支持，以促进亚洲经济可持续发展。"一带一路"是中国面对时代命题提出的全球治理新方案，它以基础设施为抓手，着力于促进沿线国家互联互通，并以此带动贸易、投资等的发展，推动全球经济发展。"一带一路"与亚投行有着良好的合作基础，已经开展并将继续开展深入的合作。亚投行为"一带一路"提供了资金、技术等支持，在助力"一带一路"发展中做出重要贡献，是"一带一路"的重要合作伙伴。亚投行不仅是"一带一路"建设中的金融支撑点，也是推动"一带一路"形成完整产业链的重要力量，更是重要的国际经济合作平台；"一带一路"也为亚投行的发展提出新课题，两者在合作中走向互利共赢。今后，"一带一路"与亚投行将在基础设施互联互通、推动人民币国际化、创新运行机制引领合作等方面进一步开展合作。

第一节 "一带一路"与 AIIB 的合作关系

一、亚投行提供资金支持

（一）亚投行为"一带一路"注入新的动力

亚投行是中国在 2007 年开始的国际金融危机和 2009 年以来的欧债危机尚未完全结束时首次倡导成立的区域性的多边开发金融机构。适逢中国"一带一路"倡议的提出，亚投行的建立得到了"一带一路"沿线国家的积极响应与广泛支持，并成为"一带一路"重要的金融支撑。根据《亚洲基础设施银行投资银行协定》规定，亚投行致力于通过在基础设施及其他生产性领域的投资促进亚洲经济可持续发展、创造财富并改善基础设施互联互通，在此基础上与其他双边和多边开发机构紧密合作，推进区域合作和伙伴关系建设，应对全球发展面临的挑战。

2013 年 10 月，中国国家主席习近平与国家总理李克强先后在出访东南亚时提出筹建亚投行的倡议，该倡议立足于广大亚洲发展中国家对基础设施建设的迫切需求，旨在加快互联互通的进程，促进亚洲地区的一体化进程。2014年10月，首批国家在北京签署了《筹建亚洲基础设施投资银行备忘录》。各成员历经八轮颇有成效的谈判与磋商于2015年12月25日正式成立。截至2019年7月，亚投行成员国已达100个。

亚投行既然是为促进亚洲基础设施建设投资而设立的开发性银行，那么亚投行资源会优先投资亚洲，特别是比较贫困的发展中国家。首先，亚投行第一批任务主要集中于基础设施建设方面的完善如电力、公路等。亚投行并不集中于高风险的投资项目，这可以保证其收入的稳健的收益。亚投行除了对亚洲地区基础设施建设提供资金支持，还不断增强自身的国际影响力，欢迎国际社会新会员的加入。它的建立不仅对亚洲地区来说意义重大，更为"一带一路"建设注入了新的动力与活力。

（二）亚投行为"一带一路"提供资金支持

"一带一路"沿线国家的经济在金融危机时大多受到重创，而亚投行的成立对于各国经济的复苏与发展具有重大时代意义。由于世界经济发展长期由发达国家主导，发展中国家特别是发展中国家集中的"一带一路"沿线缺乏经济发展的机会，导致整个亚洲地区基础设施建设水平普遍落后。亚投行的成立相当于及时雨，在多边性金融机构方面填补了亚洲地区的缺口，有效地弥补了世界银行等国际性金融机构在亚洲地区的功能缺失，提供巨大的资金扶持，缓解这一资金短缺的尴尬现状，推动区域之间的互惠共赢与一体化发展。

亚投行不断从深度和广度上发展壮大投融资项目，与亚洲开发银行合力扶持经济基础设施建设，特别在基础设施建设项目和工程上。亚投行的宗旨是为亚洲地区基础设施建设投资服务，它的成立会掀起世界各国对亚洲地区基础设施建设投资的热潮，进而推动基础设施互联互通，促进亚洲经济快速发展。

亚投行作为多边性金融机构，参与到"一带一路"建设中对亚洲区域经济发展具有重大意义。基础设施建设作为经济发展的首要前提，需要大量资金投入，但是其回报周期长、风险也大导致很多非经济援助性的国际组织或者经济实力弱小的国家不愿意参与投融资。大部分参与资金扶持的都是由国家的政府部门牵头。而且仅仅有国家之间互相参与并不够，还需要其他经济实力比较雄厚的国际性金融机构参与共建，但亚洲地区的复杂形势以及意识形态冲突等因素让外部金融很难参与其中并提供充足的金融支持。不论是从宏观上来讲，还是从地区分布上来看，亚洲都属于外汇储备最多的地区。根据我国于2019年1月7日国家外汇管理局公布的最新外汇储备规模数据显示，截至2018年12月末，我国外汇储备规模为30727亿美元，较11月末上升110亿美元，升幅为0.4%。这证明亚洲地区的外汇储备是非常丰富的，内部资金并没有短缺的问题，关键问题是没有一个金融机构去将这些资金运作并发挥最大作用。因此，需要构建一个以亚洲新兴经济体为主导的，主要服务于亚洲地区的基础设施建设，负责相关投融资业务的金融机构，为亚洲经济发展给予资金上的强大支持。

（三）亚投行为"一带一路"提供技术支持

自"一带一路"倡议提出以来，"一带一路"沿线基础设施在各国共同努力下不断建设完善。道路通，百业兴，亚投行在亚洲基础设施建设投资上一直积极迈进步伐，其中很多工程项目都具有重大意义。雅万高铁、中老铁路、亚吉铁路、匈塞铁路的完工，瓜达尔港口以及比雷埃夫斯港口的建设，都是中国主导下亚投行推动设施联通的成功足迹。在联通设施的基础上，经济走廊建设处于引导性地位，包括中巴、中蒙俄、亚欧大陆桥。以陆海空通道和信息高速路为骨架，以"一带一路"沿线各国铁路、港口等项目工程为支撑，一个科技复合型的基础设施联通网络正在形成。

对于亚投行重要成员中国而言，在基础设施建设这块，中国国内已经拥有了资金和技术的优势。就资金层面来说，前面谈到的数据足以显示中国是外汇储备大国，有充分的资金去援助基础设施比较贫乏的国家或地区进行一些跨国的项目工程投资。就技术层面来说，中国的铁路建设在最近几年可以说是遥遥领先于各国，已经实现了历史性突破并取得历史性成就，2018年铁路营业里程已经由5.2万公里增长到13.1万公里以上，增长了154.4%，形成了世界上最现代化的铁路网和最发达的高铁网。铁路科技创新取得重大突破，成功构建了具有完全自主知识产权的高速、普速、重载三大领域铁路技术标准体系，总体技术水平迈入世界先进行列，部分达到世界领先水平。此外，机场建设、公路、航天、港珠澳大桥都显示出了中国在基础设施建设上的实力，基本上可以满足"一带一路"沿线发展中国家在此方面的需求。目前中国正处于产业转型的关键期，这些国际基础设施建设项目能够带动中国产业走出去，促进我国产业与国际项目工程的深度合作，拓宽我国产业的外部投资渠道。中国基础设施建设的相关产业在自身快速发展的大需求下，已经开始面临产能过剩的问题，亟须进行产能转出。抓住"一带一路"沿线国家寻求发展的机会创造新的价值，推动我国国内经济可持续发展。中国基础设施建设产业参与跨国的项目工程建设及投资还可以促进我国的人才、技术、资本"走出去"，解决产业升级转型问题，优化本国的投资结构。①

二、两者互利共赢

2019年4月26日，习近平主席在北京国家会议中心出席第二届"一带一路"国际合作高峰论坛开幕式，并发表题为《齐心开创共建"一带一路"美好未来》的主旨演讲，对"一带一路"期间取得的成果给予了充分的肯定。其中对亚投行进行了高度评价，指出亚投行为加快整个亚洲的经济发展铺平了道路，特别是对基础建设项目的支持，不仅能在很大程度上弥合亚洲国家之间目前存在的基建差距，更有助于创造就业机会，推动各国经济发展。"一带一路"建设之于亚投行而言，为其带来了不同于亚洲开发银行等传统区域金融机构的创新发展。

（一）亚投行推动"一带一路"沿线经济联动发展

亚投行的成员国从建立之初的57个增至97个再到100个，累计参与的投融资项目已达75多亿美元，涉及的公共和私营资本投资近400亿美元。亚投行的建立及运行有利于再造国际贸易投资规则，完善金融货币制度，营造更加公平合理的经济新秩序。对于国际社会已存的国际金融机构而言，亚投行在许多方面对其是有益补充。目前，亚投行已经与国际货币基金组织、世界银行、欧洲复兴开发银行等国际性的金融机构开展了合作，如亚投行与世界银行、欧洲复兴开发银行等多家金融机构成立的"一带一路"多边融资中心。②从国际公共产品理论的角度来分析，在国际社会中，国际公共产品提供者大致可以从三个层面划分。一是处于牵头或领导地位的强国，通常在国际社会上拥有较高的国际地位与话语权并且乐于提供公共产品以获得利益；二是参与建立国际公共产品并且分摊成本的参与国，这些国家通常都是供给能力与意志不相协调的国家。

---

① 参见刘翔峰《亚投行与"一带一路"战略》，《中国金融》2015年第9期。
② 参见《"一带一路"为世界提供四大公共产品》，http://world.people.com.cn/n1/2017/0516/c1002-29279199.html。

一方面由于国家自身经济实力不足无法承担巨大成本，另一方面是国家自身不愿意参与到国际公共产品的供给行为中来，但是通常其在区域内已经拥有了一定的影响力，所以这些国家往往可以通过参与提供公共产品等国际交往活动来为本国发展提供更大的空间。三是存在一种追随于前两者的较弱的小国家，这些国家经济实力与提供意愿都不足，产生了一种"搭便车"的现象，但是这种行为将导致其无法在国际社会上产生有效的影响力并且也不能如愿完全实现自身参加国际公共产品的利益。[①] 国家之间在国际投融资项目上互相推诿，很容易产生一些不正当竞争，阻碍各国经济甚至于全球经济可持续健康发展。"一带一路"建设的推行与亚投行的发起成立，为促进世界经济开放包容和可持续发展提供了新方法，让许多曾被"边缘化"的国家能够有机会参与到国际合作中来，分享经济全球化的红利。当然，在这巨大机遇的背后是各利益相关方的共同参与，中国充分利用 G20、亚太经合组织、世界经济论坛等国际性年会场合强调了全球化意识的重要性，推动"一带一路"的互联互通务实合作。

（二）"一带一路"推动亚投行创新发展

"一带一路"在不断发展壮大的同时会对作为最重要投融资平台的亚投行提出诸多新要求。当然，亚投行作为多边性开发银行以及多边发展体系的新成员，还需要借鉴学习其他国际金融机构如世界银行在治理结构、保障条款等方面的成熟经验。由于"一带一路"建设的特殊性，亚投行创新地致力于构建绿色、高效、清廉的基础设施投资银行。亚投行由发展中国家创设，着力于更好的满足于广大发展中国家的需求。"一带一路"沿线国家基本上属于发展中国家，经济水平还处于落后或者较不发达阶段，基础设施水平也比较落后，需要相对低成本、高质量的基础设施投融资项目。亚投行的建立恰好迎合了发展中国家的需求，结合国际投融资发展的新趋势和各国经济发展中的多样化需求，创新业务运营模式和具体的投融资工具，开发更多适合于发展中国家的基础设施投融资项目。[②]

亚投行奉行的是区域多边主义，与"一带一路"及既存的世界银行、亚洲开发银行等多边金融机构展开了密切合作，以实现双方互利共赢。亚投行在国际社会充分发挥其独特优势，为现有的多边发展体系增添了新活力。

[①] 参见李佳卉《"一带一路"战略视角下亚投行分析》，辽宁大学，2016 年。
[②] 参见刘英《亚投行的新坐标》，《中国金融》2016 年第 3 期。

第二节　AIIB 对于"一带一路"的重要性

亚投行为"一带一路"建设提供金融支持，对"一带一路"行稳致远意义重大。不论是亚投行的筹建还是运行机制，都在金融支撑、建立国际经济合作平台以及融资链形成等方面与"一带一路"建设密切相连，在亚洲地区甚至于整个国际社会都产生了很大的积极影响。

一、是"一带一路"的金融支撑点

自 2013 年提出"一带一路"，中巴经济走廊、中俄蒙经济走廊等建设不断推进；中老铁路、中泰铁路、雅万高铁、匈塞铁路开工建设；中国—白俄罗斯工业园、埃及苏伊士经贸合作区等成为"一带一路"产业合作的典范；斯里兰卡汉班托塔港、希腊比雷埃夫斯港等建设运行顺利；中欧班列累计开行超过 1 万列，到达欧洲 15 个国家。这些项目的推进需要耗费巨大的资金，亚投行作为致力于亚洲地区开发建设的金融机构，与"一带一路"相互联系相互支持，才能够进一步提高亚洲地区的整体经济、文化科技、教育等普遍水平，增强"一带一路"沿线国家互联互通，提高亚洲地区的投资能力。

首先，"一带一路"建设需要亚投行强大的资金支持。当然，要想"一带一路"建设顺利有效运行，不仅仅是亚投行，还需要经济实力强大的金融机构和国家多方的共同支持。"一带一路"涵盖政治、经济、文化、科技等多个领域，需要大量的资金投入其中。亚投行较世界银行这样的国际金融机构，具有地理上的优势，是为亚洲地区复杂的区域环境所"量身定做"，不仅更加适应亚洲地区的经济金融形势，也不会受其他业务或因素影响，能持续为"一带一路"沿线国家地区提供充足的资金支持。

其次，亚洲开发银行是集中推进太平洋地区和亚洲地区的整个经济社会发展的多边金融机构。亚洲开发银行的宗旨是促进亚洲和远东地区的经济增长和合作，并协助本地区的发展中成员集体和单独地加速经济发展的进程。与亚投行相比，亚洲开发银行对基础设施建设能够给予的资金支持远远不能满足亚洲地区对基础设施建设的资金需求，而且亚洲开发银行并不完全是由亚洲国家倡议建成的，而是在美、日等发达国家主导下设立的金融机构，其融资门槛较高，而这对亚洲地区的大多数发展中国家来说是无法达到的，也就无法满足"一带一路"沿线国家的资金需求。所以，成立亚投行才能有效地缓解亚洲地区基础设施建设的资金短缺问题，通过对接并深化"一带一路"与亚投行的资金支持关系，加强"一带一路"相关国家之间的经济合作。

亚洲的整体经济长期处于一种资本外流状况，由于经济实力不够强大，很多时候无力解决这一问题。亚投行作为"一带一路"建设的投资融资平台，可以有效解决亚洲区域的资源错配的问题，并从整体上提高亚洲国家整体的资本利用效率。

"一带一路"已经吸引了许多欧洲发达国家的加入，这不仅有助于亚投行进一步推动自身发展，也促进了发达国家与发展中国家之间的金融交流与合作。亚投行为"一带一路"建设提供金融支持的同时也推动着中国的国外金融市场的开放，促进人民币国际化进程。亚投行投融资和"一带一路"建设的规模越大，人民币的循环自由流通程度也就越大，在此基础上推动区域经济发展和一体化进程的能动性也就越大。

二、促成"一带一路"完整的融资链

从"一带一路"沿线国家发展情况来看，经济实力与欧洲发达国家相比普遍存在差距。"要想富，先修路"，这也就意味"一带一路"建设的前期还是需主要围绕基础设施完善进行建设，由此亚洲地区的缺点暴露无遗，无论是资金还是投资都远远不如欧美。作为"一带一路"建设的重要资金来源，只有丝路基金和亚投行能够在投融资上默契配合，才能形成"一带一路"沿线完整的融资链。从字面上看，基金通常是通过股权形式参与重要项目，参与投股，到期参与分红；而银行更多会采用债权模式，提供借贷，到期收回本息，所以两者搭档会衍生出更多资金募集方式，延长融资深度。从两者的性质来看，他们能够为不同的项目方提供不同的资金组合方式，为"一带一路"建设的项目建设揽到更多资金，延展融资广度。亚投行在这一方面得到了国际三大评级机构的充分肯定，均得到了 AAA 级的最高信用等级。与此同时，亚投行也得到了巴塞尔银行监管委员会零风险权重的高度评价。

AAA 评级一方面代表了国际评级机构对新兴金融机构的认可，另一方面也意味着亚投行将来在国际资本市场上进行融资时可以用更低廉的成本扩大融资规模，提供更多的贷款。首先，就亚投行来说，其创始之初就把成员国分为了资金上的来源国和需求国，不管如何分类，亚投行都是可以促进资本储蓄向基础建设投资的有效转化，推动基础建设实体经济的快速发展。其次，资金来源国主要提供基础设施建设的资金来源，为形成区域内的合作共赢与一体化，大多是一些经济实力比较强的国家。资金需求国主要通过资金支持来完善本国国内的基础设施建设，推动本国的经济与社会发展。无论是资金扶持还是得到资金扶持的国家，在亚投行的投融资的大结构下，都能够达到最初参与亚投行的利益诉求。

丝路基金是由中国外汇储备、中国投资有限责任公司、中国进出口银行、国家开发银行共同出资，依照《中华人民共和国公司法》，按照市场化、国际化、专业化原则设立的中长期开发投资基金，重点是在"一带一路"发展进程中寻找投资机会并提供相应的投融资服务，对亚洲地区的基础设施建设展开长线投资。丝路基金与亚投行之间互相搭档配合，更能推动亚洲的经济发展。

亚投行吸取了国际金融机构的经验与教训，借鉴了国外优秀经验和中国本土经验，在基本金融框架和规则设计上已经较其他新兴多边金融机构领先一步。融资合作模式也不断在多元化、创新化，对"一带一路"建设经济上融资链的形成与发展完善贡献了力量。从目前来看，亚洲新兴经济体与中国的经济往来在整个"一带一路"建设中占比较重，中东中非国家、欧洲新兴经济体、"一带一路"沿线国家等发展态势良好，为"一带一路"沿线国家融资链的形成提供了基本前提。

总的来说，世界经济全球化、一体化趋势不可逆转，世界经济格局在不断遭受着冲击，要想经济全然复苏必须做出相应调整。亚投行作为亚洲区域的新的投融资平台，推动"一带一路"沿线国家乃至于亚洲各国经济发展优势互补，顺应世界经济发展趋势。

三、构建国际经济合作平台

（一）提升中国金融话语权

对于中国来说，中国的经济增速在 2015 年全面放缓到个位数 7%，虽然远远不及经济腾飞的时期，但在国际上"中国威胁论"等言论仍然存在，中国国内也在面临着产能过剩、经济亟须转型等问题。"一带一路"包括建设一系列交通基础设施项目，围绕"丝绸之路经济带"和"21 世纪海上丝绸之路"两大支柱提出。"一带"把中国同中亚、南亚、欧洲等连接起来，"一路"把中国同东南亚、海湾国家、东非、北非、欧洲等连接起来。目前已经确定中蒙俄经济走廊、新亚欧大陆桥等六条经济走廊。[①] 亚投行则在中国主导下建成，对于"一带一路"建设的资金扶持力度有目共睹。中国需要提高本国的国际话语权，为本国并代表其他发展中国家在世界上"发声"，以维护广大发展中国家权利。我国作为"一带一路"与亚投行创始国，必将在区域内有着更大的影响力，同时在规则制定上也会拥有更大的话语权。

此外，随着亚投行助力于"一带一路"建设，我国经济会随之得到快速发展，同时伴随着人民币国际化进程的加快，国内产业也面临转型的攻坚瓶颈期。我国倡导的国际公共产品会直接加强我国与周边国家区域经济一体化程度，也会有助于提升我国在国际金融体系中的地位和在世界经济发展中的金融话语权。

（二）促进亚洲经济一体化进程

对于目前"一带一路"沿线各国及亚洲地区来说，"一带一路"沿线国家大多数属于发展中国家，自然资源丰富，相互之间互补性比较强，在充分发挥各国的优势的前提下进行贸易往来，对"一带一路"沿线各国都大有裨益。对于东盟国家来说，其天然橡胶、有色金属等稀有资源十分丰富，而且还有着廉价的劳动力资源；对于俄罗斯、哈萨克斯坦等国家来说，沿线各国国家拥有丰富的油气资源，充足的金属和能源资源也是这些国家的特色。但是，"一带一路"沿线国家的加工技术和制造业都还相对落后，大多数都是初级产品或者是资源

---

① 参见于溯源《亚洲基础建设投资银行服务"一带一路"建设研究》，外交学院，2016 年。

原材料直接出口国外，这样的出口是很不占优势的。所以，中国通过与这些国家进行经贸往来，可以更好地发挥各国的比较优势，促进彼此经济发展，实现共赢。另一方面，从宏观经济发展状况来说，"一带一路"沿线国家的经济发展水平参差不齐，反观"一带一路"另一端的欧洲国家，显然高于"一带一路"沿线国家的整体水平乃至于亚洲地区。但亚洲地区寻求经济增长的目标方面一致，这是促进区域经济发展和一体化的重要基础。

中国筹建亚投行以及推进"一带一路"建设都能直接活跃亚洲地区的经济，加快推进"一带一路"建设和国际产能合作，并在重大项目建设方面取得积极进展。[①] 各国之间的金融合作不断深化，不断推进亚洲货币稳定体系、投融资体系和信用体系建设。除了亚洲区域内的经济金融合作之外，和发达国家的经济合作也有很大的发展空间。"一带一路"倡议和亚投行对于亚洲区域一体化程度的推进具有十分重大的意义。

（三）引领新的全球化浪潮

总的来说，亚投行与"一带一路"建设的影响是世界性的。当前亚洲地区新兴经济体国家经济发展迅速，但其基础设施建设却相对落后，在基础设施建设的资金扶持上存在着巨大缺口。目前已有的多边金融机构并不能满足亚洲地区庞大的基础设施建设资金需求，因此，亚投行作为专门为亚洲地区基础设施建设融资服务的银行，将弥补当前多边金融机构职能上的缺口。世界银行或者说亚洲开发银行不仅涉及基础建设投资领域，还包括环境领域。国际投资规则虽然还是由发达国家主导的，但是亚投行的建立与发展给世界经济发展提供了新的思路。由中国倡导的"一带一路"建设将促进亚洲地区互联互通和经济发展，推动亚洲区域一体化，使其成为一个更具有竞争力的整体。另外，亚投行助力"一带一路"建设还将促进人民币国际化，提高中国在国际金融治理体系中的话语权和规则制定权。

因此，通过"一带一路"建设，中国可以推进亚洲地区一体化进程，引领新一轮的全球化浪潮。在这一过程中，中国和亚洲的国际地位都必然会大大提升。世界经济格局的变化必将促进国际经济秩序的不断调整，因此，通过推进亚投

[①] 参见《中国加快从对外投资大国向对外投资强国迈进》，https://www.sohu.com/a/213016508_115376。

行助力"一带一路"建设，中国可以提高自身在国际金融体系中的地位，增强自身的国际话语权，同时促进全球金融治理体系完善，建立更加公正合理的国际金融新秩序。

第三节 "一带一路"对 AIIB 提出了新课题

亚投行是政府间性质的区域多边开发金融机构，目前国际经济领域里已有很多国际性金融机构如世界银行、国际货币基金组织等，亚投行在某些方面很难超越取代。中国首次主导筹建区域性的金融机构，在许多方面可能存在不足。在"一带一路"建设的不断推进中，可能对亚投行提出许多新要求。

一、亚投行运行现状

亚投行总体来说业务定位还是准商业性，属于商业性的开发银行，虽然是政府间性质的多边金融机构，但不改其作为商业银行的初衷。亚投行为"一带一路"沿线国家的基础设施建设及完善的相关工程项目提供贷款,给予资金支持。针对一些由于其他原因不能提供主权信用担保的项目，亚投行采取公共主体与私人经济个体形成合作伙伴的模式，解决部分中小企业参与"一带一路"建设项目融资难的问题。亚投行还成立一些专门的基金如丝路基金这一类的国际公共产品进行投融资，这样不仅能保证资金规模的不断扩大，还能为中国提供国际公共产品贡献新思路。亚投行创新发展了信托基金的项目，主要通过亚投行和所在国家政府的联合出资，与私营部门共担风险，鼓励更多的社会资本积极投入到"一带一路"沿线国家的基础设施建设项目中。

二、亚洲地区基础设施建设的投资难题

（一）存在技术标准差异

亚洲地区的基础设施建设存在难点的根本原因在于亚洲各国之间的基础设施技术标准存在巨大差异，整体上很难去实践和有效对接。由于历史、地缘、技术等原因，非洲国家普遍使用不同西方国家的铁路轨距标准，在轨道宽度等很多方面都存在着规定差异，无法形成统一的铁路网。除了铁路方面的差异，通信技术标准方面、电力输送等很多方面也存在很大的障碍，很大程度上制约了亚洲地区、"一带一路"沿线国家的基础设施建设互联互通的进一步展开。[①]

（二）缺乏有效统一的协调机制

我国甚至于整个亚洲地区国家基础设施投资都缺乏一个有效的协调执行机制，实际上亚洲地区的基础设施建设推进过程是十分缓慢的。虽然有亚投行的强大助力，也有基本的共同共识与目标，但是放在世界经济大格局的背景下来看，仍然存在很多制约因素。亚洲地区由于历史原因，经济发展水平很大程度上受制于美国，美国对亚洲的区域政策、机制运行屡屡干涉。另外美、日、中等大国在对亚洲地区的经济合作和基础设施的利益选择偏好存在较大差异，在制度上产生冲突，最后往往会造成合作效率低下。

很典型的例子，在中国政府倡议筹建亚投行的初期，美国政府就号召其一些盟友国家以"怀疑亚投行运行机制的透明度"为由抵制亚投行的成立。英国作为首个加入亚投行的西方大国和欧洲国家，在对华合作方面起到了"表率"作用，但当时美国对此展开了措辞严厉的"批评"；而后法国、德国、意大利、韩国、澳大利亚等美国同盟国纷纷加入亚投行，美国政府已经无力阻碍这种趋势，这也从侧面印证了美国政府对中国政府的政治敌视、无端排斥。亚投行的成立是对美国主导的世界金融市场尤其是亚洲地区美国霸权的冲击。而具体到基础设施上，互联互通在实践中很难完成，东盟、东亚峰会等多个亚洲地区的合作机制内部对于基础设施建设项目的规划尚未形成统一的合作平台和协调机构。也可以看出，这些协调机制大多数都是听上去非常科学高效，但是实践中

[①] 参见庞中英主编《亚投行：全球治理的中国智慧》，人民出版社2016年版，第44～48页。

在各种复杂因素影响下根本没有执行力,并且在很多时候甚至限制了互联互通进程中资金、技术、人才等方面的合作进程。[①]

(三)基础建设投融资现状供需严重不对称

亚洲地区的基础设施建设还存在一个难点是对于目前资金需求比较旺盛的亚洲来说,现有的投融资机构完全不能满足投融资需求。世界银行和亚洲开发银行之类的多边开发银行无法满足亚洲地区互联互通建设,就算加上美国、中国、日本等经济大国提供的优惠贷款和援助资金,也很满足促进亚洲区域经济快速发展的基础设施互联互通建设的投融资需求。据统计,亚洲地区内每年需要投入 8000 亿美元的巨资来用于基础设施的建设与维护,而世界银行与亚洲开发银行每年仅能提供 2000 多亿美元资金,投向亚洲地区的基础设施建设资金更是不足 200 亿美元。[②]而且加上基础设施建设项目投资大、周期长,贷款期限长和投资周期大使得贷款和投资对象的偿还贷款和收回利润的不确定性增加。所以,总的来说,基础设施投资建设存在难点与障碍,需要克服困难。

首先,中国在经历改革开放之后参与国际经济常常面临着经济问题政治化的困境,屡受挫折,在倡导建立亚投行的时候也面对着以美国为首的质疑的声音,屡次阻碍新会员国的加入。经济问题政治化可以理解为国家之间依靠经济途径解决的冲突在某些特殊的国际大环境下需要借助政治手段或者具有了政治功能,成为政治问题。这些被政治化的问题导致在原本利益冲突比较难调和的亚洲地区就更加复杂化。

三、亚投行在运行中亟待解决的问题

亚投行助力"一带一路"沿线国家经济快速发展,为其提供强有力的金融支持,对我国与亚洲地区国家展开深度合作具有重大意义。亚投行除了本身存在基础设施建设投资的困难比较大,在运行机制、存在的投资风险等方面还有很大的挑战。

---

① 参见赵增鹏《亚洲基础设施投资银行风险管理研究》,中共中央党校,2016 年。
② 参见魏本华《展望亚投行》,《中国投资》2014 年第 11 期。

(一)亚投行难以探索建立全新机制

亚投行在筹建之初就不断探索新的运行机制,但是这一经济行为在很大程度上被政治放大化了,导致在运行过程中产生了很多复杂化的问题。而且作为中国首倡的多边金融机构,亚投行的运营经验远远不如世界银行或者国际货币基金组织等金融机构,在完善运行机制的透明度上还需要做很大的努力。

从筹建亚投行的背景来看,其与世界银行成立的国际背景存在较大差异。世界银行成立于1945年12月27日,并于1946年6月开始正式运行。可以看出世界银行在"二战"结束时建立,时机比当前中国筹建亚投行要成熟有利许多。一方面是因为美国当时虽然经验不足,但参与筹建的国家大多数都是西方发达国家,政治、经济、文化、历史背景基本上都很相似,也没有本质上的利益冲突,达成一致是比较容易的。另一方面是由于"二战"刚刚结束,东方国家大多数呈现出战后经济衰败的景象,没有参与到筹建世界银行的活动当中。

世界银行建立的背景比亚投行筹建背景纯粹许多,而亚投行虽然是面对亚洲区域的基础设施建设投融资所设立的,仍然还是有很多的西方发达国家参与其中,就形成了东西方利益交汇冲突的复杂局面。虽然中国在国际经济社会里已经跃然成为第二大经济体,经济实力自然不可小觑,影响力也不断扩大,但在亚投行内部,经济实力强大和有着丰富的区域金融机构运行经验的国家很多,中国的优势并不突出。在国际金融体系中,有世界银行、国际货币基金组织等在治理运行、投融资、管理等各方面都相当成熟的多边金融机构存在,中国对亚投行的这些问题都还只是在摸索之中。

总的来说,亚投行难以探索建立全新机制的根源在于众多国家参与其中导致利益协调困难。抛开东西方的巨大文化差异,在亚洲地区内存在的经济实力严重不平衡、政治冲突不断、领土领海主权摩擦都给亚投行有效运行增添困难。亚投行中各参与国的利益诉求与投入成本又各不相同,这将是未来亚投行整个运行过程中的最大难题。

(二)"一带一路"建设中亚投行的投融资风险

亚投行目前作为基础设施建设领域的专项投融资平台,具有商业性开发银行的本质,正处于复杂多变的世界金融体系之中。由于国际金融体系内部存在的脆弱性和高程度的不稳定特性会使金融体系内的风险不断积累,而当风险积累到达一定程度之后,金融体系功能就会发挥异常,那么很大程度上金融体系也无法协调自身的功能去配置金融资源。所以亚投行不可避免地面临一些风险，这些风险是所有商业银行都无法回避的一个问题。

1. 金融体系内部的一般性风险

对于金融体系内部存在脆弱性，虽然很早就提出这个概念，但其在国内还没有得到系统地研究。狭义上，金融体系内部的脆弱性强调脆弱是金融业的本性，是由高负债经营的行业特点所决定的。广义上的金融脆弱性则指一种趋于高风险的金融状态，泛指所有融资领域的风险积聚，具体可以表现为：金融机构负债过多，安全性降低，承受不起市场波动的冲击。[①] 而亚投行作为"一带一路"建设下的商业性开发银行，处于国际金融体系之中，当然面临着金融内部脆弱性风险。具体表现在四个方面：

第一个方面是信用风险。亚投行是为了亚洲地区基础设施建设和互联互通建设的专项投融资平台，其作为一家商业性开发银行会优先支持亚洲地区的基础设施建设项目，业务的开展方式主要有信用贷款、直接投资、股权投资等方式。但是，在亚投行的业务开展期间，可能面临贷款对象不能偿还贷款、利息，导致投资对象无法收回投资收益等一系列风险，因而产生信用风险。

第二个方面是市场风险，主要是运行过程中的利率风险。亚投行的投融资发展都会受到利率的影响。如果作为金融工具的利率产生较大的波动，不仅亚投行的投资利润会受负面影响而导致无法盈利，还会进一步阻碍亚投行后续系列项目的发展。亚洲地区资金需求本来就非常大，基础设施的回收利润周期也比较长，相同的投融资项目对于不同国家的利率表示的收益水平可能都会有很大的差异，而国际金融市场的利率波动瞬息万变，因此亚投行面临的市场风险尤为突出。

第三个方面是流动性风险。亚投行的投融资运营有时候会牵涉到亚投行与其他一些区域或者国际性组织以及私人投资者之间存在债务借贷关系的资金供给关系，如果在债务到期情况下债权人收回资金和利息，在这个过程一旦产生流动资金不足或资产变现不及时的问题，就极大可能会发生流动性风险，更深层次地影响银行投资规模和投资收益，甚至还可能会引发亚投行运行机制危机问题。

---

① 参见黄金老《金融自由化与金融脆弱性》，中国城市出版社 2001 年版，第 77～78 页。

最后一个方面是操作风险。亚投行是第一次在中国的倡导下筹建的多边金融机构，经验存在不足。亚投行要求设立行之有效的监督机制以落实管理层的责任，并根据公开、包容、透明和择优的程序选聘行长和高层管理人员。但是高层管理人员的配备与管理是一项十分审慎的任务，开发性商业银行的业务操作纷繁复杂且业务量大，如果业务操作人员稍有不慎或故意为之都会产生很大的风险损失。根据新资本协议中的内容，将银行操作风险引发事件分为七类，其中主要包括有内部欺诈、外部欺诈以及其他各种风险导致的银行损失。[①]

2. 非经济因素引起的风险

经济风险之外也存在一些由非经济因素引起的特殊风险，其中环境标准会引发相关风险。环境标准在亚投行成立之初就已经引起各方质疑，中国城市经济建设的快速扩张令世界瞩目，而带来严重的生态环境和社会问题也是有目共睹，近几年尤为突出。一些质疑者认为，亚投行在中国的倡导下，经营管理的作风难免会带有"中国特色"，会不遗余力地先促进基础设施建设的大力发展而罔顾对环境的影响。而且亚投行在具体开展基础设施等项目过程中，会对原有的居民生活区域进行拆除或者迁移，处理不好可能会受到基础设施建设当地居民的抵制，最后结果会给亚洲国家的生态环境带来毁灭性的破坏。

目前世界多边开发银行的政策和实践显示环境标准和社会影响评价是开发性金融机构降低投资风险、确保长远利益及体现负责任形象的关键，也是可持续发展的关键因素。而基础设施建设规模越大，对环境影响就越大，有一些甚至是不可逆的。因此，亚投行在今后项目建设中，如果不能有效执行高标准的环境法规，有效甄选和处理环境风险较高的项目，大力度地降低基础设施建设可能带来的环境与社会代价以及后续项目地域的人口安置问题，亚投行的环境问题和社会声誉风险将严重影响亚投行的进一步发展。

亚投行在《亚洲基础设施融资 2019》报告中强调了 2019 年的政治风险对于亚投行的影响，这是影响亚投行可持续发展关键因素之一。目前，许多亚洲经济体将在 2019 年举行全国大选如新兴市场国家中的泰国、印尼、印度，而持续的贸易紧张局势将促使供应链发生转变，可能影响长期的基础设施建设和经

---

① 参见郭玉冰《基于绩效考核下的国有控股银行操作风险管理研究》，山西财经大学，2013 年。

济发展规划，促使投资者采取观望态度。一些新兴市场国家汇率的波动也可能造成不良影响，政府可能会延迟项目建设以保护自己的货币或减少开支，产生相应的汇率风险。

亚投行运营管理的规范度与透明度是国际社会广泛关注的问题。其不仅仅是美、日等排斥亚投行成立国家的关注点，也是一些相对弱小成员国的主要利益诉求。从"二战"后世界多边金融机构的实践来看，如何兼顾治理结构的规范透明和机构的运行效率一直是一个无法解决的难题，两者此消彼长，保障绝对的程序化、制度化、公开化、透明化，必然导致运行效率的低下，这也是世界银行在多年运行中机构人员超规模扩张的原因。亚投行管理决策成员是各成员国的政府人员，决策会面临众多成员国之间纷繁复杂的协调磋商，平衡规范透明和运行效率问题不可避免。在过去60年中，世界金融机构的每一个失败经历都可能增加否定性的规范，使本来就具有复杂的多边治理结构组织的运行流程更加繁复，这也是许多国际金融机构都被批评为低效和官僚的主要原因。亚投行作为政府间多边金融机构，要实现其宗旨与目标，必须在这些方面有所突破。尤其是亚投行作为中国倡导的国际性金融机构，国际社会会考虑中国因素来看待亚投行的运营管理，引起更多的世界性"关注"。不可否认，亚投行治理结构和其他现存的国际金融机构没有本质区别，规范与效率的博弈仍然存在。

（三）缺乏主要世界经济体的支持

亚投行从筹建到正式成立，得到了很多国家的支持，也吸引了欧洲国家的加入，特别是英国宣布以创始会员国的身份加入亚投行。在这一过程中有不少反对打压的声音，特别是曾经与英国是"铁杆盟友"的美国，首批成员国如澳大利亚、韩国等美国在亚太地区的盟友都被告诉不要加入亚投行。除此之外，美国直接对亚投行治理标准和透明度是否符合国际标准表达了公开质疑。美国长期以来作为世界经济霸主，短期之内是不会考虑加入亚投行的。究其原因，首批创始成员国的资格已经丧失并且所占的股权比例完全不能在以亚洲新兴经济体为主的亚投行里占据完全的主导权，没有优势可言。后来美国也在无数次官方立场表示欢迎中国不断增加对亚洲及域外地区事业发展和基础设施建设的融资支持，这样摇摆不定前后不合的态度对于亚投行的发展并没有促进意义。

作为美国在亚洲地区最重要的一位盟友日本也与美国保持一致步调，作为亚洲地区的经济大国并没有加入亚投行。首先，美、日主导的亚洲开发银行里，日本一直保持着高达15%的出资比例，虽然中国出资比例也较高，但美、日客观上还是阻碍了中国在其中的话语权。在日本看来，亚投行是中国"另辟蹊径"，要打破美、日亚太地区主导地位，而日本长期在亚洲地区处于主导地位，对于这一现象是不可能乐见其成的。从历史层面分析，日本明治维新之后经济一直走在世界前沿，"二战"时期亚洲其他国家几乎都饱受日本摧残。日本与亚洲其他国家之间并没有区域认同感，日本有着经济实力强大的优越感，对于中国自己倡导筹建的亚投行不可能去主动加入。中日关系受历史原因和领土问题影响，在亚投行的问题上日本不会投赞成票。

总的来说，世界主要经济体虽然不能直接干预亚投行业务运营及其他相关活动，但是中国目前在南海、东海与美国、日本、菲律宾等国的海上摩擦可能会给亚投行带来很大的不确定性，进而影响到亚投行的业务运营发展。

第四节　AIIB助力"一带一路"的前景展望

虽然亚投行面临复杂问题，但对于中国来说，亚投行的建立和运行无疑是一个发展机遇，对于亚洲也是如此。合理应对亚投行存在的挑战，不断增加亚投行与"一带一路"倡议的合作，以发挥彼此最大效用与影响力。亚投行将在"一带一路"建设中发光发亮，成为中国倡导建设的成功的多边性金融机构。

一、亚洲基础设施建设的互联互通

中国拥有已经趋于完善的基础设施并在"一带一路"建设中力促沿线国家不断完善国内基础设施。技术标准差异是横亘在中国与"一带一路"沿线国家之间的壁垒，但亚洲地区基础设施建设的互联互通是非常有必要的。互联互通的概念最早是在东盟提出的。2009年10月，第十五届东盟首脑会议以"增强互联互通，赋予人民权力"为主题，阐述了东盟互联互通的重要性。在当时来说，互联互通主要指东盟范围内的互联互通。围绕着东盟互联互通战略目标，东盟相继制定了一系列规划并签订协议以加快区域基础设施建设，减少区内贸易、服务和投资的障碍，加快东盟的互联互通，推进东盟共同体建设。[①]

  2013年9月7日，习近平主席在哈萨克斯坦纳扎尔巴耶夫大学发表重要演讲时首次提出加强"五通"，即政策沟通、道路联通、贸易畅通、货币流通、民心相通，以共同建设"丝绸之路经济带"的重大倡议。而后在上海合作组织成员国元首理事会第十三次会议上，习近平主席再次谈到"丝绸之路经济带"，希望开辟交通和物流大通道，从而通畅从波罗的海到太平洋、从中亚到印度洋和波斯湾的交通运输走廊。这对消除亚洲地区内存在的基础设施技术标准差异有着重大意义。亚投行应在此基础上集中支持亚洲地区基础设施建设，促进区域内的互联互通。

  不仅如此，中国也在致力于推进亚洲区域内统一的协调机制，减少在基础设施建设协调中的冲突纠纷，不断促进政策上的畅通，与沿线国家签署协议或者谅解备忘录以在协调机制上达到高度统一；设立自贸区以进一步促进区域内的资金融通；"一带一路"建设还要加强历史文化方面的宣传力度，推动沿线国家真正意义上的民心相通。亚投行将"一带一路"沿线国家推到了同一个投融资平台上，各国在亚投行的助力下投资基础设施建设以促进本国的经济发展，缓解了亚洲地区内投融资现状严重不对称的现状。

  对于协调机制难以统一的问题，需要建立有效的政府交流机制。亚投行与"一带一路"合作不断推进过程中要注重与各国政府建立有效的沟通机制，提供一个公共透明的平台以方便各国增强在冲突问题上的交流。此外，要有效对接"一带一路"沿线的国家国内发展规划，促进"一带一路"项目的合理化，更加有效率地落实建设项目。对于合作意愿非常强烈的国家，应当尽快筹划和落实项目建设，对采取观望态度的国家起到示范作用，更具有说服力。在建立区域内的协调机制时，各国应秉持互相尊重的原则，平等沟通交流，共同应对可能出现的困难和分歧，在分歧中寻求共同利益点，以实现"共同发展、互利共赢"的合作目标，这也是"一带一路"建设的初衷。

---

① 参见吴蒙《互联互通与中国对外战略》，外交学院，2015年。

二、创新运行机制服务"一带一路"

目前亚投行的国际地位与影响力与日俱增,但在很多方面与已有的国际性金融机构存在差距。亚投行的建立参考了既存金融机构的治理理念,并汲取其经验,并创新制度设计。在运行机制、理念等方面,亚投行都要有所创新、有主有次,坚持引领"一带一路"发展的基本地位。

(一)借鉴现有多边金融机构经验

中国经济实力位于世界前列也具有相当大的优势,对外开放程度远远超过之前,但是仍然还是发展中国家,在国际投融资领域筹建亚投行存在不足。亚投行目前最重要的就是成熟经验的学习与吸收,特别是对世界银行、亚洲开发银行、欧洲复兴开发银行等一些重要的多边开发性金融机构经验的借鉴。

从现有金融机构的发展来看,欧美国家的新自由主义思潮导致内部官僚主义非常严重,这是大多数现存金融机构面临的共同问题。从世界银行这一具有代表性的多边金融机构来看,20世纪八九十年代世界银行是国际发展领域的领导性国际金融组织,但是后来在扩展过程中官僚文化被新自由主义理念内化,很大程度上制约了世界银行的可持续发展。但世界银行及时针对自身所持有的发展理论进行改革,在近几年推出了结果规划贷款等新的发展融资工具。亚投行学习经验的关键要根据当前经济与金融发展的新趋势,聘请一些专业的高级管理人才对机构内部进行管理运营,提高自身在金融领域的国际竞争力。亚洲开发银行充分发挥自身的地域优势,参与到国际经济领域中。虽然同身处亚洲地区,但是从亚投行的业务领域可以看出,二者并不存在冲突,亚洲开发银行成熟的管理运营经验值得借鉴。

(二)处理好与区域多边合作机构的竞合关系

就目前的经济格局来看,亚投行在"一带一路"建设中发挥的作用显然大于在整体经济格局中的作用。"一带一路"项目建设需要大量资金投入,而亚投行正好解决资金难的问题。亚投行与其他区域多边合作机构一样,虽然都是为了促进区域一体化进程,但是实践中不是本身提供融资的能力有限就是在国际整体议程中的实际影响力有限,很少能对区域产生决定性作用。而且,亚投行作为国际社会新出现的多边性发展银行,会不可避免地冲击旧的区域多边合作机构形成的秩序，新旧之间必然出现竞争合作关系，而对于这种关系的合理处理也是亚投行稳定运行关键因素之一。

(三) 发挥"一带一路"引领作用

21世纪以来，新兴经济体的群体性崛起很大程度上改变了国际经济格局，但是全球经济治理格局并没有因此受到很大冲击，其不合理性日益明显。很多主要的国际经济贸易规则还是由发达国家主导，发展中国家虽然数量多但是很难凝聚成一股力量，经济实力也远远不及发达国家。"一带一路"为了解决这个问题应运而生，引领全球经济治理格局的新发展，传承"和平合作、开放包容、互学互鉴、互利共赢"的丝路精神，与各国一起探索新型区域及全球化路径。

"一带一路"倡议及在此之下形成的承诺和合作文件，将通过一体化程度较低的欧亚大陆及其周边地区投资基础设施和互联互通来实现。然而，尽管当前中国一直支持以自由贸易为基础、由多边机构支持形成包容性全球经济，但中国对多边框架之外资源的控制以及对挑战自由原则的传统做法的坚持，对传统框架形成了冲击。[1] 互联互通是贯穿"一带一路"的血脉，而基础设施联通属于"一带一路"建设的优先领域，只有完善基础设施才能为各国之间资金流通提供硬件上的支持。对"一带一路"沿线国家来说，首先就是要打通"一带一路"沿线的陆海合作通道，为沿线国家人员、资金、商品自由流通提供一个载体。在第二届"一带一路"国际合作高峰论坛上，由国家发展改革委、交通运输部主办的设施联通分论坛，将"安全畅通智能高效"作为主题。在论坛上，与会各方聚焦更高质量互联互通进行深入交流，指出设施联通已进入全面务实合作新阶段，各方就交通、能源、电信等领域签署35项双多边谅解备忘录、合作意向书、投资协议、合作项目。这说明"一带一路"沿线国家正在共同致力于形成连接欧亚非各区域的基础设施网络，为更深层次的国际经济合作提供硬件支撑。

基础设施联通主要集中于交通、通信、能源等基本方面，作为基础之基础的交通设施联通，主要以"一带一路"为基本大走向，加快完善连接亚欧大陆的铁路网建设，同步加快公路和铁路设施建设以及航空互联互通。也就是说，陆上依托国际大通道，以沿线中心城市为支撑，以重点经贸产业园区为合作平台，

---

[1] Paul Cammack, "Situating the Asian Infrastructure Investment Bank in the context of global economic governance", Journal of Chinese Economic and Business Studies, (3, 2018), pp.243-256.

共同打造新亚欧大陆桥、中蒙俄、中国—中亚—西亚、中国—中南半岛等国际经济合作走廊；同时海上以重点港口为节点，共同建设通畅安全高效的运输大通道。中国在海外逐渐开始参与港口项目建设，从巴基斯坦瓜达尔港到斯里兰卡汉班托塔港、希腊比雷埃夫斯港，这其中都包含了中国的努力。

其次是通信设施联通。首先要基本实现"一带一路"沿线国家的跨境电缆设施联通，条件允许的区域规划建设海底的光缆项目。基于基础设施技术标准的差异，沿线各国应当尽量促进电信网络的技术标准的统一，以便于提高通信效率。

最后在能源设施联通上，要坚持"一带一路"的引领作用，促进能源合作，完善能源互联通道基础设施建设。亚欧非大陆存在丰富的油气资源，如果能够发挥好"一带一路"的作用，维护油气管道的互联互通安全，基本上可以实现区域内资源更大范围的优化配置，推动"一带一路"建设绿色发展。

三、严控投资风险与加强金融扶持

"一带一路"从倡议到实践的这几年来，不断获得全球范围内的支持和认同，逐渐形成普遍的人类命运共同体意识，所取得的优秀成果也远远超出了中国"一带一路"建设的预期，已经引起了全球范围的关注。对于亚洲地区而言，已经成为促进区域经济增长、深化区域性合作及一体化进程、增进"一带一路"沿线各国民众福祉的重大倡议和伟大实践。但是，与世界对"一带一路"与日俱增的关注度与期待值相比，与"一带一路"建设进入新阶段的新要求相比，"一带一路"的理论支撑还十分薄弱和滞后，在风险处理上存在欠缺。尤其是在全球经济政治格局深刻调整的背景下，当前及今后一个时期推进"一带一路"建设，持续促进各方增信释疑、扩大共识的任务仍将十分艰巨。

（一）先进的风险管理理念

风险是客观存在于各种金融机构内部的问题，从现有成熟经验来看，只能由银行自身形成的积极风险管理理念来降低发生概率，而消除是不太现实的。

怎样去建立健全完善的风险管理理念呢？首先，保持金融机构目标宗旨和业务的一致性。一般来说，亚投行本质上还是属于商业银行，以往风险管理目标都是股东利益最大化，但亚投行稍微有所不同的是在保持商业银行的原则与宗旨下以资金支持亚洲地区的基础设施建设和互联互通发展。《亚投行协定》已经确定了内部的投票权份额、公司治理结构以及决策机制，这些制度为亚投行的运营提供了基本的制度支撑。但这些风险管控机制不能解决亚投行建立之后面临的各种风险问题，风险管控机制的建立要立足于亚投行整体风险管理和识别。亚投行虽然是区域性多边金融机构，但是对许多国家来说，它的影响力还是非常大的。因此，其风险管控意识要保持高度一致，每个员工或者部门都应当主动避免业务操作中的风险。

其次，对风险进行科学系统性管理。由于亚投行是首次由发展中国家倡议建立，面临的风险会更复杂。亚洲地区国家众多，一个国家或者一个次区域的金融风险可能很快就能扩散至整个亚洲地区。在风险的种类上，特殊风险相对于金融性风险更难去控制和解决，所以对于亚投行来说，科学系统性的管理风险非常重要，应当尽量避免风险集中化、扩散化。亚投行可以借鉴巴塞尔银行的风险管理经验，巴塞尔银行有非常成熟的内部风险评估和检测制度，这对亚投行来说是非常重要的。

再次，有必要建立健全独立的风险管理机制。亚投行自身内部需要建立一个独立专业、拥有明确机构定位、权责清晰一致的运行机制，不仅仅为了创新，也是基本的框架独立和清晰的保证。最后，亚投行推动互联互通的内部整体性联动机制。独立专业并不绝对代表内部各单位的绝对独立，而是在于互相独立的同时能够完美实现内部的沟通协调。风险在根本上是存在互相联系的，各部门所遭遇的风险虽有所不同，但是如果做到各部门相互协商，风险管理上采取内部透明，就能实现最大化效率解决风险问题。建立一些专业并且知识背景多元的管理决策机构也非常关键。亚投行所在的亚洲地区国际政治经济环境复杂，除了银行体系固有的金融性风险，这些问题同样棘手，所以要求管理决策机构的专业性，亚投行需要的是跨越意识形态领域的专业银行管理者，以进行冷静敏锐的管理决策。

（二）健全风险管控机制

金融体系内部总是存在一些固有风险，对于这些风险的管控关系到亚投行可持续发展，是非常迫切的问题。只有合理科学地处理这些风险，才能健全风险管控机制。

首先，对于信用风险，亚投行需要培育良好的信用风险管理文化。这离不开成熟科学的信用风险评估体系、严格明确的贷款审批程序、专业化的管理决策机构等。同时，这些制度的建立必须有良好的信用风险管理文化做支撑。项目的评估与审批程序需要建立一套严格的标准，因为亚投行的主要业务包括项目贷款，贷款中很有可能产生信用风险。贷款审批程序必须绝对的科学、严格并且合规操作，只有这样才能预防项目贷款的各种外部性风险问题。在此基础上，亚投行也需要加强信用风险内部评级体系建设。这一制度的建立健全可以使亚投行清晰明确其客户或者交易对象的信用风险等级，评估筛选之后的投资对象可以大大降低信用风险的发生概率和风险产生的损失。

其次，对于市场风险来说，不仅要借鉴成熟的市场风险的计量方法和工具，更重要的是亚投行组织内部需要不断完善组织架构和责任体系，必要时需要设立独立的市场风险管控部门，负责管理日常的利率、汇率风险。通过此机制建立更加先进的信息系统和数据库。亚投行要充分利用信息数据化时代的优势，建立先进的信息收集和处理系统。基于现有的大数据库，亚投行能够随时准确判断金融市场风险变化、市场风险损益等宏观波动数据，以供决策者参考。对于市场风险，同样需要规范的市场风险控制政策和程序。目前商业银行大多数对于市场风险的管控已经有了比较完备的标准，亚投行也不例外。规范的市场风险控制政策和程序需要与银行本身发展程度相适应，尤其是与其总体业务的管理水平、银行战略定位、银行资本状况等情况相一致。亚投行需要制定符合自身业务状况、规模以及风险特征的市场风险控制政策和程序，以此来保证市场风险管理活动的透明度。

对于流动性风险来说，需要构建一个全方位的流动性风险管理框架。组织框架和流动风险管理决策框架的构建，需要成立专业的管理层框架，能够各司其职以应对经营业务中的流动性管理与风险防范工作，构建流动性风险预警识别系统，科学管理资金源头与出口。亚投行之所以会产生流动性风险，本质在于其资金来源和对资金的运用。如果资金来源在一定程度上受到阻碍，那么资金运用也会因此受限，势必会产生流动性不足的风险，所以资金来源的管理以及融资渠道的拓宽非常重要，需要合理配置资产负债，避免资金使用上的低效率。当然，后续的流动性风险应急机制可以通过与世界银行、亚洲开发银行、国际货币基金组织等国际金融机构开展流动性风险应急预案的深度合作，以便亚投行在发生流动性风险时能够及时获得低成本应急流动性补充。

对于操作性风险，需要解决内部人员问题。亚投行需要完善操作风险内部组织架构建设，各个业务部口要建立各自的操作风险管理工作执行组织，对相应部门的业务开展情况进行实时的监督报告。明确银行各部门之间的权力边界，避免权力交叉和责任界定不清晰，董事会、监事会、各风险管理部门和业务部门之间要保持协调运转，避免在问题发生时互相推诿。对于银行工作人员来说，长效的激励机制非常必要，如果亚投行的工作人员都可以将自身的发展与亚投行的经营融为一体，就能很大程度地减少操作风险产生的概率。建立长效的激励机制，不仅能够在很大程度上提高员工工作积极性，对亚投行的发展完善也十分重要。

四、推进人民币区域化布局

亚投行对中国的意义不仅仅在于其是中国首倡下建立的多边开发性金融机构，更在于其对人民币国际化的推动。根据环球银行间金融通信协会 2018 年 7 月 27 日公布的最新数据，2018 年 6 月人民币在国际支付市场的占比为 1.81%，下降了 0.07 个百分点，结束此前连续三个月的上涨趋势，但人民币仍保持国际支付第五大最活跃货币的地位。截至 2018 年 3 月末，全球超过 34.9 万家企业和 386 家银行开展了人民币跨境业务，境外 137 个国家（地区）的银行在我国境内开立同业往来账户 5028 个，由此可见人民币的国际影响力。

"一带一路"建设包含了区域合作的方方面面如贸易、投资、金融等。总的来说，人民币国际化在"一带一路"建设中有三种运用形式。一是与沿线各国签订货币互换协议，这是货币国际化的基础，只有货币互换协议存在，各国之间的货币金融才会有流通、有合作。并且，货币互换协议也建立了一个以人民币为主的货币清算体系。二是中国在与沿线国家的贸易投资合作中，已经大规模地采用人民币结算，这属于货币的基本结算职能。三是依靠人民币国际化的作用而建立的亚投行、丝路基金等多边金融机构的很多业务的开展都采用人民币结算的方式。[①] 过去几年，人民币国际化的积极作用已经开始在"一带一路"

[①] 参见《"一带一路"合作将人民币带到更多"国际场景"》，http://www.finance.sina.com.cn/roll/2018-08-31/doc-ihiixzkm2721757.shtml。

建设中体现，未来如何在更深层次、更高水平上发挥这一积极作用对推动"一带一路"建设具有重要意义。

（一）完善中国自身内部的金融体制

"打铁还需自身硬"，要推进金融的深度国际合作，首先还需要国家自身具备完善的金融体制以支撑人民币走出国门。

第一个方面是强化金融监管主体以及监管信息管理。之前"一行三会"的金融监管体制很大程度上隔绝了金融合作的广度，监管主体之间存在信息鸿沟、监管疏漏、重复监管等问题。这些问题很大程度上阻碍了金融行业的可持续发展，造成高成本、低效率的不良影响。目前"一行一委两会"的金融监管体制尚需清理之前存在的弊病。在低效率这个问题上，应该尽量将监管模式转向统一监管，这样才能避免监管过程中由于权责不清晰明确而导致监管混乱。另外，信息监管要形成一定的体系，以实现资源共享。同时，还要建立符合各方监管主体的制度框架，加强联系才能促进整个监管体系的高效运转。

第二个方面是在人员调配协调上，要完善相关的协调机制，强化人员的管理。可以充分利用各平台信息共享，监管金融市场出现的以及潜在的各种问题。同时，在人员调配上，可以相对提高相关专业领域从业人员的标准要求，开展针对性的培训，提高整体金融行业工作人员的素质。

第三个方面是宏观上金融监管制度的完善，监管责任在金融监管主体之间必须严格、清晰、明确。就目前我国的金融发展现状来看，完善的金融监管体制的建立必须着力于解决制度上存在的法律问题，完善相应的法律法规，查缺补漏。在金融基础设施建设上，加快推进市场信息政策透明化，严格审核信用评级，推动国内金融市场走向国际市场。在监管主体的重复管理与责任不清上，各监管主体应加快联动与协调的步伐，分清各监管主体之间应该监管的重点内容。相较于中国，欧美发达国家的金融监管成熟许多，有很多值得借鉴之处，在监管模式上可以采用统一监管代替分业监管，实现监管部门的联动协调，责任共担。

（二）深化国际合作，明确中国目前国际定位

目前我国作为经济大国，亚投行作为我国主倡下建立的国际性金融机构，应该更好地发挥在对外投融资方面的优势，为人民币国际化提供一个更大的平

台。在亚投行基础上，中国应深化与各国、各区域之间的国际合作。首先，充分利用亚投行扩大对外投资。亚投行是为了亚洲地区的基础设施建设和互联互通而建立的多边金融机构，加大对"一带一路"沿线国家或者亚洲地区基础建设的投资，我国对外投资水平也将得到提高，人民币的流通速度进一步加快，使用比例也会增加。其次，可以加大对经济实力弱小、基础设施不完善的国家的经济援助及贷款。"一带一路"沿线国家发展水平有待进一步提高，需要资金扶持推动沿线国家国内的基础设施建设。中国采取援助或者贷款支持，采用人民币结算方式，可以扩大人民币的流通。经过我国的经济援助或贷款扶持，人民币的地位可以得到巩固和发展，人民币国际化的脚步也能够不断向前发展。

最后，着力提高我国及亚投行的融资水平，为"一带一路"建设继续提供金融支撑。亚投行可以在离岸人民币金融中心发行人民币基础设施建设债券等金融资产。人民币国际化的前提首先得让中国的人民币走向国际金融市场流通，在此基础上创新发展其他金融产品，为亚洲基础设施建设提供更广阔、更深一层次的金融支持。在以后很长一段时期内，中国都可以依托亚投行，与"一带一路"建设协调配合，逐渐推动人民币进入各区域市场，实现真正意义上的"经济大国强币"态势。

对于我国来说，构建对外开放新格局还需要发挥亚投行融资平台的作用，以此为人民币国际化提供便利条件和机遇。人民币的国际竞争力来源于中国的各种对外投融资。但是面对亚洲的基础设施建设巨大的资金缺口，单纯以各成员国的认缴股本无济于事，如果能实现亚投行业务结算采用人民币的国际标准，不仅能够缓解资金上的巨大压力，还能为人民币国际化提供便利条件。

（三）推动人民币生态圈建立，促进人民币国际化

"一带一路"业务全球主管凌嘉敏近日表示，"一带一路"贸易关系加深将加速人民币国际化进程，由此构建人民币生态圈。人民币结算已经在"一带一路"沿线国家掌握了较大的主动权，而亚投行的建立更是推动了人民币在"一带一路"沿线国家及地区的自由流通度，便利了经济贸易方面的合作。[①] 两个近期成功建立人民币生态圈的例子：一个是巴基斯坦。巴基斯坦于2018年调整了相关外汇

---

① 参见《渣打银行凌嘉敏：通过"一带一路"构建人民币生态圈》，http://finance.sina.com.cn/roll/2018-12-24/doc-ihqhqcir9629395.shtml。

政策，允许企业开立人民币账户，接受及开立以人民币计价的信用证；2019年3月，中巴两国100亿人民币的货币互换协议延长3年。4月，巴基斯坦完善了人民币结算和清算系统。另外一个是尼日利亚。5月，中尼签订为期3年的150亿人民币的货币互换协议；6月，尼央行颁布了就人民币在当地使用的相关规定；同时每两周通过竞拍，向有贸易结算需求的企业提供人民币。

1. 进一步发挥人民币在"一带一路"建设中的跨境贸易计价结算功能

货币最主要的职能是结算职能，在与"一带一路"沿线国家展开合作时，会涉及计价结算的问题。坚持经常项目可兑换原则非常重要，这一原则来自《国际货币基金组织协定》第8条规定，我国接受了此规定，实现人民币经常项目可兑换，所有正当的、有实际交易需求的经常项目用汇都可以对外支付。积极鼓励并支持在"一带一路"建设中采用人民币进行跨境的支付与结算，逐渐发展人民币使用的规模。同时人民币的其他重要职能同样不可忽视，不论是在外汇风险的管理上，还是创新人民币产品上，致力于推动人民币结算职能的安全性、便利性、可操作性。

不仅仅在"一带一路"建设中，包括中国所有涉外经济活动中，尽量使用人民币计价。举个例子，我国的大宗商品贸易期货市场非常活跃，像钢铁、石油这些在国际商品市场都有着举足轻重的地位，但是对于这些大宗商品，定价权往往不能由我国自己主导。从这里可以看出，优势是我们一直充分拥有的，只要能够采取人民币计价的方式对大宗商品进行定价，我国的大宗商品在国际市场上将占据更大的话语权。我国金融机构内部金融服务网络的完善需要国家及社会的支持，只有全力推进项目所在国对中国的出口使用人民币结算，积累人民币资金用于支付中方施工建设等费用，才能实现最大程度上的双赢或多赢。

2. 进一步发挥人民币在"一带一路"建设中的投融资功能

作为商业性银行的亚投行，不仅仅是亚洲区域的投融资平台，更要充分发挥作为商业银行、开发性金融机构的优势，实现机构内部的市场化运作、投资的长期可持续发展。国内的金融机构也可以在"一带一路"沿线国家以人民币结算的方式开展跨境的项目合作，通过这种方式有效提高资金项目的融通水平和质量。

"一带一路"国际合作高峰论坛是"一带一路"框架下最高规格的国际活动，也是中华人民共和国成立以来由中国首倡、中国主办的层级最高、规模最大的多边外交活动，可以说是中国近些年来最重要的主场外交。论坛都是在世界经济发展、中国自身发展和"一带一路"建设都处于关键阶段的背景下举行的，对外发出了各方合力推动"一带一路"国际合作、携手构建人类命运共同体的积极信号，对世界、对中国都有着十分重要的意义。但论坛成果能够一一落实才是"一带一路"国际合作高峰论坛的目的所在。商业银行应当积极参与到"一带一路"建设中，探索符合"一带一路"沿线国家经济发展现状的投融资模式。通过加强与各国金融组织、多边金融机构包括大型的国际金融组织的合作，支持其针对人民币展开的一系列相关活动。亚投行本来就是作为亚洲地区的投融资平台而存在，人民币在其中扮演的角色是非常重要的。

3. 进一步发挥人民币在"一带一路"建设中的资产配置功能

基础设施互联互通是"一带一路"的关键内容，通过基础设施的互联互通才有可能打造金融市场的深度合作，这是人民币区域化的基本市场设施条件。国内的金融机构可以通过在亚洲区域其他国家设立分支机构，或者说并购当地企业等一些变相合作的方式，逐渐形成点成线、线成区的人民币布局，更好地为"一带一路"铺路。丝路基金、经济走廊能够继续平稳推进资本市场联通，只有实现在境内外金融基础设施的联通，才能为投融资者选择人民币进行投融资提供便利条件。在一些经济欠发达国家，可以以资金援助的方式直接以人民币进行交易，为人民币的境外市场注入活力，同时提供一些风险管理工具。

4. 进一步发挥离岸人民币市场支持"一带一路"建设的积极作用

"一带一路"沿线国家众多，金融中心也是数不胜数，人民币在其中要发挥区域聚集优势，抱团发力，充分发挥相关的各种投融资功能，才能为"一带一路"建设筹集更多的资金。在金融服务领域，需要提供更广阔范围内的风险管理服务，为投融资者规避风险。通过这些方式才能开发出满足"一带一路"建设的金融产品，实现市场资源优化配置。

5. 进一步深化与"一带一路"沿线国家的货币金融合作

金融合作交流机制需要多层次、全方位的发展，不断增强与沿线各国在金融上的联通，完善不利于人民币扩大使用范围的障碍机制。在坚持平等互利原则的前提下，风险尽量保持在可控范围内，再与沿线国家的中心银行或者货币管理当局进行货币合作，促进贸易与投资自由化、便利化。在金融监管上可以加强双边合作，建立低成本、高效率的协调机制，共同建造有利于人民币国际化的制度框架。强化对跨国金融类犯罪的惩罚力度，在反洗钱、反恐融资以及宏观审慎管理这些方面都可以加强合作，更好地维护区域金融市场的安全与稳定。①

总的来说，人民币国际化的关键在于中国综合国力的提高。我国需要不断完善自身经济金融体制，用强大的经济实力和优越的中国特色社会主义经济制度为人民币国际化提供物质基础和制度保障。

---

① 参见霍颖励《人民币在"一带一路"中的作用》，《中国金融》2017年第14期。

第六章
"一带一路"与多边投资担保机构（MIGA）的合作

共商、共建、共享是"一带一路"建设始终坚持的重要原则。随着"一带一路"建设为越来越多国家及人民带来实惠、为世界经济增长注入活力，其不断吸引着国际社会的广泛参与。其中，"一带一路"与世界银行集团已经进行了一些合作。MIGA 作为世界银行集团成员之一，与"一带一路"有着相通的使命，两者能够在合作中实现彼此更大的发展。"一带一路"国际合作高峰论坛是重要的多边合作平台，MIGA 通过这个平台已与其他国际组织就共建"一带一路"达成若干共识，助力"一带一路"建设。截至 2017 年，MIGA 已为"一带一路"沿线投资项目累计提供 10 亿美元担保。从两者的合作现状看，合作中也存在一些困难和挑战，值得我们认真研究和解决。"一带一路"是共同发展繁荣的道路，其与 MIGA 的合作将更好地为世界经济增长注入活力。

第一节 "一带一路"与 MIGA 的合作关系

一、MIGA 所能提供的支持

（一）独立国际组织担保的去政治化及担保能力优势

1. 独立国际组织的投资担保将减少企业"走出去"所受到的政治因素干扰

"一带一路"沿线国家或地区政治环境受历史和地理的因素影响复杂多变，同时国家利益、宗教、民族矛盾等因素也使国家与国家之间的关系并不稳定。由中国出口信用保险公司（以下简称"中信保"）发布的《国家风险分析报告 (2018)》显示，2017 年下半年，从全球范围看，政治风险成为国家风险水平上升的一个重要表现。由于海外投资面临的政治风险有所上升，企业在海外投资过程中不仅需要对风险开展详尽的调查和评估，也要重视海外投资保险的合理利用以防患于未然。[①]"一带一路"企业对外投资项目大多具有长期性，投资期

---

① 参见《2018 年〈国家风险分析报告〉发布》，https://www.sohu.com/a/258946687_157267。

间一旦受到复杂的国家关系影响就会遭受重大损失。如受中印关系的影响，斯里兰卡科伦坡港口城项目曾一度被叫停，即使后来该项目恢复启动，但投资者的利益无疑成为变幻莫测的国家关系的牺牲品。[①]

　　国际组织是否带有政治色彩一直是南北国家担忧的问题。虽然在股权分配上发达国家凭借其财力占据优势，但根据《汉城公约》规定，MIGA 成员国拥有股份票和成员票，投票权按此进行分配，且随着发展中国家实力增强，MIGA 显现出它很难被某个国家控制的特征。MIGA 在保单的签发过程中，根据审慎担保政策来决定成员国是否适格，董事会的决定不受来自国家层面的干涉。MIGA 为成员国在发展中成员国的投资可能遭受的政治风险提供担保，但是否能够获得担保要依据《汉城公约》第 12 条及相关业务规则具体判断。一国海外投资保险机构在对对外投资进行审查时往往具有政策导向，即符合国家政策的海外投资更容易获得保险，而双边投资保护协定更是两国利益、政策的体现。

　　因此，MIGA 与一国海外投资保险机构、双边投资保护协定相比，不受国内政策、国际政治关系变化的影响。也就是说，MIGA 在合格的投资、合格的投资者、合格的东道国上并不体现一国或多国政策。作为很好的例证，早期受中美关系影响，美国海外私人投资公司（OPIC）曾停止在华担保业务十余年，相反的是同期 MIGA 承保的在华外资大多数是美国企业，这说明美国并没有能够干涉董事会的决定阻止在华投资获得 MIGA 担保。正如霍伍里德认为："如果出于政治原因，一个国家的海外投资保险机构将另一国家排除在合格东道国之外，MIGA 将成为受欢迎的选择。"[②] 因此，MIGA 投资保险的去政治化优势将对"一带一路"投资产生吸引力。

　　2. 对 MIGA 强大的担保容量和能力的需求

　　（1）海外投资担保容量有限。综观各国海外投资保险机构，一般采取国有公司、政府机构及两者共同经营方式，但无论采取哪种形式，受国内政策、国家经济实力等因素的影响，"一带一路"国家海外投资担保在担保容量、赔偿能力上都不是无限的。以中国为例，中国出口信用保险公司是经营海外投资保险业务，为海外投资提供保险的政策性保险机构。它是全部由政府出资成立的

[①] 参见江天骄《"一带一路"上的政治风险——缅甸密松水电站项目和斯里兰卡科伦坡港口城项目的比较研究》，《中国周边外交学刊》2016 年第 1 期。
[②] 参见陈安《陈安论国际经济法学》第二卷，复旦大学出版社 2008 年版，第 1010 页。

政策性出口信用保险公司，除海外投资保险业务外，还经营中长期出口信用保险、短期信用保险、担保等业务。通过对中国出口信用保险公司业务经营状况进行考察可知其业务重点是出口信用保险，在海外投资保险容量、能力方面有限。如 2018 年，中国出口信用保险公司全年承保金额达 6122.3 亿美元，但出口信用保险占 83%（见图 1）。①而 2018 年 1 月至 11 月，仅在对外承包工程方面，中国企业在"一带一路"沿线国家新签对外承包工程项目合同 3640 份，新签合同额 904.3 亿美元。②"一带一路"建设中，对外投资愈加活跃，仅依靠资本输出国海外投资担保并不能满足投资者对海外投资保险的需要。

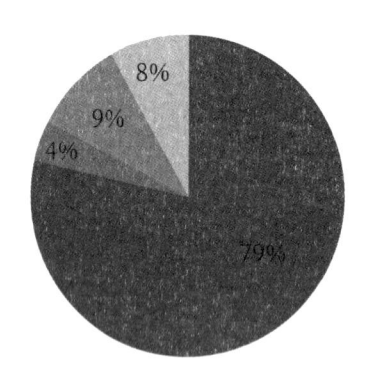

图 1　2018 年中国出口信用保险公司承保金额（单位：亿美元）

（2）MIGA 在担保容量、能力上的比较优势。MIGA 是世界银行集团成员之一，其保险业务开展在资金上能够得到世界银行支持，无论是承保能力还是赔付能力都有资金保证，相比一国国内投资保险机构而言，其资金来源更多。通过对 MIGA 每个财政年度担保业务进行考察可知，MIGA 在签发担保总额、总承保额上呈现出不断增长的趋势，总的担保容量也在不断扩大（见表 1）。此外，为了扩大担保容量、拓宽资金来源，同时也为了分散自身担保风险，MIGA 与私人保险机构、各国国内海外投资保险机构等进行合作如再保险、分保、赞

---

① 参见《中国信保政策性作用充分发挥 承保金额突破 6000 亿美元》，https : //www.sohu.com/a/290169867_264447。
② 参见《2018 年 1—11 月我对"一带一路"沿线国家投资合作情况》，https : //mofcom.gov.cn/article/tongjiziliao/dgzz/201812/20181202818130.shtml。

助担保等。因此，在担保容量和能力方面，MIGA 能为"一带一路"提供更强有力的支持。

表 1　MIGA 每个财政年度担保业务[①]

单位：亿美元

年份 金额	2013	2014	2015	2016	2017	2018
签发担保总额	27.81	31.55	28.28	42.58	48.42	52.51
总承保金额	108	124	125	142	178	212
净承保金额	65	71	77	67	68	79
再保险	43	53	48	75	110	133

（二）MIGA 担保更好地满足"一带一路"建设需要

1. 更大范围的投资者将符合合格投资者要求

（1）海外投资保险制度和双边投资协定对合格投资者有所限制。

资本输出国海外投资保险制度对合格投资者多有限制性条件如国籍限制，这是由其本身的国内政治保险性质决定的。资本输出国海外投资保险是非营利性的，其内容是对本国海外投资可能遭受的政治风险提供保险或保证。海外投资保险制度实际上将投资者损失转由国内广大纳税人承担，因此各国海外投资保险制度在制度设计上都有对合格投资者的限制性规定，多表现在对国籍的要求。

同样地，双边投资协定是两国为鼓励、促进、保护相互间投资而达成的协定，因此也不可避免地对投资者范围会有所要求。就中国而言，中国与其他国家缔结的双边投资条约中对投资者的界定并不统一。具体来说，中国与其他国家缔结的双边投资条约中无论是统一界定还是各自界定"投资者"，[②]"国籍标准"适用于合格自然人投资者的认定，"单独标准"和"复合标准"适用于合格的非自

[①] 根据 MIGA 官网年报整理而得。
[②] 统一界定如 2015 年中国—刚果双边投资协定（BIT）中规定，"投资者"一词，系指：(一) 根据任一缔约方的法律，具有其国籍的自然人；(二) 经济实体，包括根据任一缔约方的法律组建、住所在其境内的公司、协会、合伙及其他组织，不论是否具有盈利性或是否采取有限责任形式。各自界定如 2018 中国—孟加拉 BIT 中规定，"投资者"一词，在中华人民共和国方面，系指：(一) 根据中华人民共和国法律，具有中华人民共和国国籍的自然人；(二) 依照中华人民共和国法律设立，其住所在中华人民共和国领土内的经济组织。在孟加拉人民共和国方面，系指：(一) 依据孟加拉人民共和国法律，具有孟加拉人民共和国国籍的自然人；(二) 依照孟加拉人民共和国法律设立，其住所在孟加拉人民共和国领土内的经济组织。

然人投资者的认定。[①] 其中，两者在非自然人国籍的认定上都以"成立地"为标准。[②] 由于各国对自然人、法人的认定方式存在不同，可能会导致具有多国国籍自然人或有些法人投资者无法获得保护。因此，一些多国投资者合作项目将不能满足单边、双边投资保护中合格投资者要求，被排除在保护范围之外。

（2）MIGA 能为受到国籍或其他条件限制的投资者提供担保。

根据《汉城公约》规定，任一成员国国民只要不具有东道国国籍都可以成为 MIGA 合格投资者；一成员国或几个成员国或这些成员国国民拥有多数资本且不具有东道国国籍的法人、成员国自然人和法人在其他成员国注册并在该国设有主要业务点的法人也是 MIGA 的合格投资者。此外，经东道国和投资者联合申请，董事会以特别多数票通过，东道国的自然人以及在东道国注册或多数资本为东道国国民所有的法人也可以成为 MIGA 的合格投资者。MIGA 并未将公营企业排除在合格投资者之外，只要在商业基础上经营都可以成为 MIGA 合格投资者。

由此可见，多边投资担保机构并不考虑单一国籍因素，在范围上未进行严格限制，而是将相关权力交给董事会，只要符合条件成员国国民和法人都可以成为 MIGA 合格的投资者。MIGA 在合格投资者方面的规定具有灵活性，尽量扩大合格投资者范围，一些无法获得海外投资保险或双边投资条约保护的投资者能够通过多边投资担保机构进行投保。如 2013 年，中国工商银行为肯尼亚一个项目提供融资，但由于该项目投资者不具有中国国籍且不符合实际控制条件，中信保拒绝为中国工商银行提供项目融资担保，最后由 MIGA 与中国工商银行签署担保协议为其贷款提供担保。

2. MIGA 承保的政治风险范围灵活且全面

MIGA 承保投资在东道国遭受货币汇兑险、征收及类似措施险、战争内乱险、违约险、不履行金融义务险五种非商业性风险。[③] 值得注意的是，MIGA 承保

[①] 中外 BIT 中"单独标准"包括单独采取"成立地标准"或"注册地标准"，如 2003 年中国—阿尔及利亚 BIT、2006 年中国—突尼斯 BIT；复合标准包括"成立地+住所地标准""成立地+主营业地"和其他复合标准，如 2007 年中国—马达加斯加 BIT、2000 年中国—博茨瓦纳 BIT 等。
[②] 参见袁海勇《中国海外投资政治风险的国际法应对——以中外 BIT 及国际投资争端案例为研究视角》，上海人民出版社 2018 年版，第 9～13 页。
[③] 即投资者因主权、次主权或国有企业未能根据无条件的金融支付义务或与合格投资相关的担保支付而导致的损失，由保险机构根据保险合同进行赔付。

的征收及类似措施险不仅涵盖了投资者因国有化、征用、没收、扣押和冻结等直接措施造成的损失,还将间接征收如蚕食征收("creeping" expropriation)对投资者投资项目造成的损失纳入到承保范围内。[①]Chifor 认为,东道国意识到可以通过微妙的监管手段达到征收目的,间接征收已经取代彻底公然夺取外国投资的直接征收,成为东道国征收外国投资的手段。[②]MIGA 承保险别中对间接征收的规定体现了其对国际投资前沿具有敏锐反应。不履行金融义务险是 2009 年新增的保险种类,它适用于无条件且不受抗辩的金融支付义务且不要求投资者获得仲裁裁决。同时,将未履行主权债务的情形纳入了承保范围。[③]2013年,MIGA 将不履行财务义务的范围扩大到国有企业的财务义务。《汉城公约》对 MIGA 投资保险业务的基本框架进行规定,此外可由董事会根据实际情况制定灵活的政策和规则。在承保范围上,经投资者和东道国联合申请,董事会特别多数票通过,可扩大到其他非商业性风险。可见,MIGA 承保风险上具有全面性、灵活性。

3. MIGA 助力中小型投资者走出去

中小投资企业虽然在规模、经济体量上不及大型跨国企业,但在拉动就业、促进经济增长等方面发挥着重要作用,在发展中国家体现得尤其明显。2005 年,MIGA 启动小额投资计划(Small invest program,简称"SIP")为中小企业投资者涉及农业、金融业、制造业和服务业的投资可能遭受的货币汇兑险、征收险、战争和内乱险提供担保。MIGA 对满足不超过 300 名员工、年销售总额不超过 1500 万美元和总资产不超过 1500 万美元其中两个条件的中小企业投资者免除申请费,简化了承保审批流程,以便中小企业投资者获得 MIGA 担保的快速覆盖。

值得注意的是,只要投资担保申请小于或等于 1000 万美元,投资规模超过 1000 万美元的中小企业也有可能获得 MIGA 担保。SIP 计划推动中小企业"走出去",促进资本流动尤其流向发展中国家、减少贫困等发挥重要作用。如 MIGA 为巴基斯坦的小额信贷提供了总额为 174 万美元的担保,支持建立

[①] MIGA 官网将蚕食征收解释为一系列随着时间的推移具有征收效力的行为。"creeping" xpropriation ——a series of acts that, over time, have an expropriatory effect.
[②] Donovan Patrick J, Creeping Expropriation and MIGA: The Need for Tighter Regulation in the Political Risk Insurance Market, Gonzaga Journal of International Law (7, 2003-2004), pp.2-15.
[③] 参见《MIGA2009 年年报》。

Kashf 小额信贷银行，巴基斯坦国家银行行长 Shamshad Akhtar 认为小额信贷是减少该国普遍贫困的唯一途径。[①] 因此，MIGA 的中小型投资者计划能够为"一带一路"沿线发展中国家中小型企业走出去提供有力支持和保障，助力"一带一路"行稳致远。

4. MIAG 担保为投资者和贷款方提供信贷

根据巴塞尔委员会资本计量规定，MIGA 提供担保的项目在风险权重上为零，并且放松了资本储备金的要求。投资项目获得 MIGA 担保使投资者能够从银行和股权合作伙伴处更容易地获得资金，同时，获得 MIGA 担保的贷款项目在风险资本评级上也有所降低。也就是说，MIGA 担保产生的溢出效益为投资者和贷方在资金的获得和借贷成本的降低上发挥着重要作用。投资者走出去参与"一带一路"建设需要融资便利，而 MIGA 担保能够减轻融资难度。因此，在"一带一路"建设中，MIGA 投资保险无论对投资者还是贷方都具有很强的吸引力。

（三）MIGA 为"一带一路"提供技术援助和调解服务

作为世界银行集团成员之一的 MIGA，其使命是促进投资在世界范围内流动特别是流向发展中国家，促进世界经济增长，提高人民生活水平。因此，为了实现自身使命，MIGA 并不仅仅提供投资担保，还提供非担保业务即调解服务和技术援助。调解服务致力于促进争端友好解决，技术援助致力于增强发展中成员国吸引外资能力，共同为便利资本流动、促进世界经济增长发挥作用。

1. 技术援助计划增强"一带一路"沿线发展中成员国吸引外资能力

根据《汉城公约》第 23 条规定，MIGA 在投资担保业务之外还开展相关的投资促进业务。投资促进业务是指 MIGA 应为发展中成员国提供技术咨询和援助，以改善发展中国成员国投资条件，促进更多的投资流向发展中国家。MIGA 将成员国分为发展中国家和工业化国家两大类。"一带一路"沿线国家绝大多数属于 MIGA 分类的发展中成员国，可以成为 MIGA 技术援助计划的对象。[②]

---

① 参见 Small Projects, Big Impact, https://www.miga.org/story/。
② 根据 MIGA 官网显示的成员国，除奥地利、捷克共和国、希腊、意大利、新西兰、葡萄牙、斯洛文尼亚属于工业化国家外，"一带一路"合作国家都属于 MIGA 所列发展中成员国。

技术咨询和援助具体由MIGA的投资市场服务部负责开展，其内容包括为发展中成员国公司投资促进机构提供咨询服务、能力建设服务以及向投资者传播有关发展中国家新的投资机会方面信息的在线投资信息服务。2007年初，MIGA的技术援助活动与世界银行投资环境咨询服务局（ICAS）的技术援助活动合并。MIGA在技术咨询和援助方面开发了投资促进工具，如整合了许多投资者信息服务（FDI.net）、政治风险管理和保险门户网站（PRI-center.com）等，外国投资者可以通过这些网站寻求外国直接投资信息。通过技术支持和援助服务、发展中国家公私投资促进机构以及投资者接收到的投资方面的知识资源，投资者对"一带一路"国家投资环境了解更加全面便捷，"一带一路"国家投资促进机构在投资促进工作方面能力不断增强。因此，投资环境自然得到改善，更多投资将流向"一带一路"国家。

2. MIGA调解服务使"一带一路"投资争端友好解决

（1）MIGA提供的调解服务。在三十多年投资担保项目的理赔经历中，MIGA仅对两起案件进行了赔付，大多数索赔案都通过调解得到了解决。对于任何一个私人保险机构、海外投资保险机构，这个成绩都是无法想象的。《汉城公约》及其他相关规则并没有明确规定MIGA具有提供调解服务方面的义务，《汉城公约》第23条仅规定了MIGA应当鼓励投资者和东道国友好解决双方投资争端。但MIGA在实践中已经将调解作为一项为促进投资者与东道国争端友好解决的重要服务，在投资争端解决方面发挥着重要作用。MIGA与调解有关的努力以谈判和斡旋上的非正式调解为基础，保持中立的地位，努力为各方提供斡旋，帮助双方寻求在经济和政治上可供接受的争端解决办法，最终做出调解结论。MIGA的调解结论并不具有约束力，双方还可以通过寻求其他国际法救济。当投资者与东道国就投资产生争议时，投资者迅速通知MIGA以便及早介入并就争议进行调解，尽早化解双方争议。

（2）在"一带一路"投资争端解决方式之外的更多选择。"一带一路"尚未建立专门的投资争端解决机制，投资者与东道国之间就投资产生争议可以通过协商、调解、东道国当地法院诉讼、向ICSID提交仲裁等多种投资争端解决方式寻求救济。在这些投资争端解决方式中诉讼、仲裁等具有费用高、程序耗费时间长、执行难等不足。因此，一个具有自愿性、非正式性且费用低的调解服务就变得越来越具有吸引力。此外，在不满意MIGA调解结论时，投资者还可以寻求其他救济，并未阻断投资者寻求其他投资争端解决方式救济，投资者在争端解决上有更多选择。MIGA 调解服务将在"一带一路"投资者与东道国投资争端解决中发挥重要作用。

二、"一带一路"创造的发展机遇

(一)"一带一路"的推进将不断拓宽 MIGA 业务来源

投资安全是影响投资的重要因素。在"一带一路"建设中,非商业性风险依然影响着投资者投资安全,是投资者进行投资必须认真考虑的因素。投资保险是应对非商业性风险行之有效的手段,"一带一路"投资者进行对外投资时往往会为投资寻求担保支持。"一带一路"沿线投资不断增长,投资者对投资保险的需求相应扩大。MIGA 投资保险在"一带一路"建设中具有诸多优势,如为国籍受到限制不能寻求国内投资保险的投资者地投资项目提供保障、去政治化而减少投资项目所受国家关系地影响、调解服务使投资者与东道国投资争议得到友好解决等,这些都将促使投资者在投资保险的选择上倾向于 MIGA。此外,MIGA 发展中成员国涵盖绝大多数"一带一路"国家,这为投资者寻求 MIGA 担保支持提供了便利。因此,MIGA 投资业务将随着"一带一路"建设的推进逐步拓宽,其投资业务将得到更大的发展。

世界银行行长金墉在首届"一带一路"国际合作高峰论坛上发言称,截至 2017 年,MIGA 已为"一带一路"沿线累计提供 10 亿美元的担保并将随时准备为"一带一路"提供帮助。以中国为例,中国自 1988 年加入 MIGA,直至 2013 年,MIGA 才签发第一份以中国为投资者母国的保单,之后中国投资者获得 MIGA 担保数量不断增加,中国在 2017 年共 6 个项目获得 MIGA 担保。"一带一路"对 MIGA 也是一个发展契机,在这个影响力不断扩大的全球治理新方案推进过程中,MIGA 也随之不断发展。

(二)"一带一路"持续提升 MIGA 的影响力

作为多边投资保险机构,获得投资者以及国家的认同才能吸引越来越多投资者去了解、运用 MIGA 投资保险,而这两个方面是相辅相成的。随着"一带一路"建设的不断推进,投资者对 MIGA 的利用随之增多,而 MIGA 又凭借自身的优势如通过调解化解或友好解决争端、全面的担保容量和承保范围等提升投资者体验，获得投资者认同，进而获得国家的认同。因此，MIGA 参与"一带一路"能够不断提升自身的影响力，得到更多认同和支持，进而实现自身更好地发展。

随着"一带一路"建设的推进，众多成果惠及沿线国家乃至整个国际社会，与此同时，"一带一路"以其开放性和包容性得到国际社会越来越多的认同和支持。通过"一带一路"国际合作高峰论坛平台，中国与许多国际组织达成了有关共建"一带一路"的文件。其中，世界银行集团就加强在"一带一路"倡议下相关领域合作与财政部达成谅解备忘录，并承诺将助力"一带一路"倡议变成现实。MIGA 积极参与"一带一路"建设，一同为全球经济增长注入活力，这也彰显了 MIGA 致力于经济增长、减少贫困、提高人民生活水平的负责人国际组织形象，不断提升自身影响力。

三、"一带一路"需要 MIGA 参与

（一）MIGA 参与将不断改善"一带一路"国家投资环境

1."合格东道国"要求促使"一带一路"国家不断改善投资环境

只有能够给予外资公平公正待遇和法律保护的发展中成员国才能成为 MIGA 担保要求的合格东道国。因此，在"一带一路"建设中，投资者进行投资时会注重对东道国投资环境方面的考察，这反过来促使"一带一路"沿线国家不断改善投资环境以吸引外国投资者在本国进行投资。同时，MIGA 作为具有较大影响力的国际组织，一旦因东道国不适格拒绝承保，该国国际形象将会受到影响，在投资环境方面的国际评价降低，流向该国的外国投资自然减少。当今各发展中国家处在快速崛起过程中十分注重经济增长，外国投资是带动就业、经济发展的重要途径，所以发展中国家将在改善自身投资环境方面不断努力。相应地，在"一带一路"建设中，加强与 MIGA 的合作将促使沿线投资环境不断改善。

2.MIGA 成员国的双重身份设置将减少投资的政治性风险

成员国在 MIGA 具有双重身份，一旦发生承保范围内风险，MIGA 就避免索赔做出努力未果并对投资者进行赔付后，一方面，投资所在东道国作为投资风险保证人之一直接对投资损失进行赔付；另一方面，MIGA 对投资者赔付后

即取得代位求偿权，在赔偿范围内对东道国进行追偿，其又间接对投保人投资损失进行赔付。如果东道国任意采取可能会致使投资者向 MIGA 索赔的措施，其他成员国将会对该成员国增加 MIGA 赔偿负担的行为进行谴责并施加集体性压力。因此，发展中成员国会不断完善投资法律制度、遵守与投资者契约、规制自身可能破坏投资环境的行为，政治性风险随之降低，投资环境也不断得到改善。MIGA 参与"一带一路"建设能够降低"一带一路"沿线国家政治性风险、改善投资环境，投资环境改善与投资增长具有相互带动作用，从而使"一带一路"建设迸发活力。

（二）MIGA 对投资项目社会和环境可持续发展的关注

"一带一路"建设所鼓励的投资是具有良好社会和环境影响的投资，反过来也只有关注社会和环境可持续发展的投资才能使"一带一路"建设行稳致远。MIGA 担保的投资是符合"一带一路"建设可持续性发展要求的投资。与 MIGA 注重投资项目的环境和社会可持续相符，MIGA 承保的投资项目都要符合其社会和环境绩效标准，以保证该承保项目能够产生积极成果如带动就业、改善环境等。MIGA 根据 2013 年新出台的环境与社会可持续发展政策来实现环境和社会可持续目标，该标准适用于 2013 年 10 月之后开始的所有担保投资。根据该政策，MIGA 拟议承保投资项目对环境和社会影响进行评估，其社会和环境影响及绩效标准如下表：①

表 2　MIGA 环境和社会影响分类

分类	具体内容
A	可能具有多种，不可逆转或前所未有的潜在重大不利社会或环境影响。
B	可能具有可能有限的不利社会或环境影响，其数量很少，通常是特定地点，大部分是可逆的，并且通过缓解措施可以轻松解决。
C	对社会或环境产生的影响很小或没有，包括某些金融中介项目的风险极小或没有。

此外，MIGA 将分配给中介机构或通过金融中介的交付机制开展的商业活动作为类别 FI，与以上相类似，细分为三个类别：FI1、FI2、FI3。

---

① 参见 https://www.miga.org/environmental-social-sustainability。

MIGA 拟议承保投资要考虑投资项目的环境和社会绩效标准，绩效标准的加入将提高投资者项目的营利能力和可持续发展能力，其市场竞争力也随着增强，主要包括（见表3）：

表3 MIGA 投资项目的环境和社会绩效标准

类别	具体内容
绩效标准1	环境和社会风险和影响的评估和管理
绩效标准2	劳动和工作条件绩效标准
绩效标准3	资源效率和污染预防
绩效标准4	社区健康，安全，和安全
绩效标准5	土地征用和非自愿移民
绩效标准6	生物多样性保护和生物自然资源可持续管理
绩效标准7	土著人民
绩效标准8	文化遗产

MIGA 还可以依赖其他发展金融机构（FDI）或其他致力于此方面的实体如亚洲开发银行、出口信贷机构等对投资项目在环境和社会影响方面的尽职调查和监测。MIGA 经尽职审查签发保证合同后，对项目的运行过程进行监测，包括根据 MIGA 环境和社会审查程序（ESRP）的要求实施定期监控计划、对项目的实施绩效以及变更进行监测等。在环境和社会可持续工作方面，MIGA 设立了合规顾问/监察专员（CAO）专门负责相关申诉和投诉。它具有类似问责制的效果，也为受投资项目活动影响的群体提供救济途径。投资者投资活动产生了环境和社会问题，或者在环境和社会方面尚未建立适当的机制和程序，或者对其环境和社会方面的工作未能进行管理，受影响的公众可以进行相关申诉和投诉。MIGA 参与"一带一路"建设将使越来越多经过环境和社会影响的投资项目在拉动东道国就业、经济增长的同时，不以东道国资源、环境损害为代价。

（三）MIGA 促进外国投资者与东道国利益协调

从国际投资法和国际法庭、仲裁庭的实践来看，外国投资者与东道国的利益平衡成为重要议题。在国际投资法呈现出由自由放任到新自由主义的发展趋势下，如何在保护投资者利益的同时促进东道国公共利益，MIGA 或许是合适的选择。MIGA 通过担保业务和非担保业务实现主观自利动机和客观利他效果的统一。[①]MIGA 为外国投资者在发展中成员国可能遭受的政治风险提供保险，但对投资项目社会和环境绩效做出要求。MIGA 承保的项目能够对东道国就业、环境质量等做出贡献。MIGA 要求东道国给予外国投资公平公正待遇和法律保护，减少投资者可能遭遇的政治风险。此外，MIGA 尽力在投资者和东道国之间就投资争议进行调解，促使双方达成和解，避免投资争端升级对国家关系产生不利影响。因此，MIGA 能够促使投资者与东道国之间利益趋向平衡，"一带一路"建设可持续发展需要 MIGA 参与其中。

第二节 MIGA 与"一带一路"合作的可行性

MIGA 与"一带一路"合作对双方都大有裨益，实际中两者开展合作也具有可行性。首先，共同的使命是两者合作的必要前提，能够凝聚双方合作共识。其次，MIGA 成员国和"一带一路"合作国家的重合为双方合作提供成员基础，便于合作的展开和落实。MIGA 与"一带一路"合作经验和今后更密切的合作前景将为两者合作开拓广阔的发展空间。

一、两者的使命相通

(一) 基于相通的使命而诞生的 MIGA 和"一带一路"倡议

早在 1948 年，世界银行内部就出现建立多边投资保险机构的构想，其他国际组织、民间团体及私人也提出了许多设想。20 世纪 70 年代，随着民族解放运动的开展，许多新的国家纷纷建立，征收和国有化等政治风险普遍发生，建

---

① 参见张庆麟、余海鸥《评〈MIGA 公约〉的最新修订及其启示》，《国际经济法学刊》2015 年第 1 期。

立多边投资保险机构的设想被迫搁置。直到20世纪80年代，发展中国家面临严重债务危机，政治风险阻碍了资金流动，发展中国家处于资金短缺状态。同时，发达国家国内海外投资保险制度也遭受许多挑战，如政府过多干涉外国投资、多国投资者投资项目难以获得国内担保。经过发展中国家和发达国家的谈判与相互妥协，世界银行理事会于1985年批准《汉城公约》。1988年4月12日，以该公约为基础成立了MIGA——世界银行新成员。国际资本在世界范围内流动促进了MIGA的产生，投资安全问题日益突出是MIGA产生的催化剂。截至2018年，MIGA已为111个发展中国家约845个项目提供担保，在投资促进工作方面也取得重大成果。

21世纪，经济全球化、区域一体化使世界范围内投资流动更加频繁、迅速。随着国际投资流动加速，世界从未像今天一样联系如此密切。然而，随着经济社会的快速发展，各国也面临着日益增多的共同挑战。在国际投资方面，统一的国际投资法律文件尚未达成，相关国际组织无法平衡各方利益，如WTO在投资、环境、劳工等方面不能达到相关利益群体的要求而面临生死存亡危机、以玻利维亚为代表的发展中国家退出或对ICSID表现出强烈的不满。为应对全球经济发展带来的共同挑战，中国提出共建"一带一路"倡议。"一带一路"是贸易投资增长、全球经济治理优化、构建人类命运共同体的新的方案。"一带一路"倡议提出以来，沿线国家贸易投资额的增长是有目共睹的。以中国为例，截至2018年6月，中国对沿线国家直接投资超过700亿美元，年均增长7.2%。通过"一带一路"国际合作平台，可以为世界经济注入活力，实现全球共同发展繁荣。

因此，MIGA与"一带一路"倡议都是基于世界经济的发展、增进人类共同福祉的使命而产生。由于两者肩负着相通的使命，两者的合作具有深厚的基础，通过合作向着共通的使命不断努力。

（二）共同致力于增进全人类福祉的更高使命

MIGA作为世界银行集团成员之一，就其为低收入和中等收入国家动员的私人资本而言，它已成为多边发展银行中的第三大机构。MIGA并不仅仅简单致力于投资政治风险保证，更重要的使命是通过机构业务运行促进投资流动特别是流向发展中国家，推动经济增长，改善人民生活并减少贫困。2018年，MIGA发放的担保项目60%是用于支持气候变化缓解和适应活动，致力于通过促进经济、环境和社会可持续发展的项目来产生强大的发展影响。[1]MIGA 响应联合国可持续发展目标，2018 年推出"MIGA 2020 战略"。该战略的目标定位是消除极端贫困、促进共同繁荣，通过与世界银行集团内部保持密切联系，扩大使用再保险来加强战略框架，持续扩大 MIGA 的整体能力，在脆弱和易受冲突影响国家、环境、可持续性等方面发挥重要作用。

"一带一路"强调通过区域合作、交流互鉴推动国际经济治理体系朝着更加公平、合理的方向发展。[2] 由"一带一路"领导小组办公室指导、国家信息中心"一带一路"大数据中心主编的《"一带一路"大数据报告（2018）》显示，在政治互信上，我国与 56.34% 沿线国家保持着战略伙伴及以上关系，签署众多"一带一路"框架下合作协议；在经贸合作上，2013 年至 2017 年，中国与"一带一路"国家进出口总额达 69756.23 亿美元；在基础设施、金融、文化交流等方面也取得了出色的成绩。为了促进全球共同繁荣、推动构建人类命运共同体，"一带一路"建设需要不断向前推进。MIGA 与"一带一路"有着共通的使命，"一带一路"需要 MIGA 参与其中，MIGA 也需要与"一带一路"合作，共同实现促进全球共同繁荣的更高使命。

二、覆盖的国家高度重合

（一）MIGA 在成员国覆盖上的普遍性

MIGA 的性质决定了其在成员国覆盖上必须具备普遍性，才能为投资者在发展中成员国的广泛领域的投资项目提供政治风险担保和从事其他活动。根据《汉城公约》规定，世界银行所有成员及瑞士都是 MIGA 所面向开放成员国资格的国家。截至 2019 年 2 月 16 日，MIGA 共有 181 个成员国，其中发展中国家 156 个，工业化国家共 25 个。MIGA 发展中成员国广泛分布在世界各地区（见表 4）。

---

[1] 参见《MIGA2018 年年报》。
[2] 参见《共建"一带一路"：理念 实践与中国的贡献》，https://www.yidaiyilu.gov.cn/zchj/qwfb/12658.htm。

表 4　MIGA 发展中成员国分布状况

单位：个

亚洲和太平洋	欧洲和中亚	拉丁美洲和加勒比	中东和北非	撒哈拉以南非洲
28	30	32	19	47

因此，MIGA 作为一个国际组织，在成员国覆盖上具有普遍性，为投资者在世界范围内的投资获得 MIGA 保险提供了可能。

（二）MIGA 成员国覆盖"一带一路"绝大多数合作国家

"一带一路"倡议以其开放、包容的理念获得越来越多国际社会的支持，随着"一带一路"在国际合作上取得重要成就以及在世界经济发展中发挥关键作用，与中国签订共建"一带一路"合作国家不断增加。截至 2019 年 4 月 30 日，与中国签订共建"一带一路"合作国家有 131 个，除巴勒斯坦外都属于 MIGA 成员国。这意味着 MIGA 支持"一带一路"建设具有现实基础，MIGA 能参与到"一带一路"建设中并广泛地发挥重要作用。

三、合作现状与合作前景

（一）MIGA 与"一带一路"合作现状

MIGA 作为世界银行集团的第五个成员通过与其他成员分别在各自领域发挥自身优势共同致力于消除贫困，促进世界经济增长，改善人民生活。"一带一路"国际合作高峰论坛是以共商、共建、共享理念为基础的国际交流合作平台。通过这个国际合作平台，各方携手推进"一带一路"更加务实，造福世界各国人民。2017 年 5 月，我国财政部与世界银行集团、亚洲开发银行、欧洲投资银行等五家银行共同签署了《关于加强在"一带一路"倡议下相关领域合作的谅解备忘录》，各方就在"一带一路"建设中进行合作达成共识，共同助力"一带一路"。[1]2019 年 4 月，第二届国际合作高峰论坛框架下建立了"一带一路"与

---

[1] 参见《"一带一路"国际合作高峰论坛成果清单（全文）》，http://www.xinhuanet.com/world/2017-05/16/c_1120976848.htm。

世界银行集团的多边合作平台。通过此次国际合作高峰论坛，中国财政部与世界银行集团、欧洲复兴开发银行、国际农业发展基金等就助力"一带一路"合作事宜成立多边开发融资合作中心。由此可见，"一带一路"已获得MIGA认同和支持，MIGA已就共建"一带一路"作出努力，并将与其他各方共同助力"一带一路"行稳致远。

（二）MIGA将助力"一带一路"倡议的承诺变成现实

"一带一路"已经获得MIGA的认同和支持，两者今后将开展更深入的合作以实现共同的使命。在首届"一带一路"国际合作高峰论坛上，世界银行行长金墉出席会议并表示将主要通过世界银行集团中世界银行、国际金融公司和多边投资担保机构这三个机构为私人及公共投资"一带一路"提供资金支持。世界银行行长金墉指出，截至2017年，MIGA通过提供政治风险担保和信用增级，提供了10亿美元担保，并促进了"一带一路"沿线18亿美元的投资，并表示将随时准备帮助"一带一路"倡议的承诺成为现实。MIGA与"一带一路"将在合作中相互促进、共同发展，为世界经济增长共同努力。

第三节　MIGA与"一带一路"合作的现状及瓶颈

MIGA通过提供投资担保和技术援助为"一带一路"提供支持，以中国为例，MIGA在中国开展了许多技术援助，与相关政府部门及机构保持良好的交流合作关系。在投资担保上，MIGA签发的以中国为投资者母国的担保合同逐年增多。这说明MIGA在助力"一带一路"上已经有着丰富的实践经历，今后也将继续为"一带一路"提供更多支持。但是需要认识到MIGA担保能力和针对性有限，其为"一带一路"提供的支持相应的也是有限度的。合作的相关制度和设施并未建立，再加上"一带一路"沿线国家的实际情况也给两者合作带来挑战。

一、MIGA 助力"一带一路"的实证分析

MIGA 作为世界银行集团成员之一,已与世界银行集团其他机构共同为"一带一路"提供许多支持。MIGA 为"一带一路"沿线国家提供担保支持和技术援助,以中国为例,MIGA 已在中国进行了丰富的实践活动。

(一)MIGA 与中国的合作实践

1.MIGA 与政府部门及其他机构的合作

目前,中国共有 10 个项目得到 MIGA 承保(见表 5)。MIGA 与中国政府部门及其他机构的长期保持合作,为中国企业到海外(特别是亚洲、非洲)投资做出重大努力。2005 年,MIGA 与中国财政部、中国进出口银行、IFC 合作召开有关促进中国对外投资研讨会,着重对 MIGA 风险缓释工具的运用进行介绍以提升对外投资安全性、减少风险。MIGA 还参与中国商务部投资促进事务局 2006 年在温州举办的"民营企业对话世界 500 强"会议。在中信保起步阶段,MIGA 就其投资保险业务专门举行培训班,并在中国部分沿海城市联合开展了政治风险担保路演。2005 年,MIGA 与中国出口信用保险公司签署了一份谅解备忘录,以期在共保和分保方面进行合作。在与中国进出口银行的合作上,通过定期对话、联合开展项目进行信息共享和培训交流。MIGA 与中国进行密切的交流合作,特别是两次"一带一路"国际合作高峰论坛,MIGA 作为世界银行集团的一员,将持续为促进"一带一路"发展做出努力。

表 5 MIGA 承保的中国作为投资国的投资项目一览表[①]

单位:百万美元

项目名称	担保持有者	东道国	项目类型	项目状态	项目时间	承保保额
Second HyalRoute Fiber Optic Cable Network Project	中国工商银行	缅甸	电信	活跃	2018	114.76
My Ly and Nam Mo 1 Hydropower Plants	待定	越南	能源	提议	2017	900

[①] 参见 https://www.miga.org/projects,2019 年 4 月 21 日最后访问。

续表

项目名称	担保持有者	东道国	项目类型	项目状态	项目时间	承保保额
TK Company for Solar and Renewable Energy Systems JSC	中国工商银行	阿拉伯埃及共和国	能源	活跃	2017	15.77
Alcom Energy JSC.	中国工商银行	阿拉伯埃及共和国	能源	活跃	2017	42.05
ACWA Benban One for Energy JSC	中国工商银行	阿拉伯埃及共和国	能源	活跃	2017	39.76
CNG Glass (Nigeria) FZE	中国国家开发银行 CNG（尼日利亚）投资有限公司	尼日利亚	制造业	活跃	2017	71.81
HyalRoute Fiber Optic Cable Network Project	中国银行（香港）有限公司	缅甸	电信	活跃	2017	105.74
ACWA Zarqa Thermal Power Station	中国建设银行 中国工商银行股份有限公司	约旦	能源	活跃	2016	215.6
Ghorasal 3rd Unit Repowering Project	HSBC 汇丰银行	孟加拉共和国	能源	活跃	2016	97.3
Triumph Power Generating Company Limited	中国工商银行 南非标准银行	肯尼亚	能源	活跃	2013	113.6
Ashuganj Power Station Company Ltd. (APSCL)	汇丰银行	孟加拉共和国	能源	活跃	2013	251.4

2. 在中国开展的技术援助活动

2004 年以来，MIGA 与四川省投资促进局合作，通过 MIGA 投资促进工具向投资者发布四川投资信息，并就此举办了能力建设培训班。2005 年，MIGA 在东南亚竞争力基准研究中对中国电力和信息服务条件和能力进行评估。2008 年，MIGA 与投资环境咨询服务局（The Investment Climate Advisory Services，简称"ICAS"）在成都举办了两个研讨会，对四川地震在投资方面的影响进行评估，通过震前震后经济分析参与制定恢复重建和长期经济发展规划。2007 年，MIGA、ICAS 与中国商务部签署了合作备忘录，合作开展跨年度国家技术援助计划，帮助中国中西部地区吸引外资。2007 年以来，MIGA 与 ICAS 对中西部地区投资促进战略框架的目标和内容提出制定和实施方面的成功经验和咨询建议。2009 年，该框架文件获得商务部批准，并于 2010 年启动，MIGA 与 ICAS 就该中部地区外商投资战略持续提出咨询建议。

综上，MIGA 已经与中国政府部门、政策性保险机构、有关银行进行了密切合作，在投资担保与投资促进方面做出许多贡献。MIGA 在与中国相关部门、机构合作开展活动方面已经积累了丰富的实践经验并将推动"一带一路"发展。

（二）中国投资者获得 MIGA 担保的实践

截至 2018 年，MIGA 已为 111 个发展中国家约 845 个项目提供担保，在投资促进工作方面也做出重要成绩。中国于 1988 年加入多边投资保险机构，但对其运用却始于 2013 年，而且第一个担保协议也是机缘巧合的产物。[①]2013 年，中国工商银行为肯尼亚一个重油电站提供了贷款。由于该重油电厂的 5 个投资人都不具有中国国籍且 95% 股份并未为中国企业、机构占有，中国工商银行请求中信保为其签发项目融资保单时遭到了中信保的拒绝，项目融资牵头银行遂将此项目介绍给 MIGA。于是，MIGA 与中国投资者签署了第一个担保协议，且此后大多数担保协议都是中国工商银行与 MIGA 签署的。目前仅有 10 个项目获得 MIGA 担保，还有 1 个待定（见表 5）。

在"一带一路"建设中，中国对外投资增长迅速，对投资保险的需求相应扩大。从"一带一路"倡议提出的时间和 MIGA 签发第一份以中国为投资者母国的时间来看，中国开始利用 MIGA 与"一带一路"倡议的提出似乎存在关联。随着"一带一路"建设的推进，我国投资者寻求 MIGA 担保支持的数量也在增多。总体而言，"一带一路"建设中，我国投资者对 MIGA 的运用现状如下：

1. 对外投资者对 MIGA 投资担保的运用较少

"一带一路"建设中，越来越多投资者"走出去"投资沿线国家，投资者对投资保险的需求相应增加。通过观察，2014 年和 2015 年我国未有投资项目获得 MIGA 担保，2017 年担保项目数量猛增后 2018 年仅 1 个项目获得 MIGA 担保。这意味着，一方面，投资者对 MIGA 投资担保的运用较少；另一方面，投资者对 MIGA 保险的需求并不稳定，具有随机性。

2. 担保持有者类型单一

MIGA 担保的合格投资包括但不限于股权投资，股东贷款、股东贷款担保和非股东贷款以及特许权协议、经营性租赁协议等契约性投资都属于 MIGA 担保的合格投资。但是，贷款要求必须与机构承保的特定投资有关，出口信贷不

[①] 参见《世界银行多边投资担保机构谈中国企业海外发展》，https://www.sohu.com/a/122183581_162522。

属于 MIGA 合格投资。为满足不断发展的需要，MIGA 将相关权利交由董事会。经董事会多数票通过，其他任何中长期形式的投资也可以获得 MIGA 担保。然而，在 MIGA 承保的以中国为投资者母国的项目中，被保险人都是银行，保险标的为贷款。这显示出中国的银行积极参与"一带一路"建设，更深地进入前沿市场。同时，MIGA 在推动前沿市场项目上发挥重要作用。[1]但从另一个角度看，我国寻求并获得 MIGA 投资保险的对外投资者类型单一，多限于银行业。

3. 担保项目类型多集中于能源领域

能源对任何一个国家来说都是十分关键的战略资源，关系到国家经济、社会平稳发展。作为能源需求大国，中国国内能源储备却并不充足。因此，进行海外能源投资将缓解中国能源短缺，转变中国能源加工者身份，提高综合国力和国际竞争力。[2]由中国国家发展和改革委员会和国家能源局共同制定并发布的《推动丝绸之路经济带和 21 世纪海上丝绸之路能源合作愿景与行动》中指出，当今世界能源局势面临深刻变化，各国在能源发展方面依然面临严峻挑战，"一带一路"将以能源投资、能源基础设施、能源产能、能源治理等领域合作为重点，为全球能源发展做贡献。[3]值得注意的是，"一带一路"建设除能源合作外，制造业、电信等高新技术产业也是我国对外投资的重点，同样需要政治风险保障。

二、MIGA 助力"一带一路"面临的挑战

在"一带一路"建设中，MIGA 作为多边投资保险机构在许多地方具有不可替代的优势。然而，"一带一路"建设中我国投资者对 MIGA 投资保险运用的实践却并不常见，这可能是许多因素作用的结果。

（一）MIGA 担保能力和担保针对性有限

MIGA 的使命与"一带一路"倡议具有相通性，但是 MIGA 并不是为"一

---

[1] Lee, "How MIGA's Chinese Lender Guarantee Changes Frontier Financings", International Financial Law Review (6, 2013), p.15.
[2] 参见李英、罗维昱《中国对外能源投资争议解决研究》，知识产权出版社 2016 年版，第 6～12 页。
[3] 参见《推动丝绸之路经济带和 21 世纪海上丝绸之路能源合作愿景与行动》，https：//www.yidaiyilu.gov.cn/zchj/qwfb/13745.htm。

带一路"建设而成立的专门机构。MIGA 作为多边投资保险机构，着眼于促进投资流动特别是流向广大发展中国家、开展投资促进活动。目前，MIGA 已拥有 181 个成员国，"一带一路"沿线国家只占 MIGA 成员国半数之多。由于服务成员国范围的广泛性，MIGA 在投资保险和投资促进方面其担保的能力和针对性略显不足。目前，MIGA 对每个国家的净额限额为 7.2 亿美元，对单个投资项目没有大小限制，但是 MIGA 每个项目净额为 2.2 亿美元。[①] 一国国内海外投资保险机构受政策性影响，其工作重心会随着国家政策进行相应的调整。为更好地履行政策性职能，发挥保驾护航作用，中信保在"一带一路"沿线国家海外投资保险业务逐步扩大。双边投资条约是两个国家通过谈判、相互妥协就两国间私人直接投资而达成的协议，在投资保护上具有针对性。因此，与单边、双边投资保护机制相比，MIGA 作为全球性的、独立的国际组织，有自身的工作重点和战略目标，并不会因为"一带一路"倡议而将工作重心相应的进行转移。在"一带一路"建设中积极争取 MIGA 支持的同时，也要认识到 MIGA 担保能力和担保针对性方面的局限。

（二）国内相关的配套制度设施尚未建立

2013 年，MIGA 与中国工商银行签署的担保协议是 MIGA 支持中国投资者走出去的第一份担保协议。然而，这个项目是由融资项目牵头行从中信保介绍到华盛顿总部，并不是由作为担保持有者的中国工商银行主动向 MIGA 申请。在 MIGA 承保的以中国为投资者所在国的项目中，担保持有者类型单一，都是中国有关银行。这反映出中国国内相关配套制度、机构尚未建立，寻求 MIGA 支持以积极参与"一带一路"建设存在困难。

1. 运用 MIGA 的相关配套制度和规则尚未制定

中国于 1988 年 4 月 30 日批准了《汉城公约》，是 MIGA 的初始会员国。我国对有关国际公约在我国如何适用问题尚未作出统一规定，有关规定散见于法律、法规、司法解释中。因此，《汉城公约》在我国如何适用以及依据《汉城公约》建立的多边担保机构如何适用，在国内，尚未制定相关制度和规则。此外，投资者如何利用 MIGA 的相关制度、规则也尚未出台。这极大地削弱了投资者

[①] 参见 https://www.miga.org/frequently-asked-questions。

对 MIGA 的兴趣，减少了投资者规避投资政治风险的选择。由于缺乏相关制度、规则的指导，投资者寻求 MIGA 支持在操作上难免存在困难。

2. 与 MIGA 相关的主管和服务部门尚不存在

积极与 MIGA 合作以支持"一带一路"建设在实际操作上面临着相关主管和服务部门缺位的问题。加强与 MIGA 的合作，建立与 MIGA 的长效合作机制需要设置相应的服务部门。虽然 MIGA 与我国商务部、财政部在协助中国企业对外投资方面开展多次投资促进工作，但严格来说，我国与 MIGA 相关的主管和服务部门并不存在。根据 2003 年《商务部关于印发〈商务部各司（厅、局）主要职能和内设机构〉的通知》，投资促进工作的开展以及投资促进事务局的相关联络事务由外资管理司负责。但是，投资促进事务局及外资管理司都不是专门与多边投资担保机构开展合作、为促进投资者投资"一带一路"沿线国家提供有关 MIGA 信息咨询、联系服务的专门机构。MIGA 将办公室设在国际金融公司驻华代表处，并雇佣一名业务官员作为在中国的代表，以便在中国开展业务。这对于投资者来说并不便利，需要中国在政府部门中设置负责投资保险相关事务的服务部门，与 MIGA 保持密切联系和合作的同时为投资者寻求 MIGA 投资保险提供便利。

（三）"一带一路"建设中实际情况与 MIGA 投资保险要求存在矛盾

如前所述，MIGA 并不是为"一带一路"量身定做的政治风险保险机构。投资者自身以及"一带一路"沿线国家实际情况，在某些方面可能无法满足 MIGA 担保要求。

1. MIGA 对合格投资的限制

MIGA 对合格的投资要求有以下几个方面：(1) 在财务上和经济上具有可行性；(2) 与东道国的法律条令、政策目标相符；(3) 对东道国发展的贡献；(4) 东道国社会和环境的影响 (5) 投资在东道国能够得到公平公正待遇。符合这些条件的投资一般具有创新性，技术水平较高，竞争力强，发展前景好，能够给东道国带来良好的环境和社会绩效影响。MIGA 注重投资项目的环境和社会影响，如前所述，MIGA 对投资项目环境和社会绩效影响进行评估，相关审查和要求比较严格。在"一带一路"建设中，许多投资者的相关项目因在投资的环境和社会影响方面缺乏关注被叫停。在中蒙俄经济走廊建设中，俄方认为多座中国投资的水电站项目会对贝加尔湖的生态造成不利影响，项目遂被迫冻结；①中缅经济走廊密松水电站项目因环境影响被叫停；其后许多"一带一路"项目如公路走廊项目也被认为具有潜在的生态风险。因此，投资者投资项目可能由于自身原因无法达到MIGA担保条件要求，进而无法获得MIGA政治风险担保。

2. MIGA对合格东道国的限制

只有外资能够得到公平公正待遇和法律保护的发展中成员国才符合MIGA担保要求的合格东道国。首先，MIGA要求合格东道国必须是发展中成员国。作为多边投资保险机构的MIGA其成员国在数量上和分布上无疑具有优势。但根据前文所述，MIGA成员国尚未完全覆盖"一带一路"合作国家。在"一带一路"倡议得到越来越多国家认同和支持，其朋友圈也在不断扩大的情形下，投资者对"一带一路"某些国家投资可能难以获得MIGA担保。其次，MIGA要求东道国能够对外资提供公平公正待遇和法律保护，而"一带一路"沿线许多国家实际上面临着政治局势复杂、政权不稳的威胁，如叙利亚、索马里、巴勒斯坦等国家国内动荡不安且时有战乱发生。政治局势影响法制稳定，一个政局动荡、法制不健全的国家可能不符合MIGA合格东道国的要求。"一带一路"国家复杂的政治和法律环境会使投资者很难获得MIGA政治风险保障。

第四节 促进"一带一路"与MIGA合作的若干路径

在"一带一路"与MIGA合作面临诸多挑战下如何推进两者合作朝着互利共赢方向发展是需要重点考虑的问题。当前，需要借鉴MIGA经验建立和完善"一带一路"投资保险机制为"一带一路"投资提供保障。在现有合作文件基础上促进交流合作以及相关成果的落实是"一带一路"和MIGA合作的重要内容，也是推动两者合作的重要方法。此外，从政府和投资者角度，加强对MIGA投

---

① 参见《普京为何要叫停中国"一带一路"援蒙项目》，https：//www.sohu.com/a/82548235_309817。

资保险的运用是两者合作具体落实的重要保障。

一、构建"一带一路"投资保险机制

"一带一路"投资保险机制由"一带一路"沿线国家海外投资保险制度和"一带一路"区域投资保险制度构成。MIGA 作为经验成熟、成绩显著的多边投资保险机构能够为"一带一路"投资保险机制的构建和完善提供借鉴和支持。

(一)借鉴 MIGA 经验完善我国海外投资保险制度

1. 制定和完善有关海外投资保险法律、法规和规章

MIGA 是根据《汉城公约》成立的多边投资担保机构,其成立和业务运行都有相关法律文件作为依据。此外,为了应对 2008 年金融危机导致的世界政治风险而在保险市场出现的新变化,以更好地实现 MIGA 宗旨,MIGA 董事会于 2010 年,对《汉城公约》进行修订。MIGA 在其成立和运行方面都建立了比较完善的规则体系,使其在投资保险和投资促进上取得出色的成绩。与西方发达国家相比,起步晚、相关法律法规不健全是我国海外投资保险制度不成熟的重要原因。目前,有关海外投资的专门性立法不足,作为我国海外投资保险机构的中信保成立和业务运行有关的法律、法规、规章和其他文件并不像 MIGA 那样完善。2001 年,中信保开始开展海外投资保险工作,其业务的运行主要依据《国务院关于组建中国出口信用保险公司的通知》和《投保指南》两个文件。有关海外投资保险的专门性立法的缺乏,使中信保在海外投资保险业务运行中缺乏规范性指导,且代位求偿权的行使缺乏法律依据,这将不利于我国海外投资保险制度的长远发展。在"一带一路"建设中,中信保持续为我国企业走出去保驾护航,尽职履行政策性保险职能。为了更好地发挥其作用,我国要尽快将有关海外投资保险专门性立法的相关工作提上日程,助力"一带一路"建设行稳致远。

2. 根据"一带一路"建设实际需要灵活调整承保条件

根据前文所述,由于中信保项目融资保单瑕疵,中国工商银行转而寻求 MIGA 投资保险。在"一带一路"建设中,中国许多银行不断参与到前沿市场投融资中。在投资形式和投资主体多样化情况下不得不重新审视 MIGA 关于合

格投资和合格投资者方面的规定。

（1）适当调整有关合格投资的规定。根据《投保指南》规定，股权投资、股东贷款、股东担保等直接投资以及金融机构贷款都属于合格的投资形式。此外，其他形式的投资经批准也可以成为合格投资。非股东贷款担保以及并购形式进行的投资并不包括在内。股东贷款、股东贷款担保和非股东贷款以及特许权协议、经营性租赁协议等契约性投资以及并购形式进行的投资都属于MIGA担保的合格投资形式范围。为了更好地服务"一带一路"建设的需要，中信保应当参考MIGA相关规定，对其保单有关内容做出相应的调整。

（2）扩大合格投资者范围。如前所述，在合格的投资者上，MIGA具有灵活性。MIGA尽量扩大合格投资者范围，力求在其他投资保险机构力不能及的地方发挥多边投资保险机构的优势。因此，一些无法获得海外投资保险或双边投资条约保护的投资者能够通过多边投资担保机构进行投保。在合格投资者方面，为便利投资者了解运用海外投资保险业务，中信保官方网站提供了"信保通"服务，但该服务只有企业才有资格开通，这实际上将自然人和非法人组织排除在合格投资者之外。此外，在我国大陆、境外注册成立的由港澳台企业、机构、公民控股的企业也不属于合格投资者范围。自然人和非法人组织也是参与"一带一路"建设重要主体，其投资的政治风险也需要中信保的保障。在推进"一带一路"建设、人民币国际化等重大发展战略，香港始终发挥着重要优势和作用，将其排除在合格投资者之外可能影响其优势和作用的发挥。因此，中信保应当借鉴MIGA经验并根据我国实际情况，对合格投资者范围进行调整，以更好地服务"一带一路"建设的需要。

（3）根据实际需要灵活调整承保范围。MIGA险别设置具有灵活性，《汉城公约》规定投资保险业务基本框架后，允许董事会灵活制定相关规则。在具体险别规定上，MIGA根据国际投资法的新发展将更可能发生的间接征收（蚕食征收）纳入征收险中，以及2009年增加不履行金融义务支付险将主权债务和次主权债务不履行纳入承保范围，这都体现了MIGA担保业务立足国际投资法的最近发展及其承保风险范围的灵活性。中信保应当根据"一带一路"建设中的实际情况，适当扩大征收险的范围，将间接征收包括在内。其次，海外投资保险的生命力在于根据投资实践对承保范围进行适时调整以满足投资者需要，发挥政策性投资保险作用。因此，在险别设置上，中信保应当根据投资者需要和"一带一路"各国实际需要，增加灵活性、适应性。

3. 增强机构运作的市场化、规范化、透明化

虽然 MIGA 是一个致力于促进投资流向发展中国家、消除贫困的非营利性国际组织，但其投资保险的发放纯粹基于商业考虑审慎担保，尽量避免自身的索赔风险。MIGA 的建立及运行都严格依照《汉城公约》及其他规章，规范化程度高。在信息披露方面，MIGA 年报对年度经营状况各个方面进行总结，相关项目信息、环境和社会影响评价报告、年度年报等在 MIGA 官网上都可以为公众获得，具有很高的透明度。相比之下，相关法律法规的不完善使得中信保的运行缺乏规范化、透明化。中信保全权负责投保项目的审批和承保工作，这与其独立的市场经济主体身份并不相符，不利于其商业化运作。[①] 中信保官网仅对关联交易、负责人薪酬状况以及集中采购相关信息进行披露，机构的经营状况和其他方面信息不能为公众所知。中信保应当借鉴 MIGA 的有益经验，不断提高自身运行的透明化、规范化、市场化，更好地服务"一带一路"建设。

（二）借鉴 MIGA 经验建立区域投资保险制度（RIGA）

中信保、中国与"一带一路"沿线国家签订的 BIT 以及 MIGA 投资保险（保护）在投资保护上各有利弊，于是建立一个专门为"一带一路"投资提供保障的区域投资保险机构的设想被许多学者讨论。有学者提出，出于"一带一路"建设客观要求即投资发展和法制健全要求、外国投资者投资需求以及国际实践的要求，构建一个专门的、具有针对性的"一带一路"区域投资保险机制成为必要。[②] MIGA 在促进投资流向发展中国家、消除贫困方面发挥越来越重要的作用。在投资担保项目的理赔经历中，三十多年来，MIGA 仅对两起案件进行了赔付，大多数索赔案都通过其调解得到了解决。MIGA 在投资保险领域取得的成绩是其他私营保险机构、海外投资保险机构等无法比拟的。虽然 MIGA 和 RIGA 是不同的投资保险机构，但是 MIGA 作为国际投资保险领域先行者，在实体规则和运行程序规则如险别范围、机构设置、担保申请程序等许多方面都值得 RIGA 借鉴。因此，构建"一带一路"区域投资保险机制在立足于"一带一路"实际情况的同时，还要灵活借鉴 MIGA 有益经验。

---

① 参见王军杰《论"一带一路"沿线投资政治风险的法律应对》，《现代法学》2018 年第 3 期。
② 参见张晓君、魏彬彬《"一带一路"区域投资保险机制的评估与创新》，《学术探索》2017 年第 11 期。

二、促进合作成果的落实

（一）进一步与 MIGA 开展交流合作

1. 推进 MIGA 与有关政府部门的交流合作

MIGA 与我国财政部、商务部等政府部门在投资促进方面开展了许多活动，就共建"一带一路"达成若干合作共识。通过"一带一路"首届国际合作高峰论坛，中国财政部与世界银行集团以及其他多边开发银行就共同助力"一带一路"发展，达成《关于加强在"一带一路"倡议下相关领域合作的谅解备忘录》。第二届"一带一路"国际合作高峰论坛后，中国财政部与世界银行集团、欧洲复兴开发银行、国际农业发展基金等就助力"一带一路"成立多边开发融资合作中心。这意味着我国政府部门与 MIGA 就"一带一路"保持着良好的交流合作关系。但中国与 MIGA 还需要展开更深入细致的交流合作，通过各种平台并在多个领域，争取 MIGA 工作重心向"一带一路"进行适当转移，在不断地交流合作中走向互利共赢。

2. 促进中国出口信用保险公司（以下简称"中信保"）与 MIGA 优势互补

仅仅依靠中信保或者 MIGA 都不能满足"一带一路"建设的实际需要。通过共同保险和再保险计划与 MIGA 进行合作，将增加中信保产品附加值，分散中信保担保风险，提高中信保承保，另一方面也增加了 MIGA 担保容量，克服 MIGA 担保容量的国别和项目限制。MIGA 与中信保在 2005 年曾达成一份谅解备忘录，但后续并未取得其他实质进展。因此，在"一带一路"建设中，中信保与 MIGA 应当积极洽谈合作事宜，推动双方进一步落实具体合作内容。

3. 加强 MIGA 与银行机构的交流合作

亚洲基础设施银行、国家开发银行等银行与 MIGA 一样在"一带一路"建设中发挥着重大作用。为了更好地促进"一带一路"建设，双方需要不断加强交流合作。在项目信用结构的完善上，亚洲基础设施银行、国家开发银行等银行需要与 MIGA 开展进一步交流合作。通过与 MIGA 交流合作，加深相关工作人员对 MIGA 相关信息如产品种类、申请和理赔程序、费用等情况的了解，在项目设计阶段将项目结构与 MIGA 产品进行融合，缓解项目风险。同时也在与 MIGA 的交流合作中提升银行对"一带一路"项目和业务风险防控水平。

(二) 推动更多实质性成果的达成和落实

我国有关政府部门、中信保、银行等在与 MIGA 交流合作过程中,达成了许多成果。其中以《谅解备忘录》为主,它为进一步合作奠定了基础。但备忘录等文件并不具有实质性内容,且后续并未达成更进一步合作文件。如 2005 年,MIGA 与中信保就共保和分保达成合作意向,并签署谅解备忘录,目前双方并未就进一步合作达成共识。因此,在"一带一路"建设中,需要通过国际合作平台如"一带一路"合作高峰论坛等推动更多实质性成果的达成。如对 MIGA 担保容量的国别最高限额限制,可以通过与 MIGA 达成有关条约,获得 MIGA 对"一带一路"的更多支持。通过首届"一带一路"国际合作高峰论坛,中国财政部与世界银行集团以及其他几家多边开发银行达成合作意向并签署《关于加强在"一带一路"倡议下相关领域合作的谅解备忘录》。MIGA 作为世界银行集团的一员,将与世界银行、国际金融公司及其他成员在投资和公共、私人资金的利用方面共同与"一带一路"开展合作,促进沿线国家投资。通过第二届"一带一路"国际合作高峰论坛,中国财政部与世界银行集团等就多边开发融资合作中心相关事项已达成共识。但更为重要的是,需要尽快推动达成后续合作文件并加快这些文件的具体落实。

三、加强 MIGA 投资保险的运用

(一) 支持和鼓励投资者寻求 MIGA 投资保险

1. 加强有关 MIGA 投资保险的宣传工作

相比作为国内海外投资保险机构的中信保,作为多边投资担保机构的 MIGA 对投资者而言是神秘的。由于语言、资金实力等方面因素的限制,投资者很难去主动了解 MIGA 投资保险,更不用说进一步向 MIGA 提出申请。与之相应,在"一带一路"建设中,我国投资者运用 MIGA 担保的实践活动受到限制。揭开 MIGA 投资保险的神秘面纱需要加强有关宣传教育工作。因此,在"一带一路"建设中,要加强有关 MIGA 投资保险的宣传工作。具体而言,相关部门可以通过讲座、培训会、宣传册等方式对 MIGA 的承保范围、承保条件、申请程序、与中信保投资保险的对比等方面内容进行宣传介绍,增加投资者对 MIGA 投资保险的了解,提高投资者选择合适投资保险能力。

2. 建立对 MIGA 运用的配套规则和机构

（1）制定运用 MIGA 的配套法律、法规、规章。关于《汉城公约》在我国如何适用并没有具体的规则指导，如何运用 MIGA 投资保险也缺乏相应的法规、规章的规定。"一带一路"建设获得 MIGA 支持具有必要性和可行性，相关立法工作必须提上日程。对《汉城公约》在我国的适用问题作出明确规定，为我国运用 MIGA 提供依据的同时，也履行了相关国际义务。与 MIGA 合作以及投资者寻求 MIGA 投资保险等有关法规、规章也要加紧出台，使得争取 MIGA 支持"一带一路"建设具有实际操作性。

（2）建立负责与 MIGA 相关事务的工作机构。MIGA 的亚太区办事处设在新加坡，我国投资者向 MIGA 提出申请一般需要转向华盛顿总部。如前所述，我国商务部、财政部与 MIGA 开展多次交流合作，但在 MIGA 投资保险的运用尤其是投资者申请 MIGA 保险相关工作并无专门机构负责。无疑，这将成为"一带一路"建设获得 MIGA 支持的障碍。因此，需要设置专门机构负责 MIGA 与投资者相关事务以及 MIGA 与我国达成许多成果的落实工作。只有这样，才能使世界银行集团助力"一带一路"建设变成现实的承诺通过我国相应机构逐步得到落实。

（二）不断提高对 MIGA 投资保险的运用能力

我国投资者走出去参与"一带一路"建设不仅要意识到政治风险对自身投资存在着威胁，还要积极寻求规避政治风险的方式。加强对 MIGA 投资保险的运用除了从国家层面支持、鼓励投资者并提供各种便利外，投资者自身也要积极寻求 MIGA 投资保险并不断提高运用 MIGA 投资保险的能力。

1. 立足自身实际选择适合的投资保险

对投资政治风险的清醒认识促使投资者寻求政治风险保障，MIGA 政治风险担保相比中信保在许多方面具有独特的优势，但投资者选择承保机构时要全面考虑各方面因素。加强"一带一路"建设对 MIGA 利用，并不是鼓励投资者更多选择 MIGA 投资保险。投资者根据各方面情况如资金实力、项目特征等，选择适合自己的投资保险。如项目投资者不符合中信保合格投资者条件可以向 MIGA 申请投资担保，投资者由于语言、资金限制、投资项目自身情况等因素寻求中信保海外投资保险更切合实际。因此，投资者需要不断提高选择适合的投资保险的能力。

2. 不断提高投资环境和社会效益

MIGA 投资担保对投资项目环境和社会效益绩效要求严格，从另一角度而言，这也是避免投资者与东道国争端，实现投资者和东道国双赢的有效途径。"一带一路"倡议并不是只关注沿线投资增长，它更注重投资者为东道国带来良好环境和社会效益以实现共赢。"一带一路"建设行稳致远，需要更多对沿线国家环境和社会产生积极影响的优质项目。因此，投资者要不断进行技术创新，使投资项目朝着环境友好、资源节约、社会可持续方向发展。

第七章
"一带一路"与国际投资争端解决中心（ICSID）的合作

随着"一带一路"建设的不断推进，沿线国家投资不断增长。然而，"一带一路"沿线国家投资环境与投资增长并不匹配，"一带一路"建设的稳步推进需要构建"一带一路"投资争端解决机制。当前，ICSID 是国际投资领域重要国际组织，与"一带一路"存在合作的必要性和可行性。但是，由于 ICSID 面临诸多问题如仲裁裁决不一致、透明度不足、倾向于保护投资者利益等将会成为与"一带一路"合作的挑战。同时，"一带一路"相关国家利用 ICSID 的实际情况也为两者合作增添了障碍，如许多"一带一路"合作国家尚游离于 ICSID 之外，有关《华盛顿公约》的保留限制了 ICSID 的管辖权等。"一带一路"与 ICSID 合作还面临其他挑战，如仲裁成本对沿线国家负担过重，沿线国家在仲裁人员构成上占比较少等。面对这些困难和挑战，借鉴 ICSID 构建"一带一路"投资争端解决机制、以当前 ICSID 改革为契机加强彼此协调以及通过国际合作平台加强交流增进共识将是两者今后顺利开展合作的几个路径。最后，"一带一路"与 ICSID 合作过程中还需要注意其他问题，如国有企业在投资仲裁中身份认定、卡尔沃主义复活下投资争端解决机制何去何从等。合作是"一带一路"与 ICSID 双方更好的选择，在开展合作的过程中要充分考虑各种限制因素才能实现两者共赢。

第一节 "一带一路"与 ICSID 合作的分析

一、合作的必要性

（一）"一带一路"投资争端解决需要 ICSID

1. 投资增长迫切需要建立"一带一路"投资争端解决机制[①]

"一带一路"建设不断推动沿线贸易投资便利化，由此带动沿线国家投资

[①] 国际投资争端是指因外国私人直接投资而产生的争议，广义的国际投资争端包括两类：(1) 外国私人投资者与东道国政府（或其机构）之间的争端；(2) 外国私人投资者与东道国企业或个人之间的争端。此类争端与普通的国际商事争议并无区别，故一般意义的国际投资争端仅指第一类争端。本章所提到的国际投资争端专指第一类投资争端。

增长迅速。自"一带一路"实施以来，中国企业对沿线国家直接投资超过900亿美元，仅2018年中国企业对沿线国家非金融类直接投资增长8.9%，世界银行研究表明预计沿线国家的外商直接投资总额将增加4.97%。[①]2019年7月世界银行发布《"一带一路"经济学：交通走廊发展机遇与风险》指出，经济走廊建设将使"一带一路"沿线的低收入国家的外国直接投资增长7.6%。"一带一路"促进投资不断增长，同时"一带一路"区域安全受资源争夺、领土纠纷、毒品犯罪、民族主义等因素的影响，传统和非传统安全威胁下形势不容乐观，潜在的投资争端也随之增加。[②]目前"一带一路"投资争端解决方式如单双边、多边和区域投资争端解决机制安排存在不协调、混乱等问题，其中争端解决方式存在拖延、费用高、裁决不一致性等问题，并不能满足投资争端解决的实际需要。因此，"一带一路"投资的不断增长促使建立"一带一路"投资争端解决机制成为必要。

2. "一带一路"投资争端解决机制构建尚需时间和努力

关于建立"一带一路"投资争端解决机制学术界有不同观点，其中投资争端解决机制的建构模式可以分为三种：一是依托亚投行推动签订国际公约，在该公约的基础上成立"一带一路"投资争端解决机制[③]；二是以亚投行相关法律文本为基础，依托亚投行在其内部设立投资争端解决机制[④]；三是在设立专门的投资争端解决机制不容乐观的情况下，由我国主导整合国内外争端解决资源，建立多元化的投资争端解决机制。[⑤]这三种设想是逐步递进的关系，从整合现有机制构建多元化"一带一路"投资争端解决机制到时机成熟时签订国际公约，并以此为基础建立的"一带一路"投资争端解决机制，需要时间和努力才能完成。

首先，如何调和当前存在的单边、双边、区域、多边投资争端解决机制与"一带一路"投资争端解决机制是需要进一步研究的重要问题。其次，"一带一路"投资争端解决机制在争端解决方式和争端解决机构的设置上如何具体安排也需要讨论研究，并与沿线国家协商达成共识。可以明确的是，构建更具有协调性、

[①] 参见《共建"一带一路"倡议：进展、贡献与展望》报告，http://www.mofcom.gov.cn/article/i/jyjl/e/201904/20190402855421.shtml。
[②] 参见王海运《"丝绸之路经济带"构想的背景、潜在挑战和未来走势》，《亚欧经济》2014年第4期。
[③] 参见鲁洋《论"一带一路"国际投资争端解决机构的创建》，《国际法研究》2017年第4期。
[④] 参见张卫彬、许俊伟《"一带一路"与投资争端解决机制创新——亚投行的角色与作用》，《南洋问题研究》2017年第4期。
[⑤] 参见初北平《"一带一路"多元争端解决中心构建的当下与未来》，《中国法学》2017年第6期。

适应性的"一带一路"投资争端解决机制尚需努力，当前投资争端解决主要在现有的争端解决机制零散安排下进行。

3. ICSID 是第三方投资争端解决中重要的制度安排

ICSID 是为了避免投资者与东道国之间投资争端转变为投资者母国与东道国之间争端，同时平衡东道国与投资者之间利益而产生的国际投资争端解决机制。它使国际投资领域告别了外交保护，达到争端去政治化目的，在国际投资争端解决中占据重要地位。"一带一路"建设需要和平稳定的国家关系，ICSID 作为第三方投资争端解决机制无疑能够避免"一带一路"沿线投资争端升级。虽然 ICSID 保护投资者利益倾向为国际社会诟病，甚至出现了以玻利维亚为代表的发展中国家退出 ICSID，但这并不能否定其在投资争端解决中的作用和重要性。

投资者—国家间争端解决机制（Investor-state Dispute Settlement Mechanism，简称"ISDS"）是双多边和区域投资争端解决机制的总称，ICSID 作为重要的多边投资争端解决机制在该机制中占有重要地位。当前 ICSID 在透明度、投资者与东道国利益协调等方面存在问题，国际社会如欧盟引入投资法院机制（Investment Court System，简称"ICM"）以改革投资争端解决机制存在的问题。虽然 ICM 的引入实际上解决了 ICSID 在公正和透明上的缺陷，但它也可能带来更多不确定性，同时为其他结构性困难如机制重新政治化、诉讼效率和成本、仲裁裁决的执行等打开了大门，ICSID 存在的问题可以在 ISDS 框架内进行而不是完全放弃。[1] 因此，虽然 ICSID 存在不合理之处而面临改革，但其在投资者与东道国投资争端解决中仍占重要地位。

首先，ICSID 可纳入多元的"一带一路"投资争端解决机制。现阶段尚未建立以亚投行为基础的投资争端解决机制，以国际公约为基础的投资争端解决机制也需要更多时间和论证，多元化的投资争端解决机制是最贴合当前情势的选择。2019 年 1 月 23 日，深改小组通过《关于建立"一带一路"争端解决机制和机构的意见》强调在共商、共建、共享原则下，依托我国现有的司法、仲裁和调解机构，吸收、整合国内外其他争端解决资源，建立诉讼、调解、仲裁

---

[1] Juan Pablo Charris Benedetti, The Proposed Investment Court System: Does It Really Solve the Problems, Revista Derecho del Estado, (42, 2019), pp.86-110.

有效衔接的多元化纠纷解决机制。[①] 而 ICSID 作为多边投资争端解决机构,其在国际上重要性不言而喻,可以将其作为第三方投资争端解决机制纳入多元化的"一带一路"投资争端解决机制中。因此,"一带一路"建设需要考虑 ICSID 机制在投资争端解决中适用的相关问题,与 ICSID 合作以构建多元化投资争端解决机制。

其次,构建"一带一路"投资争端解决机制需要借鉴 ICSID 制度规则。多元化的"一带一路"投资争端解决机制的构建并不是空中楼阁,它吸收、整合了其他争端解决机制,将诉讼、调解、仲裁有效衔接起来。以亚投行为基础及更进一步以国际公约为基础建立"一带一路"投资争端解决机制都需要借鉴 ICSID 相关规则和经验。进入 20 世纪 90 年代后,ICSID 受理的国际投资争端案件增长幅度和速度都有较大的增长,越来越多国家的外国投资法、双边投资保护条约以及投资者与东道国订立的投资合同将 ICSID 纳入到投资争端解决的选择中。ICSID 在国际投资争端解决领域具有重要地位。"一带一路"投资争端解决机制的构建需要借鉴其相关制度规则,并在此基础上进行创新,构建既符合"一带一路"国家的实际需要,又与国际社会接轨的投资争端解决机制。"一带一路"投资争端解决机制需要自身组织法包括机构创建和组织权限等内容,为机构的设立和管理提供法律依据,其组织法的内容可以借鉴 ICSID 相关制度规则。

需要注意的是,ICSID 当前也面临改革,其制度规则不合理之处能给予"一带一路"投资争端解决机制以启示,如增加透明度、保持裁决的一致性等。因此,"一带一路"投资争端解决机制的构建需要在借鉴 ICSID 制度规则的基础上进行创新,兼顾沿线发展中国家的需要,体现"一带一路"投资争端解决机制的特色。

(二)"一带一路"推动 ICSID 发展

1. 拓宽 ICSID 的案源

投资争端解决机制的发展和自身影响力提升的一个重要推动因素是案源的不断拓宽,能够保证与自身相适应的受理案件数量。"一带一路"投资增长迅速与沿线国家投资环境的不匹配性可能引发投资争端的增长。ICSID 是 ISDS 中重

[①] 参见《深改小组通过〈关于建立"一带一路"争端解决机制和机构的意见〉》,http://ydyl.people.com.cn/n1/2018/0124/c411837-29783699.html。

要机构，联合国贸易和发展委员会报告显示的 90% 的国际投资仲裁由 ICSID 和联合国国际贸易法委员会（UNCITRAL）处理，其中 61% 的国际投资仲裁通过 ICSID 解决。[①] 目前国际投资争端中，70% 的案件都是交由 ICSID 处理的。当前，ICSID 仍是影响力和接受度不可估量的投资争端解决机构。"一带一路"合作国家大多为 ICSID 成员，绝大多数沿线国家都将 ICSID 作为第三方投资争端解决机构引入双边投资条约中。投资者或者东道国选择将"一带一路"投资争端提交 ICSID 解决的情况将进一步发展。同时，"一带一路"发展也拓宽了 ICSID 的案源，将推动 ICSID 影响力的提升和自身进一步发展。

2. "一带一路"为 ICSID 注入活力

首先，提升 ICSID 在"一带一路"沿线国家的适应性。ICSID 是发达国家主导下建立的国际投资争端解决机制，而"一带一路"沿线国家绝大多数是发展中国家。"一带一路"是以发展为导向的开放的区域主义，当前"一带一路"投资争端解决机制主要面向沿线众多发展中国家。ICSID 与"一带一路"通过合作能够更好地了解发展中国家的特殊需要，关注发展中国家的利益诉求。玻利维亚、委内瑞拉、厄瓜多尔等国家退出《华盛顿公约》反映了当前 ICSID 并不能满足发展中国家的利益诉求，这也使 ICSID 面临严重的发展危机。ICSID 成员多数是发展中国家，了解其利益诉求是其长远发展的需要。"一带一路"是发展中国家参与全球治理的体现，传达了发展中国家的利益关切和需要。ICSID 通过与"一带一路"进行交流合作，了解"一带一路"沿线国家投资争端的实际情况，在规则的改革中更好地体现发展中国家的诉求，提升自身在"一带一路"沿线国家的适应性，进而促进发展中国家对 ICSID 的认同和支持。

其次，推动 ICSID 规则改革和完善。以欧盟为代表的国家在投资条约中引入投资法院，以玻利维亚、委内瑞拉为代表的发展中国家退出《华盛顿公约》等都表明 ICSID 规则不能平衡发展中国家和发达国家利益诉求、满足双方需要，亟待改革和完善。"一带一路"作为全球治理的新方案、新思路，不断吸引更多国际主体的参与。"一带一路"合作国家逐步从沿线发展中国家扩展到沿线以外发达国家如英国、意大利等，体现了"一带一路"对发展中国家和发达国家利

[①] See United Nations Conference on Trade and Development, "Special Update on Investor State Dispute Settlement: Facts and Figures", IIA ISSUES NOTE, Nov. 2017, P.5, https://unctad.oTg/en/Pub1TcatT-ons LTbrary/diaepcb2017d7_en.pdf.

益的平衡。"一带一路"作为利益平衡下推动国际秩序不断改革完善的新方案，能够为 ICSID 规则的改革完善提供启示。通过"一带一路"本身以及相关交流合作平台如"一带一路"国际合作高峰论坛，为 ICSID 规则调整提供条件。

二、合作的可行性

（一）"一带一路"合作国家与 ICSID 成员高度重合

将 ICSID 作为第三方投资争端解决机构引入多元化的"一带一路"投资争端解决机构首先要考虑的是"一带一路"合作国家是否属于其成员。根据《华盛顿公约》第 25 条规定，ICSID 管辖权条件之一要求争端当事人适格，即争端当事人一方为公约缔约国，另一方为缔约国国民。"一带一路"是以发展为导向的区域主义，将朝着多边主义迈进，所以"一带一路"争端解决机制应当首先面向沿线国家。其次，还要考虑沿线国家之外的其他"一带一路"合作国家适用该投资争端解决机制的可能性。截至 2019 年 2 月 16 日，ICSID 共有 154 个成员，除巴勒斯坦、马尔代夫、不丹外，"一带一路"沿线国家都是 ICSID 的缔约国。ICSID 缔约国中有 105 个国家与中国签署共建"一带一路"合作文件。

"一带一路"合作国家与 ICSID 成员的高度重合使得绝大多数"一带一路"合作国家符合 ICSID 管辖权的条件之一，为引入、吸收 ICSID 作为投资争端解决机制提供前提。另一方面，"一带一路"合作国家大多加入《华盛顿公约》成为 ICSID 缔约国也在一定程度上说明了"一带一路"合作国家对 ICSID 作为国际投资争端解决机构的认同。这将减少将 ICSID 纳入、整合到多元化的"一带一路"投资争端解决机制中的障碍。因此，将 ICSID 纳入多元化的"一带一路"投资争端解决机制具有良好的成员基础。

（二）"一带一路"沿线国家倾向选择 ICSID 作为第三方争端解决机构

双边投资保护协定包括投资争端解决内容，对东道国与投资者的投资争端解决方式作出规定，在投资保护上发挥重要作用。东道国当地诉讼或仲裁、第三方法院诉讼、ICSID 仲裁等都是双边投资保护协定规定的救济方式。"一带一路"投资争端解决机制并不是另起炉灶，而是对现有的投资争端解决方式进行吸收、整合。因此，需要充分考虑沿线国家现有双边投资保护协定，把握沿线国家对ICSID的态度，才能更好地整合现有投资争端解决机制以构建多元的"一带一路"投资争端解决机制。有学者统计，"一带一路"沿线国家对外签订的双边投资保护协定多选择ICSID作为第三方争端解决机构。沿线66个国家中有63个国家选择过ICSID作为第三方机构，占比高达95.45%，选择了ICSID作为第三方机构的双边投资保护协定占比超过50%和超过67%的国家分别为52个和31个。[①]这说明"一带一路"沿线国家对ICSID作为第三方争端解决机构具有较高的认同，而这也成为"一带一路"与ICSID合作推进多元化的"一带一路"投资争端解决方式构建和ICSID自身不断改革完善的基础。

第二节 "一带一路"与ICSID合作面临的问题

ICSID与"一带一路"毕竟是两个不同的机制，由于两者自身实际情况的限制和其他客观因素的影响，两者开展合作将会面临一些挑战。首先，ICSID自身面临改革，其裁决不一致、透明度较低、投资者与东道国利益失衡等问题需要不断完善。其次，"一带一路"相关国家实际情况将成为推进两者合作的障碍，如许多国家尚游离于ICSID之外、对《华盛顿公约》的若干保留等。最后，ICSID仲裁成本、ICSID仲裁员的组成等也是"一带一路"沿线国家利用ICSID解决投资争端的客观障碍。

一、ICSID自身存在的问题

ICSID运行多年来，已经处理了600多件投资争端案件，在解决国际投资争端方面占有重要地位，但其本身也面临着许多问题如裁决缺少一致性、裁决

---

① 参见鲁洋《论"一带一路"国际投资争端解决机制的创建》，《国际法研究》2017年第4期。

执行问题、透明度问题以及显现出倾向于保护投资者利益的问题，使得 ICSID 面临合法性和正当性危机。这为"一带一路"与 ICSID 的合作蒙上阴影，可能阻碍"一带一路"多元化投资争端解决机制的步伐和适应性。ICSID 面对国际质疑也在不断改革，但由于许多原因短期内可能难以克服其弊病。2019 年 3 月 15 日，ICSID 秘书处发布了关于规则修正提案工作文件二。该文件是在 2018 年 8 月发布的提案工作文件一基础上经与成员国和公众开展广泛的磋商后提出。这是 ICSID 继 1984 年、2003 年和 2006 年后的第四次修订，于 2016 年 10 月启动，目前尚在征求意见阶段。[①] 本次修正主要有三个目标：一是根据案例经验使规则现代化，吸收 ICSID 处理的 650 多个案例经验教训，将其纳入规则；二是提升时间和成本效益，同时保持正当程序和投资者与国家之间的平衡；三是更多地利用技术传输文件和案件程序。[②]

（一）ICSID 仲裁裁决存在的问题

ICSID 缺乏统一的法律解释制度，也尚未形成类似 WTO 的"事实先例"，导致在类似案件中作出的裁决缺乏一致性。对仲裁的救济仅限于部分、全部撤销以及对裁决的补充、解释和修改，且相应的条件较为严格。ICSID 仲裁裁决存在的这些问题是"一带一路"在与其合作中需要重视的问题。

1. 裁决结果不一致

ICSID 面临的最猛烈的抨击是其仲裁裁决缺乏一致性，不同仲裁庭在相同案件中就某些问题如"最惠国条款的范围""保护伞条款"作出不同甚至完全相反的解释。许多涉及"一带一路"沿线国家的案件中，不同的仲裁庭所作的裁决并不一致。如关于"保护伞条款"的解释，2004 年作出的 SGS 诉巴基斯坦案和 2004 年作出的 SGS 诉菲律宾案，仲裁庭作出不同的解释，两个案件都是关于装船前提供海关验关服务协议的争议。在 SGS 诉巴基斯坦案中，仲裁庭认为只有东道国违反合同的行为同时违反了 BIT 中的实体条款才能构成对保护伞条款的违反，裁定不予管辖。在裁决作出半年后，另一个仲裁庭在 SGS 诉菲律宾案中认为 SGS 诉巴基斯坦案仲裁庭的裁决对保护伞条款的解释缺乏说服力，只要东道国争渡违反了与投资者签订的合同，就构成对相关 BIT 中保护伞条款的违

---

① 参见 https://icsid.worldbank.org/en/amendments。
② 参见 https://icsid.worldbank.org/en/amendments/Pages/About/about.aspx。

反。[①] 裁决不一致对 ICSID 造成真正的威胁，"作为'理性行为体'的国家不太可能将对其重要的事项提交给一个从不确定到反复无常的自愿争端体系。各国可能会认为，ICSID 的裁决过于重要，不能委托给一个缺乏有效控制机制来纠正结果或推理错误的系统"。[②]2019 年 3 月的修正提案第 58 条对裁决内容作出要求，但仍未涉及裁决一致性问题。

2. 裁决缺少上诉机制

ICSID 仲裁裁决与一般商事裁决相同，具有终局性。对于仲裁裁决，ICSID 提供了救济方式，包括全部、部分撤销裁决以及对裁决的补充、解释和修改。《华盛顿公约》第 52 条规定裁决撤销的五个理由包括仲裁庭组成不当、仲裁庭超越其权力及其他程序性事项。撤销事由限制使 ICSID 撤销程序无法确保裁决的公正性，即使适用法律错误也无法成为裁决撤销的理由。ICSID 设置撤销程序的特点是维持裁决终局性的同时体现裁决的正当性，以效率为主，公平为辅，这也决定了撤销程序的局限性。[③] 许多国家呼唤 ICSID 撤销制度的改革，其中以美国为代表提出设立上诉机构。

2004 年，ICSID 秘书处在《ICSID 仲裁框架的可能改进》中提出有关设立上诉机构的构想，以解决裁决缺乏一致性导致对其公正性的质疑。其主要内容包括设立上诉小组及其成员的组成，提出上诉理由包括适用法律错误和严重的事实错误等。该讨论稿得到许多国家的支持，但部分可能作为东道国的发展中国家也提出了反对意见。此外，加上技术和政策上存在的其他问题，有关上诉机构的改革未能进行。2019 年 3 月公布的修正提案涉及裁决撤销、补充、修改、解释及特设委员会等内容，但也更多的只是程序性规定，并无实质修改内容。"一带一路"沿线发展中国家作为东道国被诉的几率增加，但裁决的公正性难以保证下将会削弱其对 ICSID 的支持，这将为"一带一路"与 ICSID 在投资争端解决方面合作的开展增加难度。

[①] 参见陆凰腾《ICSID 仲裁裁决不一致问题研究》，复旦大学，2013 年。
[②] Johanna Kalb, Creating an ICSID Appellate Body, UCLA Journal of International Law and Foreign Affairs（1, 2005）, pp.198-200.
[③] 参见韩秀丽《论〈ICSID 公约〉仲裁裁决撤销程序的局限性》，《国际法研究》2014 年第 2 期。

(二) 仲裁透明度问题

传统仲裁的特点是强调保密性，以不公开为原则，公开为例外。ICSID 仲裁也强调仲裁的私密性，以保护私人利益。根据《华盛顿公约》第 48 条第 5 款规定，ICSID 只有在双方当事人同意的情况下才能公布裁决。但是投资者与东道国之间的投资争端不仅涉及个人利益，还关系到东道国公共利益及其主权的行使，具有公法性质。裁决结果直接关系到发展中国家的利益，公众将更多地关注投资争端的仲裁过程和结果。对"一带一路"沿线众多发展中国家来说，裁决结果可能带来的巨额赔偿对其影响很大，限制公众参与和对相关文件的知悉可能严重损害东道国公共利益。ICSID 透明度遭到国际社会的质疑，面对非议，ICSID 也在不断调整相应的规则。《ICSID 仲裁规则》分别于 1984 年、2003 年和 2006 年三次修订，但仍未突破须经双方同意方能公开的限制。除了文书的公开，有关第三方的参与和"法庭之友"的规定也是透明度的重要体现。虽然三次修订尤其是 2006 年《ICSID 仲裁规则》第 32 条、第 37 条和第 48 条进一步增进了透明度，但透明度问题依旧存在。

1. 裁决文书的公开内容有限

根据 2006 年修订的《ICSID 仲裁规则》第 48 条第 4 款规定，ICSID 未经双方同意，不得将裁决书公布，但 ICSID 应当将仲裁庭的法律理由刊登在其发行刊物上。公开仍受双方当事人同意限制，且公开的内容十分有限。2019 年 3 月秘书处发布的规则修订提案中文书公布的范围扩大，不仅包括裁决还包括裁决的更正、解释、修订、取消裁决等。其次，增加了时间限制。当事人拒绝公布裁决后，仲裁庭在 30 天内公布法律推理的摘录，同时给予当事人提出意见的机会，新修订的规则在透明度上更进一步。

2. 第三方参与规定难以实施

根据 2006 年修订的《ICSID 仲裁规则》第 32 条第 2 款规定，经仲裁庭与秘书长协商后，可以适当安排双方当事人及其代理人、证人、法庭工作人员以外的人员参加或旁听听证程序的全部或者部分，除非任一当事人反对。这使第三方能够参与到程序中，但仍保留了当事人否决权实际上难以实施。2019 年 3 月修订提案中仍保留了任意当事人表示反对的权利，第三方参与并未有所突破。

3. "法庭之友"难以真正发挥作用

"法庭之友"的规定能够增加公众参与度，提升透明度。2006 年修订的仲裁规则中增加了"法庭之友"的规定，仲裁庭经与双方当事人协商可以允许非争端方(争端当事人以外的人或实体)就争端的某些问题向仲裁庭提交书面意见。实际上,非争端方要发表意见仍需经仲裁庭与当事人协商。2009年3月修订提案进一步将参与决定权交由仲裁庭,并进一步增加了无争议缔约国的参与。其中法庭应当允许无争议缔约国提出意见,并在裁决中予以考虑。但对非争端方查阅法律程序中提交有关文件的途径有所限制,仲裁庭只有在当事人任何一方不反对的情况下才能向其提供查阅有关文件的途径。虽然在透明度上有进一步发展,但实际上限制了非争端方对争端的了解和参与。

虽然ICSID在透明度方面不断进行努力,但为了平衡各方利益其改革仍不能达到理想的效果,步伐缓慢。透明度问题依然存在,将影响"一带一路"沿线国家对ICSID的适用。

(三) 投资者利益和东道国利益失衡问题

ICSID显现出保护投资者利益的倾向,这引起许多发展中东道国的不满,以委内瑞拉、厄瓜多尔为代表的拉美国家退出ICSID,阿根廷也表示将退出ICISD。"一带一路"沿线国家大多是发展中国家,在ICSID注重保护投资者利益而忽视发展中东道国利益的情况下,"一带一路"与ICSID的合作将面临挑战。

ICSID仲裁对投资者利益保护主要体现在管辖权扩大、对BIT条款包括保护伞条款、最惠国待遇条款、公平与公正待遇条款的扩大化解释等方面。[①] 如SGS诉菲律宾案将保护伞条款扩大解释,东道国违反合同义务上升到违反BIT实体规定。Maffezini诉西班牙案是第一个将最惠国待遇条款扩大适用到投资争端解决程序案件,允许外国投资者基于最惠国条款将投资者所在国与第三国签订的BIT中争议解决条款适用到该案中。ICSID裁定的其他相关案件结果也表明,仲裁庭对于东道国为了维护国内公共利益而对投资者采取的相关措施,往往会裁定这些措施构成间接征收或者对公平公正待遇、最惠国待遇等条款的违反。投资者违反东道国劳工、环境保护等公共利益时,东道国为避免卷入仲裁在执行相关法律政策时有所顾忌。这使东道国的规制权受到限制,社会公共利益遭到损害。

---

① 参见余劲松《国际投资条约仲裁中投资者与东道国权益保护平衡问题研究》,《中国法学》2011年第2期。

"一带一路"沿线国家绝大多数都是发展中国家,需要外国投资带动经济发展。ICSID 机制倾向于保护投资者利益的价值取向,实际上是对东道国发展权的损害,不利于"一带一路"沿线发展中东道国共享"一带一路"带来的发展红利。在 ICSID 当前改革中,保持投资者与东道国之间的平衡也是规则修订目标。但是,这次改革从 2016 年启动到现在尚在进行,其间各方利益的平衡仍待考量。

除此之外,ICSID 本身还存在其他问题可能阻碍"一带一路"与 ICSID 的合作,如仲裁员的公正性问题、裁决执行问题等。在此次修正中,ICSID 在许多方面听取各缔约国和公众多方意见,这将使 ICSID 向着更好的方向发展。但是当前的修改并未触动《华盛顿公约》本身,更多是对《ICSID 仲裁规则》的细节修补,当前 ICSID 机制存在的若干问题将会给其与"一带一路"的合作带来一些挑战。

二、"一带一路"适用 ICSID 的障碍

(一)"一带一路"许多合作国家尚游离于 ICSID 机制之外

根据《华盛顿公约》第 25 条规定,缔约国或缔约国向"ICSID"指定的机构和另一缔约国国民之间直接因投资产生的任何法律争端,经双方书面同意提交 ICSID 管辖。ICSID 管辖权的条件之一是投资者母国与东道国或政府机构为缔约国。"一带一路"是发展导向的区域主义,向多边主义发展的特点首先要求"一带一路"投资争端解决机制要立足于区域即"一带一路"沿线国家。而"一带一路"沿线 65 个国家中有 10 个国家尚未加入《华盛顿公约》,分别是越南、老挝、缅甸、印度、马尔代夫、不丹、伊朗、巴勒斯坦、波兰、塔吉克斯坦。因此,在"一带一路"沿线国家中,尚有约 15% 的国家游离在 ICSID 机制之外。除了这些国家之外,俄罗斯、泰国、吉尔吉斯斯坦签署了《华盛顿公约》但尚未批准实施。这为多元化的"一带一路"投资争端解决机制引入 ICSID 作为第三方机构造成客观困难。

其次,"一带一路"是以发展为导向的,越来越多国家将成为"一带一路"合作国家,"一带一路"投资争端解决机制的适用范围需要随之扩展。而无论是当前"一带一路"与 ICSID 合作探索多元化"一带一路"投资争端解决机制,抑或是今后建立以公约为基础的"一带一路"投资争端解决机制,都不能

忽视 ICSID 作为第三方争端解决机制的重要作用。"一带一路"合作国家游离于 ICSID 机制之外无疑将阻碍完善的"一带一路"投资争端解决机制的构建，这是当前和今后"一带一路"与 ICSID 机制合作面临的客观问题。

（二）"一带一路"沿线国家对 ICSID 实际使用较少

从"一带一路"沿线国家来看，其对 ICSID 机制的选择包括在双边、区域和多边投资协定之中，通过对"一带一路"沿线国家签订的 BIT 以及在 ICSID 提交解决案件的实践看，对 ICSID 的选择及使用并不十分普遍。

1."一带一路"沿线国家签订的 BIT 中很大比例未选择 ICSID 机制

ICSID 作为重要的第三方投资争端解决机构，是"一带一路"沿线国家对外签订 BIT 的多数选择。但是，根据 ICSID 官网的双边投资条约数据库显示，"一带一路"沿线国家对外签订的 BIT 有很多未将 ICSID 纳入其中，[①] 如在新加坡签订的 42 个 BIT 中仅有 15 个纳入 ICSID，马来西亚签订的 68 个 BIT 中 32 个涉及了 ICSID，老挝签订的 26 个 BIT 中只有 8 个选择了 ICSID，巴基斯坦签订的 52 个 BIT 中有 16 个将 ICSID 包含在内等。此外，还有许多国家在 BIT 中选择其他第三方机构，如在印度与塞浦路斯签订的 BIT 中在第三方机构上选择了斯德哥尔摩商会仲裁院（SCC），黎巴嫩与韩国签订的 BIT 中在第三方机构上选择了国际商会国际仲裁院（ICC）。斯里兰卡与埃及签订的 BIT 中斯德哥尔摩商会仲裁院、吉隆坡区域仲裁中心都是第三方机构的选择，印度尼西亚与古巴、埃及签订的 BIT 中在第三方机构上分别选择国际商会国际仲裁院和国际商事仲裁开罗区域中心。由此可见，"一带一路"沿线国家在第三方机构的选择上多样化，投资争端提交 ICSID 处理的几率相对较大。但是，将 ICSID 引入多元化的"一带一路"投资争端解决机制或者引入在条约基础上构建的"一带一路"投资争端解决机制都不能忽视沿线国家对 ICSID 选择的客观情况，"一带一路"与 ICSID 合作面临实际障碍。

2."一带一路"沿线国家对 ICSID 机制适用有限

在沿线国家对外签订的 BIT 中，除了未选择 ICSID 和选择其他第三方机构对适用 ICSID 机制造成限制外，BIT 本身的许多规定也对 ICSID 机制在"一

[①] 参见 https：//icsid.worldbank.org/en/Pages/resources/Bilateral-Investment-Treaties-Database.aspx#a0。

带一路"沿线国家的适用造成限制。BIT 中对投资争端解决机制的安排如岔路口条款、用尽当地救济原则、对提交国际仲裁的限制等在某种程度上排除了 ICSID 的适用,如中国与也门、蒙古签订的 BIT 中明确规定只有"涉及征收补偿争议"时投资者才能将争端提交国际仲裁解决。[①] 此外,"一带一路"沿线国家中除了约 15% 尚未加入 ICSID 之外,许多缔约国对 ICSID 的适用也十分有限。以中国为例,自 1993 年加入 ICSID 以来,中国投资者提交 ICSID 仲裁案件共有 6 件。[②] 因此,"一带一路"沿线国家对 ICSID 的适用受到客观限制,尤其受 BIT 对投资争端解决机制安排的限制。

(三)条约的保留使 ICSID 管辖范围受限

根据《华盛顿公约》第 25 条第 4 款规定,缔约国可以将考虑或者不考虑提交 ICSID 管辖的一类或者几类争端通知 ICSID,在批准、接受或核准公约时或之后对此作出保留。[③] 公约允许该项保留实际上限制了 ICSID 的管辖范围。中国在加入时对此作出保留,征收和国有化等行为引起的投资争端才能提交 ICSID 解决。

除中国外,"一带一路"沿线国家中有 4 个国家也提出过保留,分别是沙特阿拉伯、土耳其、印度尼西亚和以色列。沙特阿拉伯保留不以调解或仲裁的方式向 ICSID 提交与石油和主权行为有关的所有问题的权利,与石油和主权行为有关争端将不能通过 ICSID 解决。根据土耳其有关外资的法律,投资活动直接引起的争议已获得必要的许可并已有效启动的由中心管辖,但是与不动产上的财产和不动产权利有关的争议完全由土耳其法院管辖,排除 ICSID 对此的管辖权。印度尼西亚则将因共和国行政区政府发布的行政决定而产生的有关争议排除 ICSID 管辖。此外,以色列于 1983 年将用尽当地救济作为 ICSID 行使管辖权的前置条件,但该保留已于 1991 年撤回。

由此可见,ICSID 行使管辖权的范围受到缔约国保留的限制,根据《华盛顿公约》有关规定,该保留可以在批准、接受或核准公约时或之后作出,在给予国家更多灵活考虑的同时也使 ICSID 本身管辖范围受限。因此,"一带一路"

[①] 参见张丽娜《"一带一路"国际投资争端解决机制完善研究》,《法学杂志》2018 年第 8 期。
[②] 参见 https://icsid.worldbank.org/en/Pages/cases/casedetail.aspx? CaseNo=ARB/07/6。
[③] 参见 https://icsid.worldbank.org/en/Pages/about/Database-of-Member-States.aspx。

与 ICSID 合作不得不考虑条约保留问题。

三、合作面临的其他问题

（一）ICSID 仲裁成本给相关国家及投资者增添门槛

一项仲裁的成本包括金钱成本和时间成本，从 ICSID 的实践来看，这两个层面的成本都较高。首先，ICSID 仲裁辩护费用高昂，每个案件都要花费 400 万美元，有些案件甚至花费超过 4000 万美元，这对中小企业以及一些国家来说负担过重。[①] 根据《华盛顿公约》第 61 条第 2 款的规定，除双方另有协议，仲裁庭应当就双方同程序有关的开支进行估计，并决定仲裁庭成员薪酬、使用中心设施的费用等开支由何方支付。公约允许法庭就"诉讼费用的分摊方式"与当事方协商，允许法庭积极主动对费用支付作出裁决，实际上赋予了仲裁庭在相关费用分配上自由裁量权，费用分摊结果具有极大的不确定性。高昂的费用和仲裁庭极大的自由裁量权将为投资者或东道国提交 ICSID 仲裁增添较高的门槛。

其次，ICSID 仲裁花费的时间成本较高。[②] 根据 ICSID 官网显示的案件审理状态，在 ICSID 注册登记的 748 件案件中，480 件已结案，268 件处于待决状态。在这 268 件待决案件中，已持续 4 年时长的有 109 件，占全部待决案件约 41%；持续 10 年时长的有 12 件，而这些案件到结案仍将持续一段时间。这表明 ICSID 从登记到结案将花费很大的时间成本，对投资者和东道国来说都十分不利。Subedi 认为，相比投资者—国家投资争端解决机制过程可能需要 3 年甚至更长时间，作为 WTO 争端解决实体 DSB 过程的时间为 2 年，因此 WTO 争端解决机构过程严格时间限制可能更吸引投资者和东道国。[③]

总之，ICSID 仲裁花费的时间和金钱成本都很高。随着"一带一路"建设的不断发展，越来越多中小投资者也将参与其中，ICSID 仲裁成本将给中小投资者寻求救济设置较高的壁垒。同时，这些成本对"一带一路"沿线发展中国家来说

---

① Fiezzoni, The Challenge of UNASUR Member Countries to Replace ICSID Arbitration, Beijing Law Review（2, 2011）, pp.134-136.
② 参见 https：//icsid.worldbank.org/en/Pages/cases/AdvancedSearch.aspx。
③ Surya P.Subesi, International Investment Law：Reconciling Policy and Principle, Oxford：Hart Publishing Limited, 2012, p.202.

也是非常沉重的负担,这也将给"一带一路"与 ICSID 合作的开展增添障碍。

(二)"一带一路"沿线国家在 ICSID 仲裁人员构成上占比低

"一带一路"覆盖和辐射地区主要包括中亚和东欧、中东及北非、东南亚及太平洋地区。根据图 1 可以看出,截至 2018 年 12 月 31 日,"一带一路"覆盖地区内的国家被诉案件量约占所有 ICSID 案件的 44%,但"一带一路"覆盖地区内的国民在 ICSID 案件中被委任为仲裁员、调解员和特设委员会成员的比例仅约占 18%,而仅西欧就约占 47%,北美三国则约占 20%。这说明在 ICSID 争端解决机制下,"一带一路"覆盖和辐射地区内的国家被诉的比例较高,但这些国家与投资者的投资争端更多地是由西欧和北美三国的国民作为仲裁员、调解员和特设委员会成员处理,"一带一路"覆盖和辐射地区内国家的国民却很少参与处理涉及本国投资争端案件的处理。投资争端案件由本国国民以外的仲裁员、调解员和特设委员会成员处理,将导致不利于该国的后果。仲裁人员来自于争端当事国才能更好地了解该国的法律及相关政策,在案件中可以对争端所设条款作出合理的解释。

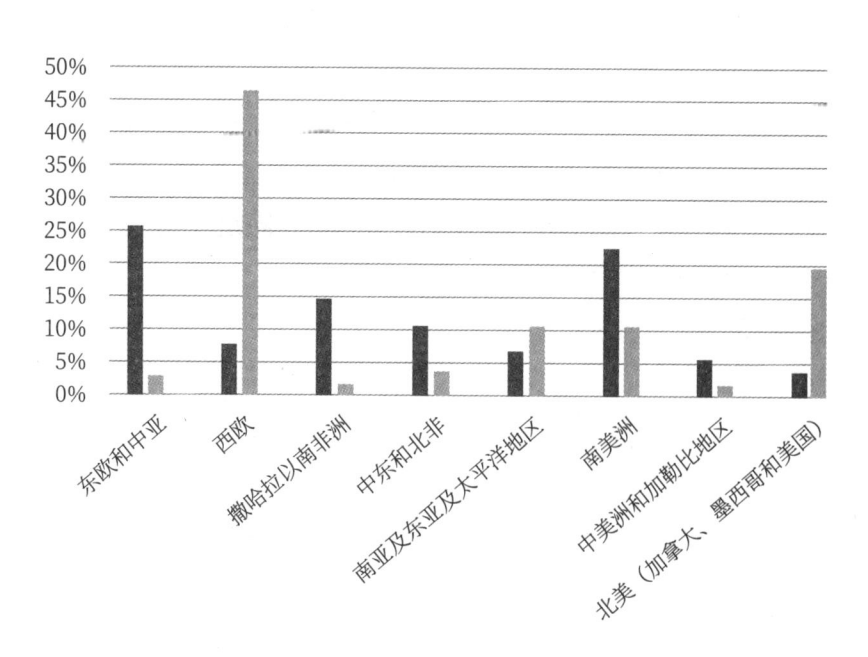

图 1 ICSID 案件缔约国及促裁员、调解员、特设委员会成员地理分布情况

（三）现有单双边、区域及多边投资争端解决机制与 ICSID 机制的协调问题

投资者与东道国投资争端解决的现有安排多样化，不仅包括单边、双边投资争端解决方式，还有许多区域和多边投资争端解决安排，呈现出多样化、碎片化的现象。投资者与东道国的投资争端可以通过东道国国内法院诉讼，或者根据 BIT 安排进行磋商、调解及选择各种第三方仲裁机构提交仲裁，或者根据其他区域和多边安排寻求救济。虽然这些多样化的安排为投资争端解决提供了更多选择，但许多安排之间并不能很好地协调。

以 BIT 为例，BIT 中投资争端解决安排可能将 ICSID 排除在仲裁选择之外如 2001 年中国与尼日利亚 BIT，也可能将强化东道国救济如印度 2015 年 BIT 范本相比之前转变态度，在投资争端解决中将用尽当地救济纳入其中并设置其他多项程序。[①] 除 BIT 外，区域投资协定也包含许多有关投资者与东道国投资争端解决的规定。在东盟区域投资争端解决机制框架下，东盟各成员国签署了《东盟投资区框架协议》及《东盟全面投资协定》，其中规定了投资者与东道国投资争端解决的程序及规则，其成员国在该框架下相互间签订了 BIT 并对投资争端解决作出相关规定。因此，"一带一路"投资争端解决机制还包括一些区域投资争端解决机制安排。

在当前"一带一路"投资争端解决机制碎片化下，如何协调现存投资争端解决机制之前关系，理顺与 ICSID 机制的关系，增强现有"一带一路"投资争端解决机制与 ICSID 机制的协调性是需要思考的重要问题，也是促进"一带一路"与 ICSID 机制合作必须解决的难题。

---

① 参见倪小璐《投资者—东道国争端解决机制中用尽当地救济规则的"衰亡"与"复活"——兼评印度 2015 年 BIT 范本》，《国际经贸探索》2018 年第 1 期。

第三节 促进"一带一路"与 ICSID 合作的若干路径

虽然 ICSID 当前面临诸多问题,但其经验教训都可以为"一带一路"投资争端解决机制所借鉴,结合"一带一路"实际需要和实际情况构建具有特色的"一带一路"投资争端解决机制。当前 ICSID 正处于改革中,"一带一路"应当以此为契机,积极推动 ICSID 朝着更加公正合理的方向发展,扫清两者合作中的障碍。此外,通过国际合作平台加强交流增进共识始终是两者合作不可忽视的重要一环。

一、建立"一带一路"投资争端解决机制

截至 2019 年 8 月 5 日,已有 748 件案件在 ICSID 注册登记。虽然 ICSID 面临一些问题,但在国际投资争端领域的重要地位是不能否认的。经过多年发展的 ICSID 在投资者与东道国投资争端解决方面积累了丰富经验,这对"一带一路"投资争端解决机制的构建和完善有很大的借鉴意义。同时,借鉴 ICSID 经验构建和完善"一带一路"投资争端解决机制也是使"一带一路"与 ICSID 更加协调的过程。如前所述,"一带一路"投资争端解决机制构建的三种代表性观点实际上具有阶段性,三者相互递进,最终建立以公约为基础的"一带一路"投资争端解决机制。

(一)借鉴 ICSID 经验构建多元化的"一带一路"投资争端解决机制

构建以公约为基础的"一带一路"投资争端解决机制尚需要时间和准备,当前应当通过吸收、整合"一带一路"相关国家及国际投资争端解决资源,构建多元化"一带一路"投资争端解决机制,ICSID 经验可以作为借鉴。

1. 在尊重差异的基础上最大程度凝聚共识

《华盛顿公约》第 25 条允许成员国就特定争端提出保留，在尊重成员国不同国情的同时最大程度地凝聚了各成员共识。"一带一路"沿线国家在发展程度、发展方式等方面都有所差异，在投资争端解决方面安排各有不同，整合现有资源需要找到各国共同利益交汇点。具体而言，通过"一带一路"国际合作高峰论坛及其他多边合作平台加强与沿线国家交流，优先将"一带一路"建设重点领域如能源、基础设施建设等投资争端解决纳入到多元化"一带一路"争端解决机制中，之后再不断扩大投资争端范围。在考虑"一带一路"建设重点领域和沿线国家实际情况的基础上，逐步凝聚共识，在重点合作领域取得突破，理顺各投资争端解决机制的管辖范围。

2. 协调"一带一路"投资争端解决机制管辖权

根据《华盛顿公约》规定，一旦接受 ICSID 管辖就意味着放弃寻求其他救济，ICSID 仲裁具有排他性。"一带一路"投资争端解决安排众多的情况下，避免当事人就同一争端向国内外不同机构提起诉讼或仲裁，需要对各投资争端解决安排进行协调，避免管辖权在行使上的重合。另外 ICSID 并未将用尽当地救济作为仲裁前置程序，用尽当地救济与寻求 ICSID 仲裁之间并无适用上的先后顺序。多元化的"一带一路"投资争端解决机制将给予投资者与东道国在投资争端解决上根据自己实际情况进行选择的自由。因此，在管辖权上需要根据各国实际情况，尽量减少限制，为投资者与东道国在投资争端解决方式选择上提供多种选择。

（二）借鉴 ICSID 经验构建以公约为基础的"一带一路"投资争端解决机制

在构建多元化"一带一路"投资争端解决机制的同时，也要着手以公约为基础的"一带一路"投资争端解决机制的构建，以便在条件成熟时顺利推出。"一带一路"相关制度规则尚在构建中，而 ICSID 已经形成较为完善的制度规则。构建以国际公约为基础的"一带一路"投资争端解决机制，使沿线国家在投资争端解决上的相关义务上升到国际条约义务，为裁决的执行提供保证。同时，这也使沿线国家能够在共商、共建、共享中参与"一带一路"规则的构建，参与国际投资规则构建，为国际投资治理注入活力。

首先，ICSID 的成立离不开世界银行的努力。因此，"一带一路"投资争端解决机制的建立可以充分发挥亚投行的作用，通过亚投行搭建平台推动投资争端解决机制建立。其次，在具体规则上如管辖权、法律地位、组织机构等可以在借鉴 ICSID 规则的基础上进行适当的创新。[①]"一带一路"投资争端解决机制应当与 ICSID 同样具有独立的法律地位，具有完全的法律人格。在组织机构上可以与 ICSID 一样设置理事会和秘书处，相关人员主要从"一带一路"国家中产生，体现自身特色。

其次，ICSID 当前面临的发展危机需要"一带一路"争端解决机制引以为鉴，尽力避免。"一带一路"投资争端解决可以考虑增强自身透明度，投资者与东道国之间投资争端涉及公共利益且公共利益对"一带一路"沿线国家来说十分重要。因此，"一带一路"投资争端解决机制应当以公开为原则，不公开为例外，突破传统商事仲裁的私密性。ICSID 的公平公正性受到质疑主要是由上诉机制的缺乏和投资者与东道国利益的失衡引发，"一带一路"投资争端解决机制应当引入上诉机制，增强裁决一致性，平衡投资者与东道国利益。

二、推动两者彼此协调

任何机制都不是完善的，而是在运行中不断发展、逐步完善的。ICSID 机制面对运行中不断出现的问题，在征求成员国和公众意见的基础上对规则进行修改以适应发展需要。ICSID 规则在经过 1984 年、2003 年和 2006 年三次修改后，继续回应国际社会改革呼声，在 2016 年 10 月启动第四次修改。目前第四次修改尚在磋商中，ICSID 在修改中注重听取各成员和公众意见，并将意见反映到 2018 年 8 月发布的提案工作文件一和 2019 年 3 月发布的规则修正提案文件二中。因此，当前改革是推动 ICSID 与"一带一路"互动的良好契机，在该契机下推动 ICSID 与"一带一路"及沿线各国的适应。

（一）发挥"一带一路"相关国家主动性以推动上诉机制改革

1. 建立上诉机制面临实际困难

ICSID 仲裁裁决不一致损害裁决的公正性。《华盛顿公约》规定仲裁裁决

---

① 参见马亚伟、漆彤《论"一带一路"投资争议解决机制的构建》，《国际商务研究》2018 年第 5 期。

的监督方式中补充、修改、解释不能触及仲裁裁决的实质内容，撤销制度并不能对法律错误和事实错误进行补救，国际社会一直呼吁建立上诉机制以解决裁决不一致和公正性危机问题。2019年3月发布的规则修正提案文件二并未对此作出回应，仅仅对补充、修改、解释的程序性问题进行细化。虽然许多国家和学者呼吁建立上诉机制，但要建立上诉机制面临现实障碍。根据《华盛顿公约》第53条规定，裁决对当事人双方具有约束力，不得进行任何上诉或者采取除本公约规定的任何其他补救方法。

因此，如果要建立上诉机制，必须修改公约有关规定。关于公约修改规定在第65条和第66条之中，任何缔约国可以提出修改公约的建议并提交建议修改的文本，经行政理事会三分之二多数通过后决定修改并向所有缔约国分送建议修改文本，全体缔约国批准、接受或核准后经公约保管人向各缔约国发出关于所有缔约国已经批准、接受或核准该修改的通知30天后生效。目前，ICSID缔约国已有154个缔约国，经行政理事会三分之二多数同意决定修改和全体缔约国批准、接受或核准使公约从未被修改过，建立上诉机制存在困难。

2."一带一路"相关国家积极推动上诉机制改革

通过观察ICSID案件相关情况，可以发现"一带一路"沿线国家作为被诉东道国的概率很高，而像委内瑞拉、厄瓜多尔等退出ICSID的"一带一路"合作国家纷纷表示对ICSID裁决公正性的失望意味着"一带一路"合作国家对上诉机制建立持支持态度。此外，以美国为首的发达国家也主张上诉机制改革。"一带一路"合作国家不断增多，截至2019年4月30日已有131个国家签署共建"一带一路"合作文件。ICSID的151个成员中，有105个成员是"一带一路"合作国家，这为"一带一路"合作国家发挥主动性推进上诉机制改革提供了很大的可能性。因此，"一带一路"相关国家可以以本次改革为契机，反映自身诉求，不断汇集共识，推动ICSID上诉机制改革以更好地适应自身需要，进而推动ICSID与"一带一路"及相关国家的适应。

（二）合理调整仲裁成本以适应"一带一路"实际情况

ICSID仲裁时间成本和金钱成本对"一带一路"沿线发展中国家来说负担过重，这将成为"一带一路"与ICSID合作的障碍。针对ICSID仲裁成本过高问题，当前改革也作出一些回应。2019年3月发布的规则修正提案文件二中涉及仲裁成本内容的主要是第七章《费用》和第十二章《快速仲裁》，但其规定并未取得突破性进展。首先，在仲裁金钱成本方面，第七章《费用》主要是一些细节规定如诉讼费用内容、费用表及成交的规定、费用担保问题，在费用的决定上仍由仲裁庭考虑各种情况分配法律程序费用。这样虽明确了费用分配要考虑当事人诉讼行为、问题复杂性和所有相关情况，确保所有关于费用的决定是合理的，但实际上法庭仍具有很大的自由裁量权包括可以随时就法律程序的任何部分的费用作出临时决定。因此，费用过高以及费用的不确定问题仍未得到实质性改善。

其次，在仲裁时间成本方面，本次改革涉及简化仲裁庭组成过程，删除繁琐的多步组庭程序和当事人提请仲裁员回避将自动中止仲裁程序规定；召开庭前会议；首次规定仲裁裁决期限并要求仲裁庭努力遵守；引入快速仲裁程序等内容。但是，在仲裁效率提升方面仍有很大空间，如进一步明确答辩书提交期限、引入电话会议方式。此外，有关改革内容的实施并不保障，如虽然规定了仲裁庭尽一切努力遵守裁决期限规定，但未明确超期裁决的不利后果。

对"一带一路"沿线众多发展中国家及投资者来说，仲裁成本对其投资争端解决具有重要影响。尤其在沿线国家中小投资者逐步走出去参与"一带一路"建设情况下，提升仲裁的时间和成本效益成为投资争端解决机制的重要改革内容之一。因此，应当抓住此次改革机会，通过 ICSID 提供的成员国和公众意见收集平台提出意见，并推动提案有关内容的细化及提案的通过生效，推进 ICSID 在仲裁成本和"一带一路"沿线国家及投资者实际情况相适应。

（三）扩大"一带一路"相关国家所占仲裁人员的比例

根据《ICSID 案件数量统计（2019-1）》可知，"一带一路"沿线国家被诉比例与其国民被委任为仲裁员、特设委员会成员比例严重不协调，67% 的仲裁人员来自西欧和北美三国。这就导致"一带一路"相关国家案件多由西欧和北美三国国民处理，而本国国民很少参与涉及本国案件的处理。在本次 ICSID 规则修改中，并未涉及该问题。然而，无论是从维护"一带一路"国家在 ICSID 案件中的利益来说，还是从"一带一路"投资争端解决机制仲裁人员培养和交流而言，扩大"一带一路"相关国家国民在 ICSID 仲裁人员所占比例都具有重要意义。

"一带一路"相关国家应当抓住此次规则修改机会，将仲裁人员方面改革愿望反映到 ICSID 规则修改中，要求扩大本国国民仲裁人员数量，发挥发展中国家参与国际规则构建的作用。在参与改革中,不断推动 ICSID 机制更加符合"一带一路"沿线国家实际需要,进而促进"一带一路"与 ICSID 的交流合作。

三、加强交流以增进共识

(一) 增进"一带一路"相关国家对 ICSID 的认同

"一带一路"相关国家对 ICSID 机制的认同和支持将是"一带一路"与 ICSID 合作的重要基石,目前仍需通过国际合作平台如"一带一路"国际合作高峰论坛加强交流,进一步增进相关国家对 ICSID 认同。

1. 扩大 ICSID 缔约国的覆盖范围

首先,"一带一路"沿线国家中有 10 个国家尚未加入《华盛顿公约》,还有 3 个国家尚未批准该公约,这表明沿线国家对 ICSID 的认同和支持还有待进一步加强。有必要通过国际合作平台进一步加强交流、增进共识,推动沿线国家加入公约并加快公约的批准生效为两者合作提供前提。其次,"一带一路"合作国家中如委内瑞拉、厄瓜多尔等拉美国家纷纷退出 ICSID 并表示了对 ICSID 正当性和合法性的质疑,为两者合作开展蒙上了阴影。ICSID 仍是目前重要的国际投资争端解决机制,在国际投资争端解决中发挥重要作用,面对当前危机,ICSID 正在推进改革,退出 ICSID 或许并不是最佳选择。"一带一路"国家应当充分利用本次改革机会反映自身需求,推动 ICSID 更加完善。因此,"一带一路"与 ICSID 应当通过各种平台开展交流,在增进共识的基础上争取更多相关国家对两者的认同,同时也将扩大 ICSID 缔约国范围。

2. 化解条约保留问题

条约的保留将使 ICSID 管辖权受限,为"一带一路"与 ICSID 的合作增添障碍。就"一带一路"沿线国家的保留而言,涉及主权行为和关键领域的投资争端问题是提出保留的主要内容。这反映了保留国对 ICSID 机制的不信任,因此需要通过交流合作增进相关国家对 ICSID 的信任。

在尊重沿线国家的实际需要的基础上,通过交流合作进一步放开有关领域的保留以增进 ICSID 机制的统一性,促进"一带一路"与 ICSID 合作在更深层次展开合作。

（二）加强合作以促进人力资源的良性流动

ICSID 机制和"一带一路"投资争端解决机制的构建及运行都离不开人力资源储备支持。就仲裁员来讲，ICSID 仲裁案件显示出"一带一路"沿线国家仲裁人员参与案件仲裁所占比例较低，这也表明在 ICSID 机制内部与"一带一路"沿线国家在人力资源方面未实现良性流动，"一带一路"与 ICSID 需要不断开展交流合作以促进人力资源的良性流动。

首先，根据 ICSID 规则规定，缔约国可以指派 4 名仲裁员和调解员到 ICSID。"一带一路"应当充分利用这一制度，向 ICSID 输送人才，既传递了"一带一路"的实际情况增进 ICSID 对"一带一路"的了解，也能向沿线各国传递 ICSID 最新的发展趋势。其次，"一带一路"投资争端解决机制将需要大量优秀国际仲裁及调解人员，"一带一路"应当考虑与 ICSID 加强相关合作，联合培养仲裁员、调解员，为"一带一路"争端解决机制储备人力资源的同时，更好地实现两者在人力资源上的良性流动。

第四节 "一带一路"与 ICSID 合作应注意的问题

"一带一路"与 ICSID 在合作中需要注意诸多问题，除了以上提到的困难，有关国有企业私人投资者身份认定问题是两者在具体合作过程中所不能回避的，需要两者认真考虑国有企业正当利益需求。"一带一路"与 ICSID 合作将在卡沃尔主义复活背景下展开，自然要注意彼此在投资争端解决中以及两者在合作中的公正性，平衡投资者与东道国利益以实现长远发展。

一、国有企业投资者身份的认定

（一）国有企业海外投资纠纷寻求救济面临不确定性

近年来，新兴经济体国有企业积极参与海外投资，以中国为例，国有企业成为"一带一路"的主力军,有力地推动"一带一路"建设。但当前国际社会对国有企业的规制如竞争规制、国家安全审查等不仅会削弱国有企业在竞争中的地位,也可能引发一系列投资争端。[①]目前在 ICSID 投资仲裁中,对国有企业私人投资者身份认定存在不确定性,这将给国有企业走出去参与"一带一路"带来挑战。国有企业私人投资者身份影响着投资争端性质的认定,即该争端是国家之间的争端或投资者与国家之间的争端,进而影响 ICSID 管辖权的行使。ICSID 是解决私人投资者与东道国之间争端的国际投资争端解决机构,目的在于为私人投资者提供救济的同时,实现投资争端解决的去政治化。但 ICSID 对国有企业性质认定标准并不明确,将会给企业寻求 ICSID 仲裁带来客观障碍。

目前 ICSID 判断国有企业身份主要根据"Broches 标准",即只要国有企业投资者不是作为政府代理人或者履行基本政府职能,其争端都可以寻求 ICSID 救济。政府代理人和履行政府职能说明 ICSID 注重考察国有企业行为的性质,是否为政府职能而活动是国有企业身份认定的重要内容。ICSID 在适用"Broches 标准"判断国有企业性质时,还参考《国家对国际不法行为的责任条款草案》第 5 条、第 8 条的规定。[②]根据第 5 条规定,经法律授权行使政府权力要素的个人或实体的行为属于国家行为,因此授权和行为是判断国有企业性质的重要标准。根据第 8 条规定,实际上按照国家的指示或在其指挥控制下行事,其行为可归因于国家。这两条实际上是"Broches 标准"中履行基本政府职能和政府代理人的细化。

值得注意的是,以上标准仍具有不确定性,仲裁庭在判断国有企业性质时并没有明确的指导规则。在 2014 年北京城建诉也门案中,也门政府以北京城建公司是中国政府代理人并实际上履行政府职能为由提出管辖权异议。[③]我国国有企业参与"一带一路"在寻求 ICSID 救济时面临管辖权异议的可能,虽然该案仲裁庭裁定对本案具有管辖权,但 ICSID 裁决的不一致性不能为之后的案件提供依据,保证之后的仲裁庭依照该案认可投资者身份。

---

① 参见王秋雯《"一带一路"背景下国有企业海外投资的法律挑战与中国因应》,《东南学术》2019 年第 4 期。
② 参见梁一新《论国有企业在 ICSID 的仲裁申请资格》,《法学杂志》2017 年第 10 期。
③ Beijing Urban Construction Group Co. Ltd. v. Republic of Yemen (ICSID Case No. ARB/14/30).

（二）保障国有企业寻求国际投资仲裁救济的权利

国有企业投资仲裁救济的权利保障对"一带一路"建设至关重要，也是"一带一路"建设与 ICSID 合作需要注意的重要问题。为更好地发挥国有企业在"一带一路"建设中的作用，需要从三个方面来保障国有企业寻求国际投资仲裁救济的权利。首先，发挥"一带一路"国家参与国际规则制定的作用。以 ICSID 本次改革为契机，集中反映有关国有企业投资者认定规则的意见，推动 ICSID 相关规则的完善。另一方面，在"一带一路"投资争端解决机制的构建过程中要充分考虑国有企业投资者认定的问题，以发挥"一带一路"广大发展中国家参与国际规则制定的作用。[1] 其次，在 BIT 中明确投资定义，界定国有企业的性质，为国有企业寻求国际投资仲裁提供保障。再次，国有企业也要不断调整自身以适应海外投资挑战，政企分离，推进国企公司治理机制改革，以确保国有企业独立市场主体地位。

二、卡尔沃主义复活的影响

卡尔沃主义的法理基础是国家主权平等，它反对任何超国民待遇，尤其体现在投资争端解决方面排除外交保护和国际仲裁，由东道国解决。目前卡尔沃主义已经复活，并且不仅仅表现在拉美发展中国家之中，如委内瑞拉退出 ICSID，在其他发展中国家以及发达国家也同时存在，如澳大利亚在投资争端解决中排除投资者与国家间争端解决机制（ISDS）。[2] 卡尔沃主义复活具体表现为对 ICSID 仲裁的抵制，包括在宪法中限制 ICSID 管辖权，国内法院缩小法律解释，合同避免 ICSID 仲裁，退出 ICSID 公约，修改 BIT 以限制 ICSID 管辖权，建立取代 ICSID 的区域仲裁中心等。[3] 这都将对投资争端解决机制产生不利影响，无论是 ICSID 机制改革发展还是"一带一路"投资争端解决机制构建都会受到卡尔沃主义复活的影响，进而为"一带一路"与 ICSID 开展合作带来障碍。

---

[1] 参见刘雪红《论国有企业私人投资者身份认定及启示——以 ICSID 仲裁申请人资格为视角》，《上海对外经贸大学学报》2017 年第 3 期。
[2] 参见韩秀丽《再论卡尔沃主义的复活——投资者—国家争端解决视角》，《现代法学》2014 年第 1 期。
[3] Katia Fach Gomez, "Latin America and ICSID: David versus Goliath", Law and Business Review of the Americans (2, 2011), pp.197-225.

需要注意的是，卡沃尔主义复活下对国际仲裁的限制更多的是由广大发展中国家认为 ICSID 仲裁不能体现公正性原因引起的。那么，发展或构建关注发展中国家实际需要，平衡发展中国家与发达国家之间利益的国际投资机制才是应对卡尔沃主义复活的正确选择。构建"一带一路"投资争端解决机制是发展中国家参与国际规则尤其是国际投资规则制定的重要体现，同时，当前 ICSID 也在朝着更加公正合理的方向改革。因此，无论是 ICSID 改革发展或是"一带一路"投资争端解决机制构建都需要朝着平衡发展中国家与发达国家利益的方向迈进，并通过合作努力推进国际投资争端解决更加公正合理发展。

"一带一路"与 ICSID 合作过程中，除了需要注意以上问题外，有关 BIT 内容更新、裁决执行等问题也不容忽视。"一带一路"与 ICSID 在国际投资领域的合作将在此背景下展开，客观地认识国有企业身份认定现状、卡尔沃主义复活下国际投资仲裁的前景、仲裁裁决执行等是两者合作过程中不容忽视的重要内容。可以预见的是，合作能够推进 ICSID 进一步发展，对"一带一路"投资争端解决机制的构建也大有裨益，国际投资规则将朝着更加公正合理的方向迈进。

附录
"一带一路"与国家或国际组织签订合作文件情况

附录一：推动共建丝绸之路经济带和 21世纪海上丝绸之路的愿景与行动

国家发展改革委　外交部　商务部
（经国务院授权发布）
2015年3月

前　言

2000多年前，亚欧大陆上勤劳勇敢的人民，探索出多条连接亚欧非几大文明的贸易和人文交流通路，后人将其统称为"丝绸之路"。千百年来，"和平合作、开放包容、互学互鉴、互利共赢"的丝绸之路精神薪火相传，推进了人类文明进步，是促进沿线各国繁荣发展的重要纽带，是东西方交流合作的象征，是世界各国共有的历史文化遗产。

进入21世纪，在以和平、发展、合作、共赢为主题的新时代，面对复苏乏力的全球经济形势，纷繁复杂的国际和地区局面，传承和弘扬丝绸之路精神更显重要和珍贵。

2013年9月和10月，中国国家主席习近平在出访中亚和东南亚国家期间，先后提出共建"丝绸之路经济带"和"21世纪海上丝绸之路"（以下简称"一带一路"）的重大倡议，得到国际社会高度关注。中国国务院总理李克强参加2013年中国—东盟博览会时强调，铺就面向东盟的海上丝绸之路，打造带动腹地发展的战略支点。加快"一带一路"建设，有利于促进沿线各国经济繁荣与区域经济合作，加强不同文明交流互鉴，促进世界和平发展，是一项造福世界各国人民的伟大事业。

"一带一路"建设是一项系统工程，要坚持共商、共建、共享原则，积极推进沿线国家发展战略的相互对接。为推进实施"一带一路"重大倡议，让古丝绸之路焕发新的生机活力，以新的形式使亚欧非各国联系更加紧密，互利合作迈向新的历史高度，中国政府特制定并发布《推动共建丝绸之路经济带和 21 世纪海上丝绸之路的愿景与行动》。

一、时代背景

当今世界正发生复杂深刻的变化，国际金融危机深层次影响继续显现，世界经济缓慢复苏、发展分化，国际投资贸易格局和多边投资贸易规则酝酿深刻调整，各国面临的发展问题依然严峻。共建"一带一路"顺应世界多极化、经济全球化、文化多样化、社会信息化的潮流，秉持开放的区域合作精神，致力于维护全球自由贸易体系和开放型世界经济。共建"一带一路"旨在促进经济要素有序自由流动、资源高效配置和市场深度融合，推动沿线各国实现经济政策协调，开展更大范围、更高水平、更深层次的区域合作，共同打造开放、包容、均衡、普惠的区域经济合作架构。共建"一带一路"符合国际社会的根本利益，彰显人类社会共同理想和美好追求，是国际合作以及全球治理新模式的积极探索，将为世界和平发展增添新的正能量。

共建"一带一路"致力于亚欧非大陆及附近海洋的互联互通，建立和加强沿线各国互联互通伙伴关系，构建全方位、多层次、复合型的互联互通网络，实现沿线各国多元、自主、平衡、可持续的发展。"一带一路"的互联互通项目将推动沿线各国发展战略的对接与耦合，发掘区域内市场的潜力，促进投资和消费，创造需求和就业，增进沿线各国人民的人文交流与文明互鉴，让各国人民相逢相知、互信互敬，共享和谐、安宁、富裕的生活。

当前，中国经济和世界经济高度关联。中国将一以贯之地坚持对外开放的基本国策，构建全方位开放新格局，深度融入世界经济体系。推进"一带一路"建设既是中国扩大和深化对外开放的需要，也是加强和亚欧非及世界各国互利合作的需要，中国愿意在力所能及的范围内承担更多责任义务，为人类和平发展作出更大的贡献。

二、共建原则

恪守联合国宪章的宗旨和原则。遵守和平共处五项原则，即尊重各国主权和领土完整、互不侵犯、互不干涉内政、和平共处、平等互利。

坚持开放合作。"一带一路"相关的国家基于但不限于古代丝绸之路的范围，各国和国际、地区组织均可参与，让共建成果惠及更广泛的区域。

坚持和谐包容。倡导文明宽容，尊重各国发展道路和模式的选择，加强不同文明之间的对话，求同存异、兼容并蓄、和平共处、共生共荣。

坚持市场运作。遵循市场规律和国际通行规则，充分发挥市场在资源配置中的决定性作用和各类企业的主体作用，同时发挥好政府的作用。

坚持互利共赢。兼顾各方利益和关切，寻求利益契合点和合作最大公约数，体现各方智慧和创意，各施所长，各尽所能，把各方优势和潜力充分发挥出来。

三、框架思路

"一带一路"是促进共同发展、实现共同繁荣的合作共赢之路，是增进理解信任、加强全方位交流的和平友谊之路。中国政府倡议，秉持和平合作、开放包容、互学互鉴、互利共赢的理念，全方位推进务实合作，打造政治互信、经济融合、文化包容的利益共同体、命运共同体和责任共同体。

"一带一路"贯穿亚欧非大陆，一头是活跃的东亚经济圈，一头是发达的欧洲经济圈，中间广大腹地国家经济发展潜力巨大。丝绸之路经济带重点畅通中国经中亚、俄罗斯至欧洲（波罗的海）；中国经中亚、西亚至波斯湾、地中海；中国至东南亚、南亚、印度洋。21世纪海上丝绸之路重点方向是从中国沿海港口过南海到印度洋，延伸至欧洲；从中国沿海港口过南海到南太平洋。

根据"一带一路"走向，陆上依托国际大通道，以沿线中心城市为支撑，以重点经贸产业园区为合作平台，共同打造新亚欧大陆桥、中蒙俄、中国—中亚—西亚、中国—中南半岛等国际经济合作走廊；海上以重点港口为节点，共同建设通畅安全高效的运输大通道。中巴、孟中印缅两个经济走廊与推进"一带一路"建设关联紧密，要进一步推动合作，取得更大进展。

"一带一路"建设是沿线各国开放合作的宏大经济愿景，需各国携手努力，朝着互利互惠、共同安全的目标相向而行。努力实现区域基础设施更加完善，安全高效的陆海空通道网络基本形成，互联互通达到新水平；投资贸易便利化水平进一步提升，高标准自由贸易区网络基本形成，经济联系更加紧密，政治互信更加深入；人文交流更加广泛深入，不同文明互鉴共荣，各国人民相知相交、和平友好。

四、合作重点

沿线各国资源禀赋各异，经济互补性较强，彼此合作潜力和空间很大。以政策沟通、设施联通、贸易畅通、资金融通、民心相通为主要内容，重点在以下方面加强合作。

政策沟通。加强政策沟通是"一带一路"建设的重要保障。加强政府间合作，积极构建多层次政府间宏观政策沟通交流机制，深化利益融合，促进政治互信，达成合作新共识。沿线各国可以就经济发展战略和对策进行充分交流对接，共同制定推进区域合作的规划和措施，协商解决合作中的问题，共同为务实合作及大型项目实施提供政策支持。

设施联通。基础设施互联互通是"一带一路"建设的优先领域。在尊重相关国家主权和安全关切的基础上，沿线国家宜加强基础设施建设规划、技术标准体系的对接，共同推进国际骨干通道建设，逐步形成连接亚洲各次区域以及亚欧非之间的基础设施网络。强化基础设施绿色低碳化建设和运营管理，在建设中充分考虑气候变化影响。

抓住交通基础设施的关键通道、关键节点和重点工程，优先打通缺失路段，畅通瓶颈路段，配套完善道路安全防护设施和交通管理设施设备，提升道路通达水平。推进建立统一的全程运输协调机制，促进国际通关、换装、多式联运有机衔接，逐步形成兼容规范的运输规则，实现国际运输便利化。推动口岸基础设施建设，畅通陆水联运通道，推进港口合作建设，增加海上航线和班次，加强海上物流信息化合作。拓展建立民航全面合作的平台和机制，加快提升航空基础设施水平。

加强能源基础设施互联互通合作，共同维护输油、输气管道等运输通道安全，推进跨境电力与输电通道建设，积极开展区域电网升级改造合作。

共同推进跨境光缆等通信干线网络建设，提高国际通信互联互通水平，畅通信息丝绸之路。加快推进双边跨境光缆等建设，规划建设洲际海底光缆项目，完善空中（卫星）信息通道，扩大信息交流与合作。

贸易畅通。投资贸易合作是"一带一路"建设的重点内容。宜着力研究解决投资贸易便利化问题，消除投资和贸易壁垒，构建区域内和各国良好的营商环境，积极同沿线国家和地区共同商建自由贸易区，激发释放合作潜力，做大做好合作"蛋糕"。

沿线国家宜加强信息互换、监管互认、执法互助的海关合作，以及检验检疫、认证认可、标准计量、统计信息等方面的双多边合作，推动世界贸易组织《贸易便利化协定》生效和实施。改善边境口岸通关设施条件，加快边境口岸"单一窗口"建设，降低通关成本，提升通关能力。加强供应链安全与便利化合作，推进跨境监管程序协调，推动检验检疫证书国际互联网核查，开展"经认证的经营者"（AEO）互认。降低非关税壁垒，共同提高技术性贸易措施透明度，提高贸易自由化便利化水平。

拓宽贸易领域，优化贸易结构，挖掘贸易新增长点，促进贸易平衡。创新贸易方式，发展跨境电子商务等新的商业业态。建立健全服务贸易促进体系，巩固和扩大传统贸易，大力发展现代服务贸易。把投资和贸易有机结合起来，以投资带动贸易发展。

加快投资便利化进程，消除投资壁垒。加强双边投资保护协定、避免双重征税协定磋商，保护投资者的合法权益。

拓展相互投资领域，开展农林牧渔业、农机及农产品生产加工等领域深度合作，积极推进海水养殖、远洋渔业、水产品加工、海水淡化、海洋生物制药、海洋工程技术、环保产业和海上旅游等领域合作。加大煤炭、油气、金属矿产等传统能源资源勘探开发合作，积极推动水电、核电、风电、太阳能等清洁、可再生能源合作，推进能源资源就地就近加工转化合作，形成能源资源合作上下游一体化产业链。加强能源资源深加工技术、装备与工程服务合作。

推动新兴产业合作，按照优势互补、互利共赢的原则，促进沿线国家加强在新一代信息技术、生物、新能源、新材料等新兴产业领域的深入合作，推动建立创业投资合作机制。

优化产业链分工布局，推动上下游产业链和关联产业协同发展，鼓励建立研发、生产和营销体系，提升区域产业配套能力和综合竞争力。扩大服务业相互开放，推动区域服务业加快发展。探索投资合作新模式，鼓励合作建设境外经贸合作区、跨境经济合作区等各类产业园区，促进产业集群发展。在投资贸易中突出生态文明理念，加强生态环境、生物多样性和应对气候变化合作，共建绿色丝绸之路。

中国欢迎各国企业来华投资。鼓励本国企业参与沿线国家基础设施建设和产业投资。促进企业按属地化原则经营管理，积极帮助当地发展经济、增加就业、改善民生，主动承担社会责任，严格保护生物多样性和生态环境。

资金融通。资金融通是"一带一路"建设的重要支撑。深化金融合作，推进亚洲货币稳定体系、投融资体系和信用体系建设。扩大沿线国家双边本币互换、结算的范围和规模。推动亚洲债券市场的开放和发展。共同推进亚洲基础设施投资银行、金砖国家开发银行筹建，有关各方就建立上海合作组织融资机构开展磋商。加快丝路基金组建运营。深化中国—东盟银行联合体、上合组织银行联合体务实合作，以银团贷款、银行授信等方式开展多边金融合作。支持沿线国家政府和信用等级较高的企业以及金融机构在中国境内发行人民币债券。符合条件的中国境内金融机构和企业可以在境外发行人民币债券和外币债券，鼓励在沿线国家使用所筹资金。

加强金融监管合作，推动签署双边监管合作谅解备忘录，逐步在区域内建立高效监管协调机制。完善风险应对和危机处置制度安排，构建区域性金融风险预警系统，形成应对跨境风险和危机处置的交流合作机制。加强征信管理部门、征信机构和评级机构之间的跨境交流与合作。充分发挥丝路基金以及各国主权基金作用，引导商业性股权投资基金和社会资金共同参与"一带一路"重点项目建设。

民心相通。民心相通是"一带一路"建设的社会根基。传承和弘扬丝绸之路友好合作精神，广泛开展文化交流、学术往来、人才交流合作、媒体合作、青年和妇女交往、志愿者服务等，为深化双多边合作奠定坚实的民意基础。

扩大相互间留学生规模，开展合作办学，中国每年向沿线国家提供1万个政府奖学金名额。沿线国家间互办文化年、艺术节、电影节、电视周和图书展等活动，合作开展广播影视剧精品创作及翻译，联合申请世界文化遗产，共同开展世界遗产的联合保护工作。深化沿线国家间人才交流合作。

加强旅游合作，扩大旅游规模，互办旅游推广周、宣传月等活动，联合打造具有丝绸之路特色的国际精品旅游线路和旅游产品，提高沿线各国游客签证便利化水平。推动 21 世纪海上丝绸之路邮轮旅游合作。积极开展体育交流活动,支持沿线国家申办重大国际体育赛事。

强化与周边国家在传染病疫情信息沟通、防治技术交流、专业人才培养等方面的合作,提高合作处理突发公共卫生事件的能力。为有关国家提供医疗援助和应急医疗救助,在妇幼健康、残疾人康复以及艾滋病、结核、疟疾等主要传染病领域开展务实合作,扩大在传统医药领域的合作。

加强科技合作,共建联合实验室(研究中心)、国际技术转移中心、海上合作中心,促进科技人员交流,合作开展重大科技攻关,共同提升科技创新能力。

整合现有资源,积极开拓和推进与沿线国家在青年就业、创业培训、职业技能开发、社会保障管理服务、公共行政管理等共同关心领域的务实合作。

充分发挥政党、议会交往的桥梁作用,加强沿线国家之间立法机构、主要党派和政治组织的友好往来。开展城市交流合作,欢迎沿线国家重要城市之间互结友好城市,以人文交流为重点,突出务实合作,形成更多鲜活的合作范例。欢迎沿线国家智库之间开展联合研究、合作举办论坛等。

加强沿线国家民间组织的交流合作,重点面向基层民众,广泛开展教育医疗、减贫开发、生物多样性和生态环保等各类公益慈善活动,促进沿线贫困地区生产生活条件改善。加强文化传媒的国际交流合作,积极利用网络平台,运用新媒体工具,塑造和谐友好的文化生态和舆论环境。

五、合作机制

当前,世界经济融合加速发展,区域合作方兴未艾。积极利用现有双多边合作机制,推动"一带一路"建设,促进区域合作蓬勃发展。

加强双边合作,开展多层次、多渠道沟通磋商,推动双边关系全面发展。推动签署合作备忘录或合作规划,建设一批双边合作示范。建立完善双边联合工作机制,研究推进"一带一路"建设的实施方案、行动路线图。充分发挥现有联委会、混委会、协委会、指导委员会、管理委员会等双边机制作用,协调推动合作项目实施。

强化多边合作机制作用,发挥上海合作组织(SCO)、中国—东盟"10+1"、亚太经合组织(APEC)、亚欧会议(ASEM)、亚洲合作对话(ACD)、亚信会议（CICA）、中阿合作论坛、中国—海合会战略对话、大湄公河次区域（GMS）经济合作、中亚区域经济合作（CAREC）等现有多边合作机制作用，相关国家加强沟通，让更多国家和地区参与"一带一路"建设。

继续发挥沿线各国区域、次区域相关国际论坛、展会以及博鳌亚洲论坛、中国—东盟博览会、中国—亚欧博览会、欧亚经济论坛、中国国际投资贸易洽谈会，以及中国—南亚博览会、中国—阿拉伯博览会、中国西部国际博览会、中国—俄罗斯博览会、前海合作论坛等平台的建设性作用。支持沿线国家地方、民间挖掘"一带一路"历史文化遗产，联合举办专项投资、贸易、文化交流活动，办好丝绸之路（敦煌）国际文化博览会、丝绸之路国际电影节和图书展。倡议建立"一带一路"国际高峰论坛。

六、中国各地方开放态势

推进"一带一路"建设，中国将充分发挥国内各地区比较优势，实行更加积极主动的开放战略，加强东中西互动合作，全面提升开放型经济水平。

西北、东北地区。发挥新疆独特的区位优势和向西开放重要窗口作用，深化与中亚、南亚、西亚等国家交流合作，形成丝绸之路经济带上重要的交通枢纽、商贸物流和文化科教中心，打造丝绸之路经济带核心区。发挥陕西、甘肃综合经济文化和宁夏、青海民族人文优势，打造西安内陆型改革开放新高地，加快兰州、西宁开发开放，推进宁夏内陆开放型经济试验区建设，形成面向中亚、南亚、西亚国家的通道、商贸物流枢纽、重要产业和人文交流基地。发挥内蒙古联通俄蒙的区位优势，完善黑龙江对俄铁路通道和区域铁路网，以及黑龙江、吉林、辽宁与俄远东地区陆海联运合作，推进构建北京—莫斯科欧亚高速运输走廊，建设向北开放的重要窗口。

西南地区。发挥广西与东盟国家陆海相邻的独特优势，加快北湾经济区和珠江—西江经济带开放发展，构建面向东盟区域的国际通道，打造西南、中南地区开放发展新的战略支点，形成 21 世纪海上丝绸之路与丝绸之路经济带有机衔接的重要门户。发挥云南区位优势，推进与周边国家的国际运输通道建设，打造大湄公河次区域经济合作新高地，建设成为面向南亚、东南亚的辐射中心。推进西藏与尼泊尔等国家边境贸易和旅游文化合作。

沿海和港澳台地区。利用长三角、珠三角、海峡西岸、环渤海等经济区开放程度高、经济实力强、辐射带动作用大的优势，加快推进中国（上海）自由贸易试验区建设，支持福建建设21世纪海上丝绸之路核心区。充分发挥深圳前海、广州南沙、珠海横琴、福建平潭等开放合作区作用，深化与港澳台合作，打造粤港澳大湾区。推进浙江海洋经济发展示范区、福建海峡蓝色经济试验区和舟山群岛新区建设，加大海南国际旅游岛开发开放力度。加强上海、天津、宁波—舟山、广州、深圳、湛江、汕头、青岛、烟台、大连、福州、厦门、泉州、海口、三亚等沿海城市港口建设，强化上海、广州等国际枢纽机场功能。以扩大开放倒逼深层次改革，创新开放型经济体制机制，加大科技创新力度，形成参与和引领国际合作竞争新优势，成为"一带一路"特别是21世纪海上丝绸之路建设的排头兵和主力军。发挥海外侨胞以及香港、澳门特别行政区独特优势作用，积极参与和助力"一带一路"建设。为台湾地区参与"一带一路"建设作出妥善安排。

内陆地区。利用内陆纵深广阔、人力资源丰富、产业基础较好优势，依托长江中游城市群、成渝城市群、中原城市群、呼包鄂榆城市群、哈长城市群等重点区域，推动区域互动合作和产业集聚发展，打造重庆西部开发开放重要支撑和成都、郑州、武汉、长沙、南昌、合肥等内陆开放型经济高地。加快推动长江中上游地区和俄罗斯伏尔加河沿岸联邦区的合作。建立中欧通道铁路运输、口岸通关协调机制，打造"中欧班列"品牌，建设沟通境内外、连接东中西的运输通道。支持郑州、西安等内陆城市建设航空港、国际陆港，加强内陆口岸与沿海、沿边口岸通关合作，开展跨境贸易电子商务服务试点。优化海关特殊监管区域布局，创新加工贸易模式，深化与沿线国家的产业合作。

七、中国积极行动

一年多来，中国政府积极推动"一带一路"建设，加强与沿线国家的沟通磋商，推动与沿线国家的务实合作，实施了一系列政策措施，努力收获早期成果。

高层引领推动。习近平主席、李克强总理等国家领导人先后出访20多个国家，出席加强互联互通伙伴关系对话会、中阿合作论坛第六届部长级会议，就双边关系和地区发展问题，多次与有关国家元首和政府首脑进行会晤，深入阐释"一带一路"的深刻内涵和积极意义，就共建"一带一路"达成广泛共识。

签署合作框架。与部分国家签署了共建"一带一路"合作备忘录，与一些毗邻国家签署了地区合作和边境合作的备忘录以及经贸合作中长期发展规划。研究编制与一些毗邻国家的地区合作规划纲要。

推动项目建设。加强与沿线有关国家的沟通磋商，在基础设施互联互通、产业投资、资源开发、经贸合作、金融合作、人文交流、生态保护、海上合作等领域，推进了一批条件成熟的重点合作项目。

完善政策措施。中国政府统筹国内各种资源，强化政策支持。推动亚洲基础设施投资银行筹建，发起设立丝路基金，强化中国—欧亚经济合作基金投资功能。推动银行卡清算机构开展跨境清算业务和支付机构开展跨境支付业务。积极推进投资贸易便利化，推进区域通关一体化改革。

发挥平台作用。各地成功举办了一系列以"一带一路"为主题的国际峰会、论坛、研讨会、博览会，对增进理解、凝聚共识、深化合作发挥了重要作用。

八、共创美好未来

共建"一带一路"是中国的倡议，也是中国与沿线国家的共同愿望。站在新的起点上，中国愿与沿线国家一道，以共建"一带一路"为契机，平等协商，兼顾各方利益，反映各方诉求，携手推动更大范围、更高水平、更深层次的大开放、大交流、大融合。"一带一路"建设是开放的、包容的，欢迎世界各国和国际、地区组织积极参与。

共建"一带一路"的途径是以目标协调、政策沟通为主，不刻意追求一致性，可高度灵活，富有弹性，是多元开放的合作进程。中国愿与沿线国家一道，不断充实完善"一带一路"的合作内容和方式，共同制定时间表、路线图，积极对接沿线国家发展和区域合作规划。

中国愿与沿线国家一道，在既有双多边和区域次区域合作机制框架下，通过合作研究、论坛展会、人员培训、交流访问等多种形式，促进沿线国家对共建"一带一路"内涵、目标、任务等方面的进一步理解和认同。

中国愿与沿线国家一道，稳步推进示范项目建设，共同确定一批能够照顾双多边利益的项目，对各方认可、条件成熟的项目抓紧启动实施，争取早日开花结果。

"一带一路"是一条互尊互信之路，一条合作共赢之路，一条文明互鉴之路。只要沿线各国和衷共济、相向而行就一定能够谱写建设丝绸之路经济带和 21 世纪海上丝绸之路的新篇章，让沿线各国人民共享"一带一路"共建成果。

附录二："一带一路"合作国家一览表

截至 2019 年 4 月 30 日，中国已经与 131 个国家和 30 个国际组织签署了 187 份共建"一带一路"合作文件。

洲别	国家
非洲	苏丹　南非　塞内加尔　塞拉利昂　科特迪瓦　索马里　喀麦隆　南苏丹　塞舌尔　几内亚　加纳　赞比亚　莫桑比克　加蓬　纳米比亚　毛里塔尼亚　安哥拉　吉布提　埃塞俄比亚　肯尼亚　尼日利亚　乍得　刚果布　津巴布韦　阿尔及利亚　坦桑尼亚　布隆迪　佛得角　乌干达　冈比亚　多哥　卢旺达　摩洛哥　马达加斯加　突尼斯　利比亚　埃及　赤道几内亚　利比里亚
亚洲	韩国　蒙古　新加坡　东帝汶　马来西亚　缅甸　柬埔寨　越南　老挝　文莱　巴基斯坦　斯里兰卡　孟加拉国　尼泊尔　马尔代夫　阿联酋　科威特　土耳其　卡塔尔　阿曼　黎巴嫩　沙特阿拉伯　巴林　伊朗　伊拉克　阿富汗　阿塞拜疆　格鲁吉亚　亚美尼亚　哈萨克斯坦　吉尔吉斯斯坦　塔吉克斯坦　乌兹别克斯坦　泰国　印度尼西亚　菲律宾　也门　塞浦路斯
欧洲	俄罗斯　奥地利　希腊　波兰　塞尔维亚　捷克　保加利亚　斯洛伐克　阿尔巴尼亚　克罗地亚　波黑　黑山　爱沙尼亚　立陶宛　斯洛文尼亚　匈牙利　北马其顿（原马其顿）　罗马尼亚　拉脱维亚　乌克兰　白俄罗斯　摩尔多瓦　马耳他　葡萄牙　意大利　卢森堡
大洋洲	新西兰　巴布亚新几内亚　萨摩亚　纽埃　斐济　密克罗尼西亚联邦　库克群岛　汤加　瓦努阿图
南美洲	智利　圭亚那　玻利维亚　乌拉圭　委内瑞拉　苏里南　厄瓜多尔　秘鲁
北美洲	哥斯达黎加　巴拿马　萨尔瓦多　多米尼加　特立尼达和多巴哥　安提瓜和巴布达　多米尼克　格林纳达　巴巴多斯　古巴　牙买加

附录三：中国与国际组织签署"一带一路"合作文件情况

国际组织	相关文件
联合国	外交部与联合国亚太经社会签署《中华人民共和国外交部与联合国亚洲及太平洋经济社会委员会关于推进地区互联互通和"一带一路"倡议的意向书》 中国外交部与联合国亚洲及太平洋经济社会委员会签署《关于推进"一带一路"倡议和2030年可持续发展议程的谅解备忘录》 中国政府和塞尔维亚、吉布提、蒙古、莫桑比克、埃塞俄比亚、巴布亚新几内亚等国政府以及非盟、联合国人居署、联合国非洲经济委员会签署共建"一带一路"合作规划或行动计划 中国人力资源社会保障部与国际劳工组织签署《"一带一路"框架下南南合作的谅解备忘录》 中国应急管理部与国际劳工组织签署《关于在"一带一路"框架下开展安全生产领域南南合作的谅解备忘录》 中国商务部与联合国开发计划署签署在埃塞俄比亚、斯里兰卡的可再生能源三方合作项目协议 中国海关总署与联合国工业发展组织、柬埔寨海关与消费税总署签署海关检验检疫合作文件，与俄罗斯海关署、哈萨克斯坦财政部、白俄罗斯国家海关委员会、蒙古海关总局签署《关于"经认证的经营者"（AEO）互认合作相关文件》 中国国家航天局与联合国外空司签署《关于"一带一路"空间信息走廊合作意向的宣言》 中国与联合国南南合作办公室、南南合作金融中心共同成立"空中丝绸之路南南合作伙伴联盟"，签署合作协议 中国进出口银行与联合国工业发展组织签署《关于促进"一带一路"沿线国家可持续工业发展有关合作的联合声明》 中国政府与世界粮食计划署、联合国国际移民组织、联合国儿童基金会、联合国难民署、世界卫生组织、红十字国际委员会、联合国开发计划署、联合国工业发展组织、世界贸易组织、国际民航组织、联合国人口基金会、联合国贸易和发展会议、国际贸易中心、联合国教科文组织等国际组织签署援助协议 中国国务院发展研究中心与联合国工业发展组织签署《关于共建"一带一路"等合作的谅解备忘录》 中国国际城市发展联盟与联合国人类住区规划署、世界卫生组织、世界城市和地方政府组织亚太区签署合作意向书 中国政府与联合国教科文组织签署《中国—联合国教科文组织合作谅解备忘录（2017—2020年）》 中国自然资源部与联合国欧洲经济委员会在联合国日内瓦总部联合发布了中国矿产资源储量分类标准与联合国资源分类框架对接文件

续表

国际组织	相关文件
世界银行	中国财政部与亚洲开发银行、亚投行、欧洲复兴开发银行、欧洲投资银行、新开发银行、世界银行集团6家多边开发机构签署《关于加强在"一带一路"倡议下相关领域合作的谅解备忘录》 中国财政部与亚投行、亚洲开发银行、拉美开发银行、欧洲复兴开发银行、欧洲投资银行、泛美开发银行、国际农业发展基金、世界银行集团在北京签署《关于共同设立多边开发融资合作中心的备忘录》
国际货币基金组织	中国人民银行与国际货币基金组织签署了《中国人民银行与国际货币基金组织关于建立中国—基金组织联合能力建设中心谅解备忘录》
亚洲基础设施投资银行	中国财政部与亚洲开发银行、亚投行、欧洲复兴开发银行、欧洲投资银行、新开发银行、世界银行集团6家多边开发机构签署《关于加强在"一带一路"倡议下相关领域合作的谅解备忘录》 中国财政部与亚投行、亚洲开发银行、拉美开发银行、欧洲复兴开发银行、欧洲投资银行、泛美开发银行、国际农业发展基金、世界银行集团在北京签署《关于共同设立多边开发融资合作中心的备忘录》,标志着多边开发融资合作中心正式成立
世界贸易组织	中国政府与世界粮食计划署、联合国国际移民组织、联合国儿童基金会、联合国难民署、世界卫生组织、红十字国际委员会、联合国开发计划署、联合国工业发展组织、世界贸易组织、国际民航组织、联合国人口基金会、联合国贸易和发展会议、国际贸易中心、联合国教科文组织等国际组织签署援助协议
二十国集团	暂无

附录四:"一带一路"与 UN 成员签订合作文件情况

截至 2020 年 1 月底,联合国共有 193 个成员国,其中签订了"一带一路"合作协议的国家共 136 个(不含中国),有 56 个国家尚未加入"一带一路"。

洲别	国家	相关文件
非洲	苏丹	苏丹已同中国签署共建"一带一路"合作协议
	南非	南非已和中国签订"一带一路"政府间合作备忘录
	塞内加尔	中国与塞内加尔签署"一带一路"合作文件

续表

洲别	国家	相关文件
非洲	塞拉利昂	中国与28个非洲国家签署共建"一带一路"谅解备忘录
	科特迪瓦	
	索马里	
	喀麦隆	
	南苏丹	
	塞舌尔	
	几内亚	
	加纳	
	赞比亚	
	莫桑比克	
	加蓬	
	纳米比亚	
	毛里塔尼亚	
	安哥拉	
	吉布提	
	埃塞俄比亚	
	肯尼亚	
	尼日利亚	
	乍得	
	刚果布	
	津巴布韦	
	阿尔及利亚	
	坦桑尼亚	
	布隆迪	
	佛得角	
	乌干达	
	冈比亚	
	多哥	
	卢旺达	中国与卢旺达签署"一带一路"建设相关文件
	摩洛哥	中国与摩洛哥签署共建"一带一路"谅解备忘录

续表

洲别	国家	相关文件
非洲	马达加斯加	中国与马达加斯加签署《中华人民共和国政府与马达加斯加共和国政府关于共同推进丝绸之路经济带和21世纪海上丝绸之路建设的谅解备忘录》
	突尼斯	中国与突尼斯签署共建"一带一路"谅解备忘录
	利比亚	中国同利比亚签署共建"一带一路"谅解备忘录
	埃及	中国与埃及签署共建"一带一路"合作文件
	赤道几内亚	中国政府与赤道几内亚政府签署共建"一带一路"谅解备忘录
	利比里亚	中国政府与利比里亚政府签署共建"一带一路"谅解备忘录
	莱索托	中莱、中科、中贝签署"一带一路"合作谅解备忘录
	科摩罗	
	贝宁	
	马里	中国和马里签署共建"一带一路"合作备忘录
	尼日尔	中国与尼日尔签署"一带一路"合作文件
亚洲	韩国	"一带一路"倡议和韩国"欧亚倡议"对接 双方签署合作谅解备忘录
	蒙古	中国同蒙古、新加坡、东帝汶、马来西亚、缅甸等国签署政府间"一带一路"合作谅解备忘录
	新加坡	
	东帝汶	
	马来西亚	
	缅甸	
	柬埔寨	中国与柬埔寨签署政府间共建"一带一路"合作文件
	越南	中国与越南签署共建"一带一路"和"两廊一圈"合作备忘录
	老挝	中国与老挝签署共建"一带一路"合作文件
	文莱	中国同文莱签署"一带一路"等双边合作文件
	巴基斯坦	中国同巴基斯坦等国签署政府间"一带一路"合作谅解备忘录
	斯里兰卡	商务部和斯里兰卡财政计划部签署有关共建"21世纪海上丝绸之路"的备忘录
	孟加拉国	中孟签署《关于编制共同推进"一带一路"建设合作规划纲要的谅解备忘录》
	尼泊尔	中国同尼泊尔等国签署政府间"一带一路"合作谅解备忘录

续表

洲别	国家	相关文件
亚洲	马尔代夫	中国同马尔代夫签署政府间共同推进"一带一路"建设谅解备忘录
	阿联酋	中国与阿联酋签署共建"一带一路"谅解备忘录
	科威特	科威特是最早同中国签署共建"一带一路"合作文件的国家
	土耳其	中国与土耳其签署"一带一路"谅解备忘录
	卡塔尔	中国同卡塔尔签署"一带一路"等领域合作文件
	阿曼	中国与阿曼签署共建"一带一路"谅解备忘录
	黎巴嫩	中国同黎巴嫩签署共建"一带一路"合作文件
	沙特阿拉伯	中华人民共和国和沙特阿拉伯王国关于建立全面战略伙伴关系的联合声明
	巴林	中国与巴林签署共同推进"一带一路"建设的谅解备忘录
	伊朗	中华人民共和国和伊朗伊斯兰共和国关于建立全面战略伙伴关系的联合声明
	伊拉克	中华人民共和国和伊拉克共和国关于建立战略伙伴关系的联合声明
	阿富汗	中华人民共和国和阿富汗伊斯兰共和国联合声明
欧洲	阿塞拜疆	中阿签署《中阿关于共同推进丝绸之路经济带建设的谅解备忘录》
	格鲁吉亚	中国与格鲁吉亚启动自贸区可行性研究并签署共建"丝绸之路经济带"合作文件
	亚美尼亚	中华人民共和国和亚美尼亚共和国关于进一步发展和深化友好合作关系的联合声明
	哈萨克斯坦	发改委与哈萨克斯坦共和国国民经济部签署关于共同推进丝绸之路经济带建设的谅解备忘录
	吉尔吉斯斯坦	中华人民共和国和吉尔吉斯共和国关于建立全面战略伙伴关系联合声明
	塔吉克斯坦	中塔签署《关于编制中塔合作规划纲要的谅解备忘录》
	乌兹别克斯坦	中乌签署共建"丝绸之路经济带"合作文件
	泰国	中泰签署《共同推进"一带一路"建设谅解备忘录》
	印度尼西亚	中印尼已签署推进"一带一路"和"全球海洋支点"建设谅解备忘录
	菲律宾	中华人民共和国与菲律宾共和国联合声明
	也门	中国政府与也门政府签署共建"一带一路"谅解备忘录
	塞浦路斯	中国与塞浦路斯签署共建"一带一路"合作文件
	俄罗斯	中华人民共和国与俄罗斯联邦关于丝绸之路经济带建设和欧亚经济联盟建设对接合作的联合声明

续表

洲别	国家	相关文件
欧洲	奥地利	中国同奥地利签署"一带一路"合作文件
	希腊	中国与希腊签署共建"一带一路"合作谅解备忘录
	波兰	中华人民共和国政府与波兰共和国政府关于共同推进"一带一路"建设的谅解备忘录
	塞尔维亚	
	捷克	中国同波兰、塞尔维亚、捷克、保加利亚、斯洛伐克分别签署政府间共同推进"一带一路"建设谅解备忘录
	保加利亚	
	斯洛伐克	
	阿尔巴尼亚	中国同克罗地亚、黑山、波黑、阿尔巴尼亚签署政府间"一带一路"合作谅解备忘录
	克罗地亚	
	波黑	
	黑山	
	爱沙尼亚	中东欧16国已全部签署"一带一路"合作文件
	立陶宛	
	斯洛文尼亚	
	匈牙利	中华人民共和国政府与匈牙利政府关于共同推进丝绸之路经济带和21世纪海上丝绸之路建设的谅解备忘录
	北马其顿（原马其顿）	中马签署《中华人民共和国商务部和马其顿共和国经济部关于在中马经贸混委会框架下推进共建丝绸之路经济带谅解备忘录》
	罗马尼亚	中罗已签署《关于在两国经济联委会框架下推进"一带一路"建设的谅解备忘录》
	拉脱维亚	中拉签署共建"一带一路"政府间谅解备忘录
	乌克兰	2015年中乌签署"一带一路"框架下合作协议
	白俄罗斯	中白签署共建"丝绸之路经济带"合作议定书
	摩尔多瓦	中东欧16国已全部签署"一带一路"合作文件
	马耳他	中国与马耳他签署中马共建"一带一路"合作文件
	葡萄牙	中华人民共和国和葡萄牙共和国关于进一步加强全面战略伙伴关系的联合声明
	意大利	中国与意大利签署"一带一路"合作文件
	卢森堡	中国同卢森堡签署共建"一带一路"谅解备忘录
大洋洲	新西兰	中华人民共和国政府和新西兰政府关于加强"一带一路"倡议合作的安排备忘录
	巴布亚新几内亚	中国与巴布亚新几内亚签署共建"一带一路"合作文件
	萨摩亚	萨摩亚与中国签署"一带一路"倡议合作谅解备忘录

续表

洲别	国家	相关文件
大洋洲	斐济	中国与斐济签署共建"一带一路"合作谅解备忘录
	密克罗尼西亚联邦	中国已同密克罗尼西亚联邦、汤加签署共建"一带一路"合作协议
	汤加	
	瓦努阿图	中瓦签署共同推进"一带一路"建设谅解备忘录
	所罗门群岛	中国与所罗门群岛签署共建"一带一路"谅解备忘录
	基里巴斯	中基两国政府签署共同推进"一带一路"建设合作文件
南美洲	智利	中国与智利签署共建"一带一路"合作谅解备忘录
	圭亚那	中国与圭亚那签署"一带一路"合作文件
	玻利维亚	中玻签署共建"一带一路"等双边合作文件
	乌拉圭	中国与乌拉圭签署共建"一带一路"谅解备忘录
	委内瑞拉	中国同委内瑞拉签署共建"一带一路"合作文件
	苏里南	苏里南与中国签署共建"一带一路"合作文件
	厄瓜多尔	中厄签署"一带一路"合作文件
	秘鲁	中国政府与秘鲁政府签署共建"一带一路"谅解备忘录
北美洲	哥斯达黎加	中国同哥斯达黎加签署共建"一带一路"谅解备忘录
	巴拿马	中国与巴拿马签署《关于共同推进丝绸之路经济带和21世纪海上丝绸之路建设的谅解备忘录》
	萨尔瓦多	中国与萨尔瓦多签署共建"一带一路"合作谅解备忘录
	多米尼加	中国与多米尼加签署共建"一带一路"合作谅解备忘录
	特立尼达和多巴哥	中国与特立尼达和多巴哥签署共建"一带一路"合作文件
	安提瓜和巴布达	中国与安提瓜和巴布达签署《关于共同推进丝绸之路经济带与21世纪海上丝绸之路建设的谅解备忘录》
	多米尼克	中国与多米尼克签署《中华人民共和国政府与多米尼克政府关于共同推进丝绸之路经济带与21世纪海上丝绸之路建设的谅解备忘录》
	格林纳达	中国与格林纳达签署共建"一带一路"谅解备忘录
	巴巴多斯	中国与巴巴多斯签署共建"一带一路"合作谅解备忘录
	古巴	古巴与中国政府签署《关于共同推进丝绸之路经济带和21世纪海上丝绸之路建设的谅解备忘录》
	牙买加	中国与牙买加签署共建"一带一路"谅解备忘录
未加入"一带一路"	阿根廷	暂无
	阿拉伯叙利亚共和国	
	爱尔兰	

续表

洲别	国家	相关文件
未加入"一带一路"	安道尔	暂无
	澳大利亚	
	巴哈马	
	巴拉圭	
	巴西	
	比利时	
	冰岛	
	伯利兹	
	博茨瓦纳	
	不丹	
	布基纳法索	
	朝鲜	
	英国	
	丹麦	
	德国	
	厄立特里亚	
	法国	
	芬兰	
	刚果民主共和国	
	哥伦比亚	
	海地	
	荷兰	
	洪都拉斯	
	几内亚比绍	
	加拿大	
	列支敦士登	
	马拉维	
	马绍尔群岛	
	毛里求斯	
	美利坚合众国	
	摩纳哥	

续表

洲别	国家	相关文件
未加入"一带一路"	墨西哥	暂无
	秘鲁	
	尼加拉瓜	
	挪威	
	帕劳	
	日本	
	瑞典	
	瑞士	
	圣多美和普林西比	
	圣基茨和尼维斯	
	圣卢西亚	
	圣马力诺	
	圣文森特和格林纳丁斯	
	埃斯瓦蒂尼（原斯威士兰）	
	图瓦卢	
	土库曼斯坦	
	危地马拉	
	西班牙	
	以色列	
	印度	
	约旦	
	中非	

附录五:"一带一路"与 WB 成员签订合作文件情况

截至 2020 年 1 月底,WB 共有 189 个成员国,其中签订了"一带一路"合作协议的国家共 135 个(不含中国),有 53 个国家尚未加入"一带一路"。

洲别	国家	相关文件
非洲	苏丹	苏丹已同中国签署共建"一带一路"合作协议
	南非	南非已和中国签订"一带一路"政府间合作备忘录
	塞内加尔	中国与塞内加尔签署"一带一路"合作文件
	塞拉利昂	中国与 28 个非洲国家签署共建"一带一路"谅解备忘录
	科特迪瓦	
	索马里	
	喀麦隆	
	南苏丹	
	塞舌尔	
	几内亚	
	加纳	
	赞比亚	
	莫桑比克	
	加蓬	
	纳米比亚	
	毛里塔尼亚	
	安哥拉	
	吉布提	
	埃塞俄比亚	
	肯尼亚	
	尼日利亚	
	乍得	

续表

洲别	国家	相关文件
非洲	刚果布	中国与28个非洲国家签署共建"一带一路"谅解备忘录
	津巴布韦	
	阿尔及利亚	
	坦桑尼亚	
	布隆迪	
	佛得角	
	乌干达	
	冈比亚	
	多哥	
	卢旺达	中国与卢旺达签署"一带一路"建设相关文件
	摩洛哥	中国与摩洛哥签署共建"一带一路"谅解备忘录
	马达加斯加	中国与马达加斯加签署《中华人民共和国政府与马达加斯加共和国政府关于共同推进丝绸之路经济带和21世纪海上丝绸之路建设的谅解备忘录》
	突尼斯	中国与突尼斯签署共建"一带一路"谅解备忘录
	利比亚	中国同利比亚签署共建"一带一路"谅解备忘录
	埃及	中国与埃及签署共建"一带一路"合作文件
	赤道几内亚	中国政府与赤道几内亚政府签署共建"一带一路"谅解备忘录
	利比里亚	中国政府与利比里亚政府签署共建"一带一路"谅解备忘录
	莱索托	中莱、中科、中贝签署"一带一路"合作谅解备忘录
	科摩罗	
	贝宁	
	马里	中国和马里签署共建"一带一路"合作备忘录
	尼日尔	中国与尼日尔签署"一带一路"合作文件
亚洲	韩国	"一带一路"倡议和韩国"欧亚倡议"对接 双方签署合作谅解备忘录
	蒙古	中国同蒙古、新加坡、东帝汶、马来西亚、缅甸签署政府间"一带一路"合作谅解备忘录
	新加坡	
	东帝汶	
	马来西亚	
	缅甸	
	柬埔寨	中国与柬埔寨签署政府间共建"一带一路"合作文件

续表

洲别	国家	相关文件
亚洲	越南	中国与越南签署共建"一带一路"和"两廊一圈"合作备忘录
	老挝	中国与老挝签署共建"一带一路"合作文件
	文莱	中国同文莱签署"一带一路"等双边合作文件
	巴基斯坦	中国同巴基斯坦等国签署政府间"一带一路"合作谅解备忘录
	斯里兰卡	商务部和斯里兰卡财政计划部签署有关共建"21世纪海上丝绸之路"的备忘录
	孟加拉国	中孟签署《关于编制共同推进"一带一路"建设合作规划纲要的谅解备忘录》
	尼泊尔	中国同尼泊尔等国签署政府间"一带一路"合作谅解备忘录
	马尔代夫	中国同马尔代夫签署政府间共同推进"一带一路"建设谅解备忘录
	阿联酋	中国与阿联酋签署共建"一带一路"谅解备忘录
	科威特	科威特是最早同中国签署共建"一带一路"合作文件的国家
	土耳其	中国与土耳其签署"一带一路"谅解备忘录
	卡塔尔	中国同卡塔尔签署"一带一路"等领域合作文件
	阿曼	中国与阿曼签署共建"一带一路"谅解备忘录
	黎巴嫩	中国同黎巴嫩签署共建"一带一路"合作文件
	沙特阿拉伯	中华人民共和国和沙特阿拉伯王国关于建立全面战略伙伴关系的联合声明
	巴林	中国与巴林签署共同推进"一带一路"建设的谅解备忘录
	伊朗	中华人民共和国和伊朗伊斯兰共和国关于建立全面战略伙伴关系的联合声明
	伊拉克	中华人民共和国和伊拉克共和国关于建立战略伙伴关系的联合声明
	阿富汗	中华人民共和国和阿富汗伊斯兰共和国联合声明
	阿塞拜疆	中阿签署《中阿关于共同推进丝绸之路经济带建设的谅解备忘录》
	格鲁吉亚	中国与格鲁吉亚启动自贸区可行性研究并签署共建"丝绸之路经济带"合作文件
	亚美尼亚	中华人民共和国和亚美尼亚共和国关于进一步发展和深化友好合作关系的联合声明
	哈萨克斯坦	发改委与哈萨克斯坦共和国国民经济部签署关于共同推进丝绸之路经济带建设的谅解备忘录

续表

洲别	国家	相关文件
亚洲	吉尔吉斯斯坦	中华人民共和国和吉尔吉斯共和国关于建立全面战略伙伴关系联合声明
	塔吉克斯坦	中塔签署《关于编制中塔合作规划纲要的谅解备忘录》
	乌兹别克斯坦	中乌签署共建"丝绸之路经济带"合作文件
	泰国	中泰签署《共同推进"一带一路"建设谅解备忘录》
	印度尼西亚	中印尼已签署推进"一带一路"和"全球海洋支点"建设谅解备忘录
	菲律宾	中华人民共和国与菲律宾共和国联合声明
	也门	中国政府与也门政府签署共建"一带一路"谅解备忘录
欧洲	塞浦路斯	中国与塞浦路斯签署共建"一带一路"合作文件
	俄罗斯	中华人民共和国与俄罗斯联邦关于丝绸之路经济带建设和欧亚经济联盟建设对接合作的联合声明
	奥地利	中国同奥地利签署"一带一路"合作文件
	希腊	中国与希腊签署共建"一带一路"合作谅解备忘录
	波兰	中华人民共和国政府与波兰共和国政府关于共同推进"一带一路"建设的谅解备忘录
	塞尔维亚	中国同塞尔维亚、捷克、保加利亚、斯洛伐克分别签署政府间共同推进"一带一路"建设谅解备忘录
	捷克	
	保加利亚	
	斯洛伐克	
	阿尔巴尼亚	中国同克罗地亚、黑山、波黑、阿尔巴尼亚签署政府间"一带一路"合作谅解备忘录
	克罗地亚	
	波黑	
	黑山	
	爱沙尼亚	中东欧16国已全部签署"一带一路"合作文件
	立陶宛	
	斯洛文尼亚	
	匈牙利	中华人民共和国政府与匈牙利政府关于共同推进丝绸之路经济带和21世纪海上丝绸之路建设的谅解备忘录
	北马其顿(原马其顿)	中马签署《中华人民共和国商务部和马其顿共和国经济部关于在中马经贸混委会框架下推进共建丝绸之路经济带谅解备忘录》
	罗马尼亚	中罗已签署《关于在两国经济联委会框架下推进"一带一路"建设的谅解备忘录》
	拉脱维亚	中拉签署共建"一带一路"政府间谅解备忘录

续表

洲别	国家	相关文件
欧洲	乌克兰	2015年中乌签署"一带一路"框架下合作协议
	白俄罗斯	中白签署共建"丝绸之路经济带"合作议定书
	摩尔多瓦	中东欧16国已全部签署"一带一路"合作文件
	马耳他	中国与马耳他签署中马共建"一带一路"合作文件
	葡萄牙	中华人民共和国和葡萄牙共和国关于进一步加强全面战略伙伴关系的联合声明
	意大利	中国与意大利签署"一带一路"合作文件
	卢森堡	中国同卢森堡签署共建"一带一路"谅解备忘录
大洋洲	新西兰	中华人民共和国政府和新西兰政府关于加强"一带一路"倡议合作的安排备忘录
	巴布亚新几内亚	中国与巴布亚新几内亚签署共建"一带一路"合作文件
	萨摩亚	萨摩亚与中国签署"一带一路"倡议合作谅解备忘录
	斐济	中国与斐济签署共建"一带一路"合作谅解备忘录
	密克罗尼西亚联邦	中国已同密克罗尼西亚联邦、汤加签署共建"一带一路"合作协议
	汤加	
	瓦努阿图	中瓦签署共同推进"一带一路"建设谅解备忘录
	所罗门群岛	中国与所罗门群岛签署共建"一带一路"谅解备忘录
	基里巴斯	中基两国政府签署共同推进"一带一路"建设合作文件
南美洲	智利	中国与智利签署共建"一带一路"合作谅解备忘录
	圭亚那	中国与圭亚那签署"一带一路"合作文件
	玻利维亚	中玻签署共建"一带一路"等双边合作文件
	乌拉圭	中国与乌拉圭签署共建"一带一路"谅解备忘录
	委内瑞拉	中国同委内瑞拉签署共建"一带一路"合作文件
	苏里南	苏里南与中国签署共建"一带一路"合作文件
	厄瓜多尔	中厄签署"一带一路"合作文件
	秘鲁	中国政府与秘鲁政府签署共建"一带一路"谅解备忘录
北美洲	哥斯达黎加	中国同哥斯达黎加签署共建"一带一路"谅解备忘录
	巴拿马	中国与巴拿马签署《关于共同推进丝绸之路经济带和21世纪海上丝绸之路建设的谅解备忘录》
	萨尔瓦多	中国与萨尔瓦多签署共建"一带一路"合作谅解备忘录
	多米尼加	中国与多米尼加签署共建"一带一路"合作谅解备忘录
	特立尼达和多巴哥	中国与特立尼达和多巴哥签署"一带一路"合作文件

续表

洲别	国家	相关文件
北美洲	安提瓜和巴布达	中国与安提瓜和巴布达签署《关于共同推进丝绸之路经济带与21世纪海上丝绸之路建设的谅解备忘录》
	多米尼克	中国与多米尼克签署《中华人民共和国政府与多米尼克政府关于共同推进丝绸之路经济带与21世纪海上丝绸之路建设的谅解备忘录》
	格林纳达	中国与格林纳达签署共建"一带一路"谅解备忘录
	巴巴多斯	中国与巴巴多斯签署共建"一带一路"合作谅解备忘录
	牙买加	中国与牙买加签署共建"一带一路"谅解备忘录
未加入"一带一路"	阿根廷	暂无
	澳大利亚	
	巴哈马	
	比利时	
	伯利兹	
	不丹	
	博茨瓦纳	
	巴西	
	布基纳法索	
	加拿大	
	中非共和国	
	哥伦比亚	
	刚果民主共和国	
	丹麦	
	厄立特里亚	
	埃斯瓦蒂尼（原斯威士兰）	
	芬兰	
	法国	
	德国	
	危地马拉	
	几内亚比绍	
	海地	
	洪都拉斯	
	冰岛	

续表

洲别	国家	相关文件
未加入"一带一路"	印度	暂无
	爱尔兰	
	以色列	
	日本	
	约旦	
	科索沃	
	马拉维	
	马绍尔群岛	
	毛里求斯	
	墨西哥	
	瑙鲁	
	荷兰	
	尼加拉瓜	
	挪威	
	帕劳	
	巴拉圭	
	圣马力诺	
	圣多美和普林西比	
	西班牙	
	圣基茨和尼维斯	
	圣卢西亚	
	圣文森特和格林纳丁斯	
	瑞典	
	瑞士	
	阿拉伯叙利亚共和国	
	土库曼斯坦	
	图瓦卢	
	英国	
	美国	

附录六:"一带一路"与 IDA 成员签订合作文件情况

截至 2020 年 1 月底,IDA 共有 173 个成员国,其中与"一带一路"签订合作协议的国家共 122 个(不含中国),有 50 个国家未加入"一带一路"。

洲别	国家	相关文件
非洲	苏丹	苏丹已同中国签署共建"一带一路"合作协议
	南非	南非已和中国签订"一带一路"政府间合作备忘录
	塞内加尔	中国与塞内加尔签署"一带一路"合作文件
	塞拉利昂	中国与 26 个非洲国家签署共建"一带一路"谅解备忘录
	科特迪瓦	
	索马里	
	喀麦隆	
	南苏丹	
	几内亚	
	加纳	
	赞比亚	
	莫桑比克	
	加蓬	
	毛里塔尼亚	
	安哥拉	
	吉布提	
	埃塞俄比亚	
	肯尼亚	
	尼日利亚	
	乍得	
	刚果布	
	津巴布韦	

续表

洲别	国家	相关文件
非洲	阿尔及利亚	中国与 26 个非洲国家签署共建"一带一路"谅解备忘录
	坦桑尼亚	
	布隆迪	
	佛得角	
	乌干达	
	冈比亚	
	多哥	
	卢旺达	中国与卢旺达签署"一带一路"建设相关文件
	摩洛哥	中国与摩洛哥签署共建"一带一路"谅解备忘录
	马达加斯加	中国与马达加斯加签署《中华人民共和国政府与马达加斯加共和国政府关于共同推进丝绸之路经济带和 21 世纪海上丝绸之路建设的谅解备忘录》
	突尼斯	中国与突尼斯签署共建"一带一路"谅解备忘录
	利比亚	中国同利比亚签署共建"一带一路"谅解备忘录
	埃及	中国与埃及签署共建"一带一路"合作文件
	赤道几内亚	中国政府与赤道几内亚政府签署共建"一带一路"谅解备忘录
	利比里亚	中国政府与利比里亚政府签署共建"一带一路"谅解备忘录
	莱索托	中莱、中科、中贝签署"一带一路"合作谅解备忘录
	科摩罗	
	贝宁	
	马里	中国和马里签署共建"一带一路"合作备忘录
	尼日尔	中国和尼日尔签署共建"一带一路"合作文件
亚洲	韩国	"一带一路"倡议和韩国"欧亚倡议"对接 双方签署合作谅解备忘录
	蒙古	中国同蒙古、新加坡、东帝汶、马来西亚、缅甸等国签署政府间"一带一路"合作谅解备忘录
	新加坡	
	东帝汶	
	马来西亚	
	缅甸	
	柬埔寨	中国与柬埔寨签署政府间共建"一带一路"合作文件
	越南	中国与越南签署共建"一带一路"和"两廊一圈"合作备忘录

续表

洲别	国家	相关文件
亚洲	老挝	中国与老挝签署共建"一带一路"合作文件
	巴基斯坦	中国同巴基斯坦等国签署政府间"一带一路"合作谅解备忘录
	斯里兰卡	商务部和斯里兰卡财政计划部签署有关共建"21世纪海上丝绸之路"的备忘录
	孟加拉国	中孟签署《关于编制共同推进"一带一路"建设合作规划纲要的谅解备忘录》
	尼泊尔	中国同尼泊尔等国签署政府间"一带一路"合作谅解备忘录
	马尔代夫	中国同马尔代夫签署政府间共同推进"一带一路"建设谅解备忘录
	阿联酋	中国与阿联酋签署共建"一带一路"谅解备忘录
	科威特	科威特是最早同中国签署共建"一带一路"合作文件的国家
	土耳其	中国与土耳其签署"一带一路"谅解备忘录
	阿曼	中国与阿曼签署共建"一带一路"谅解备忘录
	黎巴嫩	中国同黎巴嫩签署共建"一带一路"合作文件
	沙特阿拉伯	中华人民共和国和沙特阿拉伯王国关于建立全面战略伙伴关系的联合声明
	伊朗	中华人民共和国和伊朗伊斯兰共和国关于建立全面战略伙伴关系的联合声明
	伊拉克	中华人民共和国和伊拉克共和国关于建立战略伙伴关系的联合声明
	阿富汗	中华人民共和国和阿富汗伊斯兰共和国联合声明
	阿塞拜疆	中阿签署《中阿关于共同推进丝绸之路经济带建设的谅解备忘录》
	格鲁吉亚	中国与格鲁吉亚启动自贸区可行性研究并签署共建"丝绸之路经济带"合作文件
	亚美尼亚	中华人民共和国和亚美尼亚共和国关于进一步发展和深化友好合作关系的联合声明
	哈萨克斯坦	发改委与哈萨克斯坦共和国国民经济部签署关于共同推进丝绸之路经济带建设的谅解备忘录
	吉尔吉斯斯坦	中华人民共和国和吉尔吉斯共和国关于建立全面战略伙伴关系联合声明
	塔吉克斯坦	中塔签署《关于编制中塔合作规划纲要的谅解备忘录》
	乌兹别克斯坦	中乌签署共建"丝绸之路经济带"合作文件
	泰国	中泰签署《共同推进"一带一路"建设谅解备忘录》

续表

洲别	国家	相关文件
亚洲	印度尼西亚	中印尼已签署推进"一带一路"和"全球海洋支点"建设谅解备忘录
	菲律宾	中华人民共和国与菲律宾共和国联合声明
	也门	中国政府与也门政府签署共建"一带一路"谅解备忘录
欧洲	塞浦路斯	中国与塞浦路斯签署共建"一带一路"合作文件
	俄罗斯	中华人民共和国与俄罗斯联邦关于丝绸之路经济带建设和欧亚经济联盟建设对接合作的联合声明
	奥地利	中国同奥地利签署"一带一路"合作文件
	希腊	中国与希腊签署共建"一带一路"合作谅解备忘录
	波兰	中华人民共和国政府与波兰共和国政府关于共同推进"一带一路"建设的谅解备忘录
	塞尔维亚	中国同塞尔维亚、捷克、斯洛伐克分别签署政府间共同推进"一带一路"建设谅解备忘录
	捷克	
	斯洛伐克	
	阿尔巴尼亚	中国同克罗地亚、黑山、波黑、阿尔巴尼亚签署政府间"一带一路"合作谅解备忘录
	克罗地亚	
	波黑	
	黑山	
	爱沙尼亚	中东欧16国已全部签署"一带一路"合作文件
	立陶宛	
	斯洛文尼亚	
	匈牙利	中华人民共和国政府与匈牙利政府关于共同推进丝绸之路经济带和21世纪海上丝绸之路建设的谅解备忘录
	北马其顿(原马其顿)	中马签署《中华人民共和国商务部和马其顿共和国经济部关于在中马经贸混委会框架下推进共建丝绸之路经济带谅解备忘录》
	罗马尼亚	中罗已签署《关于在两国经济联委会框架下推进"一带一路"建设的谅解备忘录》
	拉脱维亚	中拉签署共建"一带一路"政府间谅解备忘录
	乌克兰	2015年中乌签署"一带一路"框架下合作协议
	摩尔多瓦	中东欧16国已全部签署"一带一路"合作文件
	葡萄牙	中华人民共和国和葡萄牙共和国关于进一步加强全面战略伙伴关系的联合声明
	意大利	中国与意大利签署"一带一路"合作文件
	卢森堡	中国同卢森堡签署共建"一带一路"谅解备忘录

续表

洲别	国家	相关文件
大洋洲	新西兰	中华人民共和国政府和新西兰政府关于加强"一带一路"倡议合作的安排备忘录
	巴布亚新几内亚	中国与巴布亚新几内亚签署共建"一带一路"合作文件
	萨摩亚	萨摩亚与中国签署"一带一路"倡议合作谅解备忘录
	斐济	中国与斐济签署共建"一带一路"合作谅解备忘录
	密克罗尼西亚联邦	中国已同密克罗尼西亚联邦、汤加等签署共建"一带一路"合作协议
	汤加	
	瓦努阿图	中瓦签署共同推进"一带一路"建设谅解备忘录
	所罗门群岛	中国与所罗门群岛签署共建"一带一路"谅解备忘录
	基里巴斯	中基两国政府签署共同推进"一带一路"建设合作文件
南美洲	智利	中国与智利签署共建"一带一路"合作谅解备忘录
	圭亚那	中国与圭亚那签署"一带一路"合作文件
	玻利维亚	中玻签署共建"一带一路"等双边合作文件
	厄瓜多尔	中厄签署"一带一路"合作文件
	秘鲁	中国政府与秘鲁政府签署共建"一带一路"谅解备忘录
北美洲	哥斯达黎加	中国同哥斯达黎加签署共建"一带一路"谅解备忘录
	巴拿马	中国与巴拿马签署《关于共同推进丝绸之路经济带和21世纪海上丝绸之路建设的谅解备忘录》
	萨尔瓦多	中国与萨尔瓦多签署共建"一带一路"合作谅解备忘录
	多米尼加	中国与多米尼加签署共建"一带一路"合作谅解备忘录
	特立尼达和多巴哥	中国与特立尼达和多巴哥签署共建"一带一路"合作文件
	多米尼克	中国与多米尼克签署《中华人民共和国政府与多米尼克政府关于共同推进丝绸之路经济带与21世纪海上丝绸之路建设的谅解备忘录》
	格林纳达	中国与格林纳达签署共建"一带一路"谅解备忘录
	巴巴多斯	中国与巴巴多斯签署共建"一带一路"合作谅解备忘录
未加入"一带一路"	阿根廷	暂无
	澳大利亚	
	巴哈马	
	比利时	
	伯利兹	
	不丹	
	博茨瓦纳	

续表

洲别	国家	相关文件
未加入"一带一路"	巴西	暂无
	布基纳法索	
	加拿大	
	中非共和国	
	哥伦比亚	
	刚果民主共和国	
	丹麦	
	厄立特里亚	
	埃斯瓦蒂尼（原斯威士兰）	
	芬兰	
	法国	
	德国	
	危地马拉	
	几内亚比绍	
	海地	
	洪都拉斯	
	冰岛	
	印度	
	爱尔兰	
	以色列	
	日本	
	约旦	
	科索沃	
	马拉维	
	马绍尔群岛	
	毛里求斯	
	墨西哥	
	荷兰	
	尼加拉瓜	
	挪威	
	帕劳	

续表

洲别	国家	相关文件
未加入"一带一路"	巴拉圭	暂无
	圣多美和普林西比	
	西班牙	
	圣基茨和尼维斯	
	圣卢西亚	
	圣文森特和格林纳丁斯	
	瑞典	
	瑞士	
	阿拉伯叙利亚共和国	
	图瓦卢	
	英国	
	美国	

附录七:"一带一路"与 IFC 成员签订合作文件情况

截至 2020 年 1 月底,IFC 共有 185 个成员国,其中签订了"一带一路"合作协议的国家共 134 个(不含中国),有 50 个国家尚未加入"一带一路"。

洲别	国家	相关文件
非洲	苏丹	苏丹已同中国签署共建"一带一路"合作协议
	南非	南非已和中国签订"一带一路"政府间合作备忘录
	塞内加尔	中国与塞内加尔签署"一带一路"合作文件
	塞拉利昂	中国与 28 个非洲国家签署共建"一带一路"谅解备忘录
	科特迪瓦	
	索马里	

续表

洲别	国家	相关文件
非洲	喀麦隆	中国与28个非洲国家签署共建"一带一路"谅解备忘录
	南苏丹	
	塞舌尔	
	几内亚	
	加纳	
	赞比亚	
	莫桑比克	
	加蓬	
	纳米比亚	
	毛里塔尼亚	
	安哥拉	
	吉布提	
	埃塞俄比亚	
	肯尼亚	
	尼日利亚	
	乍得	
	刚果布	
	津巴布韦	
	阿尔及利亚	
	坦桑尼亚	
	布隆迪	
	佛得角	
	乌干达	
	冈比亚	
	多哥	
	卢旺达	中国与卢旺达签署"一带一路"建设相关文件
	摩洛哥	中国与摩洛哥签署共建"一带一路"谅解备忘录
	马达加斯加	中国与马达加斯加签署《中华人民共和国政府与马达加斯加共和国政府关于共同推进丝绸之路经济带和21世纪海上丝绸之路建设的谅解备忘录》
	突尼斯	中国与突尼斯签署共建"一带一路"谅解备忘录
	利比亚	中国同利比亚签署共建"一带一路"谅解备忘录

续表

洲别	国家	相关文件
非洲	埃及	中国与埃及签署共建"一带一路"合作文件
	赤道几内亚	中国政府与赤道几内亚政府签署共建"一带一路"谅解备忘录
	利比里亚	中国政府与利比里亚政府签署共建"一带一路"谅解备忘录
	莱索托	中莱、中科、中贝签署"一带一路"合作谅解备忘录
	科摩罗	
	贝宁	
	马里	中国和马里签署共建"一带一路"合作备忘录
	尼日尔	中国与尼日尔签署"一带一路"合作文件
亚洲	韩国	"一带一路"倡议和韩国"欧亚倡议"对接 双方签署合作谅解备忘录
	蒙古	中国同蒙古、新加坡、东帝汶、马来西亚、缅甸签署政府间"一带一路"合作谅解备忘录
	新加坡	
	东帝汶	
	马来西亚	
	缅甸	
	柬埔寨	中国与柬埔寨签署政府间共建"一带一路"合作文件
	越南	中国与越南签署共建"一带一路"和"两廊一圈"合作备忘录
	老挝	中国与老挝签署共建"一带一路"合作文件
	巴基斯坦	中国同巴基斯坦等国签署政府间"一带一路"合作谅解备忘录
	斯里兰卡	商务部和斯里兰卡财政计划部签署有关共建"21世纪海上丝绸之路"的备忘录
	孟加拉国	中孟签署《关于编制共同推进"一带一路"建设合作规划纲要的谅解备忘录》
	尼泊尔	中国同尼泊尔等国签署政府间"一带一路"合作谅解备忘录
	马尔代夫	中国同马尔代夫签署政府间共同推进"一带一路"建设谅解备忘录
	阿联酋	中国与阿联酋签署共建"一带一路"谅解备忘录
	科威特	科威特是最早同中国签署共建"一带一路"合作文件的国家
	土耳其	中国与土耳其签署"一带一路"谅解备忘录
	卡塔尔	中国同卡塔尔签署"一带一路"等领域合作文件
	阿曼	中国与阿曼签署共建"一带一路"谅解备忘录
	黎巴嫩	中国同黎巴嫩签署共建"一带一路"合作文件

续表

洲别	国家	相关文件
亚洲	沙特阿拉伯	中华人民共和国和沙特阿拉伯王国关于建立全面战略伙伴关系的联合声明
	巴林	中国与巴林签署共同推进"一带一路"建设的谅解备忘录
	伊朗	中华人民共和国和伊朗伊斯兰共和国关于建立全面战略伙伴关系的联合声明
	伊拉克	中华人民共和国和伊拉克共和国关于建立战略伙伴关系的联合声明
	阿富汗	中华人民共和国和阿富汗伊斯兰共和国联合声明
	阿塞拜疆	中阿签署《中阿关于共同推进丝绸之路经济带建设的谅解备忘录》
	格鲁吉亚	中国与格鲁吉亚启动自贸区可行性研究并签署共建"丝绸之路经济带"合作文件
	亚美尼亚	中华人民共和国和亚美尼亚共和国关于进一步发展和深化友好合作关系的联合声明
	哈萨克斯坦	发改委与哈萨克斯坦共和国国民经济部签署关于共同推进丝绸之路经济带建设的谅解备忘录
	吉尔吉斯斯坦	中华人民共和国和吉尔吉斯共和国关于建立全面战略伙伴关系联合声明
	塔吉克斯坦	中塔签署《关于编制中塔合作规划纲要的谅解备忘录》
	乌兹别克斯坦	中乌签署共建"丝绸之路经济带"合作文件
	泰国	中泰签署《共同推进"一带一路"建设谅解备忘录》
	印度尼西亚	中印尼已签署推进"一带一路"和"全球海洋支点"建设谅解备忘录
	菲律宾	中华人民共和国与菲律宾共和国联合声明
	也门	中国政府与也门政府签署共建"一带一路"谅解备忘录
	塞浦路斯	中国与塞浦路斯签署共建"一带一路"合作文件
欧洲	俄罗斯	中华人民共和国与俄罗斯联邦关于丝绸之路经济带建设和欧亚经济联盟建设对接合作的联合声明
	奥地利	中国同奥地利签署"一带一路"合作文件
	希腊	中国与希腊签署共建"一带一路"合作谅解备忘录
	波兰	中华人民共和国政府与波兰共和国政府关于共同推进"一带一路"建设的谅解备忘录
	塞尔维亚	中国同塞尔维亚、捷克、保加利亚、斯洛伐克分别签署政府间共同推进"一带一路"建设谅解备忘录
	捷克	
	保加利亚	中国同塞尔维亚、捷克、保加利亚、斯洛伐克分别签署政府间共同推进"一带一路"建设谅解备忘录
	斯洛伐克	

续表

洲别	国家	相关文件
欧洲	阿尔巴尼亚	中国同克罗地亚、黑山、波黑、阿尔巴尼亚签署政府间"一带一路"合作谅解备忘录
	克罗地亚	
	波黑	
	黑山	
	爱沙尼亚	中东欧16国已全部签署"一带一路"合作文件
	立陶宛	
	斯洛文尼亚	
	匈牙利	中华人民共和国政府与匈牙利政府关于共同推进丝绸之路经济带和21世纪海上丝绸之路建设的谅解备忘录
	北马其顿（原马其顿）	中马签署《中华人民共和国商务部和马其顿共和国经济部关于在中马经贸混委会框架下推进共建丝绸之路经济带谅解备忘录》
	罗马尼亚	中罗已签署《关于在两国经济联委会框架下推进"一带一路"建设的谅解备忘录》
	拉脱维亚	中拉签署共建"一带一路"政府间谅解备忘录
	乌克兰	2015年中乌签署"一带一路"框架下合作协议
	白俄罗斯	中白签署共建"丝绸之路经济带"合作议定书
	摩尔多瓦	中东欧16国已全部签署"一带一路"合作文件
	马耳他	中国与马耳他签署中马共建"一带一路"合作文件
	葡萄牙	中华人民共和国和葡萄牙共和国关于进一步加强全面战略伙伴关系的联合声明
	意大利	中国与意大利签署"一带一路"合作文件
	卢森堡	中国同卢森堡签署共建"一带一路"谅解备忘录
	新西兰	中华人民共和国政府和新西兰政府关于加强"一带一路"倡议合作的安排备忘录
大洋洲	巴布亚新几内亚	中国与巴布亚新几内亚签署共建"一带一路"合作文件
	萨摩亚	萨摩亚与中国签署"一带一路"倡议合作谅解备忘录
	斐济	中国与斐济签署共建"一带一路"合作谅解备忘录
	密克罗尼西亚联邦	中国已同密克罗尼西亚联邦、汤加等签署共建"一带一路"合作协议
	汤加	
	瓦努阿图	中瓦签署共同推进"一带一路"建设谅解备忘录
	所罗门群岛	中国与所罗门群岛签署共建"一带一路"谅解备忘录
	基里巴斯	中基两国政府签署共同推进"一带一路"建设合作文件
	智利	中国与智利签署共建"一带一路"合作谅解备忘录

续表

洲别	国家	相关文件
南美洲	圭亚那	中国与圭亚那签署"一带一路"合作文件
	玻利维亚	中玻签署共建"一带一路"等双边合作文件
	乌拉圭	中国与乌拉圭签署共建"一带一路"谅解备忘录
	委内瑞拉	中国同委内瑞拉签署共建"一带一路"合作文件
	苏里南	苏里南与中国签署共建"一带一路"合作文件
	厄瓜多尔	中厄签署"一带一路"合作文件
	秘鲁	中国政府与秘鲁政府签署共建"一带一路"谅解备忘录
	哥斯达黎加	中国同哥斯达黎加签署共建"一带一路"谅解备忘录
北美洲	巴拿马	中国与巴拿马签署《关于共同推进丝绸之路经济带和21世纪海上丝绸之路建设的谅解备忘录》
	萨尔瓦多	中国与萨尔瓦多签署共建"一带一路"合作谅解备忘录
	多米尼加	中国与多米尼加签署共建"一带一路"合作谅解备忘录
	特立尼达和多巴哥	中国与特立尼达和多巴哥签署共建"一带一路"合作文件
	安提瓜和巴布达	中国与安提瓜和巴布达签署《关于共同推进丝绸之路经济带与21世纪海上丝绸之路建设的谅解备忘录》
	多米尼克	中国与多米尼克签署《中华人民共和国政府与多米尼克政府关于共同推进丝绸之路经济带与21世纪海上丝绸之路建设的谅解备忘录》
	格林纳达	中国与格林纳达签署共建"一带一路"谅解备忘录
	巴巴多斯	中国与巴巴多斯签署共建"一带一路"合作谅解备忘录
	牙买加	中国与牙买加签署共建"一带一路"谅解备忘录
未加入"一带一路"	阿根廷	暂无
	澳大利亚	
	巴哈马	
	比利时	
	伯利兹	
	不丹	
	博茨瓦纳	
	巴西	
	布基纳法索	
	加拿大	
	中非共和国	
	哥伦比亚	

续表

洲别	国家	相关文件
未加入"一带一路"	刚果民主共和国	暂无
	丹麦	
	厄立特里亚	
	埃斯瓦蒂尼（原斯威士兰）	
	芬兰	
	法国	
	德国	
	危地马拉	
	几内亚比绍	
	海地	
	洪都拉斯	
	冰岛	
	印度	
	爱尔兰	
	以色列	
	日本	
	约旦	
	科索沃	
	马拉维	
	马绍尔群岛	
	毛里求斯	
	墨西哥	
	荷兰	
	尼加拉瓜	
	挪威	
	帕劳	
	巴拉圭	
	圣多美和普林西比	
	西班牙	
	圣基茨和尼维斯	
	圣卢西亚	

续表

洲别	国家	相关文件
未加入"一带一路"	瑞典	暂无
	瑞士	
	阿拉伯叙利亚共和国	
	土库曼斯坦	
	图瓦卢	
	英国	
	美国	

附录八:"一带一路"与 MIGA 成员签订合作文件情况

截至 2020 年 1 月底,MIGA 共有 182 个成员国,其中签订了"一带一路"合作协议的国家共 132 个(不含中国),有 49 个国家尚未加入"一带一路"。

洲别	国家	相关文件
非洲	苏丹	苏丹已同中国签署共建"一带一路"合作协议
	南非	南非已和中国签订"一带一路"政府间合作备忘录
	塞内加尔	中国与塞内加尔签署"一带一路"合作文件
	塞拉利昂	中国与 28 个非洲国家签署共建"一带一路"谅解备忘录
	科特迪瓦	
	索马里	
	喀麦隆	
	南苏丹	
	塞舌尔	
	几内亚	
	加纳	
	赞比亚	

续表

洲别	国家	相关文件
非洲	莫桑比克	中国与28个非洲国家签署共建"一带一路"谅解备忘录
	加蓬	
	纳米比亚	
	毛里塔尼亚	
	安哥拉	
	吉布提	
	埃塞俄比亚	
	肯尼亚	
	尼日利亚	
	乍得	
	刚果布	
	津巴布韦	
	阿尔及利亚	
	坦桑尼亚	
	布隆迪	
	佛得角	
	乌干达	
	冈比亚	
	多哥	
	卢旺达	中国与卢旺达签署"一带一路"建设相关文件
	摩洛哥	中国与摩洛哥签署共建"一带一路"谅解备忘录
	马达加斯加	中国与马达加斯加签署《中华人民共和国政府与马达加斯加共和国政府关于共同推进丝绸之路经济带和21世纪海上丝绸之路建设的谅解备忘录》
	突尼斯	中国与突尼斯签署共建"一带一路"谅解备忘录
	利比亚	中国同利比亚签署共建"一带一路"谅解备忘录
	埃及	中国与埃及签署共建"一带一路"合作文件
	赤道几内亚	中国政府与赤道几内亚政府签署共建"一带一路"谅解备忘录
	利比里亚	中国政府与利比里亚政府签署共建"一带一路"谅解备忘录
	莱索托	中莱、中科、中贝签署"一带一路"合作谅解备忘录
	科摩罗	
	贝宁	

续表

洲别	国家	相关文件
非洲	马里	中国和马里签署共建"一带一路"合作备忘录
	尼日尔	中国与尼日尔签署"一带一路"合作文件
亚洲	韩国	"一带一路"倡议和韩国"欧亚倡议"对接 双方签署合作谅解备忘录
	蒙古	中国同蒙古、新加坡、东帝汶、马来西亚、缅甸等国签署政府间"一带一路"合作谅解备忘录
	新加坡	
	东帝汶	
	马来西亚	
	缅甸	
	柬埔寨	中国与柬埔寨签署政府间共建"一带一路"合作文件
	越南	中国与越南签署共建"一带一路"和"两廊一圈"合作备忘录
	老挝	中国与老挝签署共建"一带一路"合作文件
	巴基斯坦	中国同巴基斯坦签署政府间"一带一路"合作谅解备忘录
	斯里兰卡	商务部和斯里兰卡财政计划部签署有关共建"21世纪海上丝绸之路"的备忘录
	孟加拉国	中孟签署《关于编制共同推进"一带一路"建设合作规划纲要的谅解备忘录》
	尼泊尔	中国同尼泊尔等国签署政府间"一带一路"合作谅解备忘录
	马尔代夫	中国同马尔代夫签署政府间共同推进"一带一路"建设谅解备忘录
	阿联酋	中国与阿联酋签署共建"一带一路"谅解备忘录
	科威特	科威特是最早同中国签署共建"一带一路"合作文件的国家
	土耳其	中国与土耳其签署"一带一路"谅解备忘录
	卡塔尔	中国同卡塔尔签署"一带一路"等领域合作文件
	阿曼	中国与阿曼签署共建"一带一路"谅解备忘录
	黎巴嫩	中国同黎巴嫩签署共建"一带一路"合作文件
	沙特阿拉伯	中华人民共和国和沙特阿拉伯王国关于建立全面战略伙伴关系的联合声明
	巴林	中国与巴林签署共同推进"一带一路"建设的谅解备忘录
	伊朗	中华人民共和国和伊朗伊斯兰共和国关于建立全面战略伙伴关系的联合声明
	伊拉克	中华人民共和国和伊拉克共和国关于建立战略伙伴关系的联合声明
	阿富汗	中华人民共和国和阿富汗伊斯兰共和国联合声明

续表

洲别	国家	相关文件
欧洲	阿塞拜疆	中阿签署《中阿关于共同推进丝绸之路经济带建设的谅解备忘录》
	格鲁吉亚	中国与格鲁吉亚启动自贸区可行性研究并签署共建"丝绸之路经济带"合作文件
	亚美尼亚	中华人民共和国和亚美尼亚共和国关于进一步发展和深化友好合作关系的联合声明
	哈萨克斯坦	发改委与哈萨克斯坦共和国国民经济部签署关于共同推进丝绸之路经济带建设的谅解备忘录
	吉尔吉斯斯坦	中华人民共和国和吉尔吉斯共和国关于建立全面战略伙伴关系联合声明
	塔吉克斯坦	中塔签署《关于编制中塔合作规划纲要的谅解备忘录》
	乌兹别克斯坦	中乌签署共建"丝绸之路经济带"合作文件
	泰国	中泰签署《共同推进"一带一路"建设谅解备忘录》
	印度尼西亚	中印尼已签署推进"一带一路"和"全球海洋支点"建设谅解备忘录
	菲律宾	中华人民共和国与菲律宾共和国联合声明
	也门	中国政府与也门政府签署共建"一带一路"谅解备忘录
	塞浦路斯	中国与塞浦路斯签署共建"一带一路"合作文件
	俄罗斯	中华人民共和国与俄罗斯联邦关于丝绸之路经济带建设和欧亚经济联盟建设对接合作的联合声明
	奥地利	中国同奥地利签署"一带一路"合作文件
	希腊	中国与希腊签署共建"一带一路"合作谅解备忘录
	波兰	中华人民共和国政府与波兰共和国政府关于共同推进"一带一路"建设的谅解备忘录
	塞尔维亚	中国同塞尔维亚、捷克、保加利亚、斯洛伐克分别签署政府间共同推进"一带一路"建设谅解备忘录
	捷克	
	保加利亚	
	斯洛伐克	
	阿尔巴尼亚	中国同克罗地亚、黑山、波黑、阿尔巴尼亚签署政府间"一带一路"合作谅解备忘录
	克罗地亚	
	波黑	
	黑山	中国同克罗地亚、黑山、波黑、阿尔巴尼亚签署政府间"一带一路"合作谅解备忘录
	爱沙尼亚	中东欧16国已全部签署"一带一路"合作文件
	立陶宛	
	斯洛文尼亚	中东欧16国已全部签署"一带一路"合作文件
	匈牙利	中华人民共和国政府与匈牙利政府关于共同推进丝绸之路经济带和21世纪海上丝绸之路建设的谅解备忘录

续表

洲别	国家	相关文件
欧洲	北马其顿（原马其顿）	中马签署《中华人民共和国商务部和马其顿共和国经济部关于在中马经贸混委会框架下推进共建丝绸之路经济带谅解备忘录》
	罗马尼亚	中罗已签署《关于在两国经济联委会框架下推进"一带一路"建设的谅解备忘录》
	拉脱维亚	中拉签署共建"一带一路"政府间谅解备忘录
	乌克兰	2015年中乌签署"一带一路"框架下合作协议
	白俄罗斯	中白签署共建"丝绸之路经济带"合作议定书
	摩尔多瓦	中东欧16国已全部签署"一带一路"合作文件
	马耳他	中国与马耳他签署中马共建"一带一路"合作文件
	葡萄牙	中华人民共和国和葡萄牙共和国关于进一步加强全面战略伙伴关系的联合声明
	意大利	中国与意大利签署"一带一路"合作文件
	卢森堡	中国同卢森堡签署共建"一带一路"谅解备忘录
	新西兰	中华人民共和国政府和新西兰政府关于加强"一带一路"倡议合作的安排备忘录
大洋洲	巴布亚新几内亚	中国与巴布亚新几内亚签署共建"一带一路"合作文件
	萨摩亚	萨摩亚与中国签署"一带一路"倡议合作谅解备忘录
	斐济	中国与斐济签署共建"一带一路"合作谅解备忘录
	密克罗尼西亚联邦	中国已同密克罗尼西亚联邦签署共建"一带一路"合作协议
	瓦努阿图	中瓦签署共同推进"一带一路"建设谅解备忘录
	所罗门群岛	中国与所罗门群岛签署共建"一带一路"合作文件
	智利	中国与智利签署共建"一带一路"合作谅解备忘录
南美洲	圭亚那	中国与圭亚那签署"一带一路"合作文件
	玻利维亚	中玻签署共建"一带一路"等双边合作文件
	乌拉圭	中国与乌拉圭签署共建"一带一路"谅解备忘录
	委内瑞拉	中国同委内瑞拉签署共建"一带一路"合作文件
	苏里南	苏里南与中国签署共建"一带一路"合作文件
	厄瓜多尔	中厄签署"一带一路"合作文件
	秘鲁	中国政府与秘鲁政府签署共建"一带一路"谅解备忘录
	哥斯达黎加	中国同哥斯达黎加签署共建"一带一路"谅解备忘录
北美洲	巴拿马	中国与巴拿马签署《关于共同推进丝绸之路经济带和21世纪海上丝绸之路建设的谅解备忘录》
	萨尔瓦多	中国与萨尔瓦多签署共建"一带一路"合作谅解备忘录

续表

洲别	国家	相关文件
北美洲	多米尼加	中国与多米尼加签署共建"一带一路"合作谅解备忘录
	特立尼达和多巴哥	中国与特立尼达和多巴哥签署共建"一带一路"合作文件
	安提瓜和巴布达	中国与安提瓜和巴布达签署《关于共同推进丝绸之路经济带与21世纪海上丝绸之路建设的谅解备忘录》
	多米尼克	中国与多米尼克签署《中华人民共和国政府与多米尼克政府关于共同推进丝绸之路经济带与21世纪海上丝绸之路建设的谅解备忘录》
	格林纳达	中国与格林纳达签署共建"一带一路"谅解备忘录
	巴巴多斯	中国与巴巴多斯签署共建"一带一路"合作谅解备忘录
	牙买加	中国与牙买加签署共建"一带一路"谅解备忘录
未加入"一带一路"	阿根廷	暂无
	澳大利亚	
	巴哈马	
	比利时	
	伯利兹	
	不丹	
	博茨瓦纳	
	巴西	
	布基纳法索	
	加拿大	
	中非共和国	
	哥伦比亚	
	刚果民主共和国	
	丹麦	
	厄立特里亚	
	埃斯瓦蒂尼（原斯威士兰）	
	芬兰	
	法国	
	德国	
	危地马拉	
	几内亚比绍	
	海地	
	洪都拉斯	

续表

洲别	国家	相关文件
未加入"一带一路"	冰岛	暂无
	印度	
	爱尔兰	
	以色列	
	日本	
	约旦	
	科索沃	
	马拉维	
	毛里求斯	
	墨西哥	
	荷兰	
	尼加拉瓜	
	挪威	
	帕劳	
	巴拉圭	
	圣多美和普林西比	
	西班牙	
	圣基茨和尼维斯	
	圣卢西亚	
	圣文森特和格林纳丁斯	
	瑞典	
	瑞士	
	阿拉伯叙利亚共和国	
	土库曼斯坦	
	英国	
	美国	

附录九："一带一路"与 ICSID 成员签订合作文件情况

截至 2020 年 1 月底，IFC 共有 155 个成员国，其中签订了"一带一路"合作协议的国家共 110 个（不含中国），有 44 个国家尚未加入"一带一路"。

洲别	国家	相关文件
非洲	苏丹	苏丹已同中国签署共建"一带一路"合作协议
	塞内加尔	中国与塞内加尔签署"一带一路"合作文件
	塞拉利昂	中国与 25 个非洲国家签署共建"一带一路"谅解备忘录
	科特迪瓦	
	索马里	
	喀麦隆	
	南苏丹	
	塞舌尔	
	几内亚	
	加纳	
	赞比亚	
	莫桑比克	
	加蓬	
	毛里塔尼亚	
	吉布提	
	肯尼亚	
	尼日利亚	
	乍得	
	刚果布	
	津巴布韦	
	阿尔及利亚	
	坦桑尼亚	

续表

洲别	国家	相关文件
非洲	布隆迪	中国与25个非洲国家签署共建"一带一路"谅解备忘录
	佛得角	
	乌干达	
	冈比亚	
	多哥	
	卢旺达	中国与卢旺达签署"一带一路"建设相关文件
	摩洛哥	中国与摩洛哥签署共建"一带一路"谅解备忘录
	马达加斯加	中国与马达加斯加签署《中华人民共和国政府与马达加斯加共和国政府关于共同推进丝绸之路经济带和21世纪海上丝绸之路建设的谅解备忘录》
	突尼斯	中国与突尼斯签署共建"一带一路"谅解备忘录
	埃及	中国与埃及签署共建"一带一路"合作文件
	利比里亚	中国政府与利比里亚政府签署共建"一带一路"谅解备忘录
	莱索托	中莱、中科、中贝签署"一带一路"合作谅解备忘录
	科摩罗	
	贝宁	
	马里	中国和马里签署共建"一带一路"合作备忘录
	尼日尔	中国与尼日尔签署"一带一路"合作文件
亚洲	韩国	"一带一路"倡议和韩国"欧亚倡议"对接 双方签署合作谅解备忘录
	蒙古	中国同蒙古、新加坡、东帝汶、马来西亚签署政府间"一带一路"合作谅解备忘录
	新加坡	
	东帝汶	
	马来西亚	
	柬埔寨	中国与柬埔寨签署政府间共建"一带一路"合作文件
	文莱	中国同文莱签署"一带一路"等双边合作文件
	巴基斯坦	中国同巴基斯坦等国签署政府间"一带一路"合作谅解备忘录
	斯里兰卡	商务部和斯里兰卡财政计划部签署有关共建"21世纪海上丝绸之路"的备忘录
	孟加拉国	中孟签署《关于编制共同推进"一带一路"建设合作规划纲要的谅解备忘录》
	尼泊尔	中国同尼泊尔等国签署政府间"一带一路"合作谅解备忘录
	阿联酋	中国与阿联酋签署共建"一带一路"谅解备忘录

续表

洲别	国家	相关文件
亚洲	科威特	科威特是最早同中国签署共建"一带一路"合作文件的国家
	土耳其	中国与土耳其签署"一带一路"谅解备忘录
	卡塔尔	中国同卡塔尔签署"一带一路"等领域合作文件
	阿曼	中国与阿曼签署共建"一带一路"谅解备忘录
	黎巴嫩	中国同黎巴嫩签署共建"一带一路"合作文件
	沙特阿拉伯	中华人民共和国和沙特阿拉伯王国关于建立全面战略伙伴关系的联合声明
	巴林	中国与巴林签署共同推进"一带一路"建设的谅解备忘录
	伊拉克	中华人民共和国和伊拉克共和国关于建立战略伙伴关系的联合声明
	阿富汗	中华人民共和国和阿富汗伊斯兰共和国联合声明
	阿塞拜疆	中阿签署《中阿关于共同推进丝绸之路经济带建设的谅解备忘录》
	格鲁吉亚	中国与格鲁吉亚启动自贸区可行性研究并签署共建"丝绸之路经济带"合作文件
	亚美尼亚	中华人民共和国和亚美尼亚共和国关于进一步发展和深化友好合作关系的联合声明
	哈萨克斯坦	发改委与哈萨克斯坦共和国国民经济部签署关于共同推进丝绸之路经济带建设的谅解备忘录
	乌兹别克斯坦	中乌签署共建"丝绸之路经济带"合作文件
	印度尼西亚	中印尼已签署推进"一带一路"和"全球海洋支点"建设谅解备忘录
	菲律宾	中华人民共和国与菲律宾共和国联合声明
	也门	中国政府与也门政府签署共建"一带一路"谅解备忘录
欧洲	塞浦路斯	中国与塞浦路斯签署共建"一带一路"合作文件
	奥地利	中国同奥地利签署"一带一路"合作文件
	希腊	中国与希腊签署共建"一带一路"合作谅解备忘录
	塞尔维亚	中国同塞尔维亚、捷克、保加利亚、斯洛伐克分别签署政府间共同推进"一带一路"建设谅解备忘录
	捷克	
	保加利亚	
	斯洛伐克	
	阿尔巴尼亚	中国同克罗地亚、黑山、波黑、阿尔巴尼亚签署政府间"一带一路"合作谅解备忘录
	克罗地亚	
	波黑	
	黑山	

续表

洲别	国家	相关文件
欧洲	爱沙尼亚	东欧16国已全部签署"一带一路"合作文件
	立陶宛	
	斯洛文尼亚	
	匈牙利	中华人民共和国政府与匈牙利政府关于共同推进丝绸之路经济带和21世纪海上丝绸之路建设的谅解备忘录
	北马其顿（原马其顿）	中马签署《中华人民共和国商务部和马其顿共和国经济部关于在中马经贸混委会框架下推进共建丝绸之路经济带谅解备忘录》
	罗马尼亚	中罗已签署《关于在两国经济联委会框架下推进"一带一路"建设的谅解备忘录》
	拉脱维亚	中拉签署共建"一带一路"政府间谅解备忘录
	乌克兰	2015年中乌签署"一带一路"框架下合作协议
	白俄罗斯	中白签署共建"丝绸之路经济带"合作议定书
	摩尔多瓦	中东欧16国已全部签署"一带一路"合作文件
	马耳他	中国与马耳他签署中马共建"一带一路"合作文件
	葡萄牙	中华人民共和国和葡萄牙共和国关于进一步加强全面战略伙伴关系的联合声明
	意大利	中国与意大利签署"一带一路"合作文件
	卢森堡	中国同卢森堡签署共建"一带一路"谅解备忘录
大洋洲	新西兰	中华人民共和国政府和新西兰政府关于加强"一带一路"倡议合作的安排备忘录
	巴布亚新几内亚	中国与巴布亚新几内亚签署共建"一带一路"合作文件
	萨摩亚	萨摩亚与中国签署"一带一路"倡议合作谅解备忘录
	斐济	中国与斐济签署共建"一带一路"合作谅解备忘录
	密克罗尼西亚联邦	中国已同密克罗尼西亚联邦、汤加等签署共建"一带一路"合作协议
	汤加	
	所罗门群岛	中国与所罗门群岛签署共建"一带一路"谅解备忘录
南美洲	智利	中国与智利签署共建"一带一路"合作谅解备忘录
	圭亚那	中国与圭亚那签署"一带一路"合作文件
	乌拉圭	中国与乌拉圭签署共建"一带一路"谅解备忘录
	秘鲁	中国政府与秘鲁政府签署共建"一带一路"谅解备忘录
北美洲	哥斯达黎加	中国同哥斯达黎加签署共建"一带一路"谅解备忘录
	巴拿马	中国与巴拿马签署《关于共同推进丝绸之路经济带和21世纪海上丝绸之路建设的谅解备忘录》

续表

洲别	国家	相关文件
北美洲	萨尔瓦多	中国与萨尔瓦多签署共建"一带一路"合作谅解备忘录
	特立尼达和多巴哥	中国与特立尼达和多巴哥签署共建"一带一路"合作文件
	格林纳达	中国与格林纳达签署共建"一带一路"谅解备忘录
	巴巴多斯	中国与巴巴多斯签署共建"一带一路"合作谅解备忘录
	牙买加	中国与牙买加签署共建"一带一路"谅解备忘录
未加入"一带一路"	阿根廷	暂无
	澳大利亚	
	巴哈马	
	比利时	
	博茨瓦纳	
	布基纳法索	
	加拿大	
	中非共和国	
	哥伦比亚	
	刚果民主共和国	
	丹麦	
	埃斯瓦蒂尼（原斯威士兰）	
	芬兰	
	法国	
	德国	
	危地马拉	
	海地	
	洪都拉斯	
	冰岛	
	爱尔兰	
	以色列	
	日本	
	约旦	
	科索沃	
	马拉维	
	毛里求斯	

续表

洲别	国家	相关文件
未加入"一带一路"	墨西哥	暂无
	秘鲁	
	荷兰	
	尼加拉瓜	
	挪威	
	巴拉圭	
	圣马力诺	
	圣多美和普林西比	
	西班牙	
	圣基茨和尼维斯	
	圣卢西亚	
	圣文森特和格林纳丁斯	
	瑞典	
	瑞士	
	阿拉伯叙利亚共和国	
	土库曼斯坦	
	英国	
	美国	

附录十:"一带一路"与 WTO 成员签订合作文件情况

截至 2016 年 7 月 29 日,WTO 共有 164 个成员方,其中既是"一带一路"合作方又是 WTO 成员方的国家共 111 个,共有 20 个"一带一路"合作方为非 WTO 成员,有 53 个 WTO 成员暂未加入"一带一路"。

洲别	国家	相关合作文件	是否加入WTO
非洲	苏丹	苏丹已同中国签署共建"一带一路"合作协议	否
非洲	南非	南非已和中国签订"一带一路"政府间合作备忘录	是
	塞内加尔	中国与塞内加尔签署"一带一路"合作文件	是
	塞拉利昂	中国与28个非洲国家签署共建"一带一路"谅解备忘录	是
	科特迪瓦		是
	索马里		否
	喀麦隆		是
	南苏丹		否
	塞舌尔		是
	几内亚		是
	加纳		是
	赞比亚		是
	莫桑比克		是
	加蓬		是
	纳米比亚		是
	毛里塔尼亚		是
	安哥拉		是
	吉布提		是
	埃塞俄比亚		否
	肯尼亚		是
	尼日利亚		是
	乍得		是
	刚果布		否
	津巴布韦		是
	阿尔及利亚		否
	坦桑尼亚		是
	布隆迪		是
	佛得角		是
	乌干达		是
	冈比亚		是
	多哥		是
	卢旺达	中国与卢旺达签署"一带一路"建设相关文件	是

续表

洲别	国家	相关合作文件	是否加入WTO
非洲	摩洛哥	中国与摩洛哥签署共建"一带一路"谅解备忘录	是
	马达加斯加	中国与马达加斯加签署《中华人民共和国政府与马达加斯加共和国政府关于共同推进丝绸之路经济带和21世纪海上丝绸之路建设的谅解备忘录》	是
	突尼斯	中国与突尼斯签署共建"一带一路"谅解备忘录	是
	利比亚	中国同利比亚签署共建"一带一路"谅解备忘录	否
	埃及	中国与埃及签署共建"一带一路"合作文件	是
	赤道几内亚	中国政府与赤道几内亚政府签署共建"一带一路"谅解备忘录	否
	利比里亚	中国政府与利比里亚政府签署共建"一带一路"谅解备忘录	是
亚洲	韩国	"一带一路"倡议和韩国"欧亚倡议"对接双方签署合作谅解备忘录	是
	蒙古	中国同蒙古、新加坡、东帝汶、马来西亚、缅甸等国签署政府间"一带一路"合作谅解备忘录	是
	新加坡		是
	东帝汶		否
	马来西亚		是
	缅甸		是
	柬埔寨	中国与柬埔寨签署政府间共建"一带一路"合作文件	是
	越南	中国与越南签署共建"一带一路"和"两廊一圈"合作备忘录	是
	老挝	中国与老挝签署共建"一带一路"合作文件	是
	文莱	中国同文莱签署"一带一路"等双边合作文件	是
	巴基斯坦	中国同巴基斯坦等国签署政府间"一带一路"合作谅解备忘录	是
	斯里兰卡	商务部和斯里兰卡财政计划部签署有关共建"21世纪海上丝绸之路"的备忘录	是
	孟加拉国	中孟签署《关于编制共同推进"一带一路"建设合作规划纲要的谅解备忘录》	是
	尼泊尔	中国同尼泊尔等国签署政府间"一带一路"合作谅解备忘录	是
	马尔代夫	中国同马尔代夫签署政府间共同推进"一带一路"建设谅解备忘录	是
	阿联酋	中国与阿联酋签署共建"一带一路"谅解备忘录	是
	科威特	科威特是最早同中国签署共建"一带一路"合作文件的国家	是
	土耳其	中国与土耳其签署"一带一路"谅解备忘录	是
	卡塔尔	中国同卡塔尔签署"一带一路"等领域合作文件	是

续表

洲别	国家	相关合作文件	是否加入WTO
亚洲	阿曼	中国与阿曼签署共建"一带一路"谅解备忘录	是
	黎巴嫩	中国同黎巴嫩签署共建"一带一路"合作文件	否
	沙特阿拉伯	中华人民共和国和沙特阿拉伯王国关于建立全面战略伙伴关系的联合声明	是
	巴林	中国与巴林签署共同推进"一带一路"建设的谅解备忘录	是
	伊朗	中华人民共和国和伊朗伊斯兰共和国关于建立全面战略伙伴关系的联合声明	否
	伊拉克	中华人民共和国和伊拉克共和国关于建立战略伙伴关系的联合声明	否
	阿富汗	中华人民共和国和阿富汗伊斯兰共和国联合声明	是
	阿塞拜疆	中阿签署《中阿关于共同推进丝绸之路经济带建设的谅解备忘录》	否
	格鲁吉亚	中国与格鲁吉亚启动自贸区可行性研究并签署共建"丝绸之路经济带"合作文件	是
	亚美尼亚	中华人民共和国和亚美尼亚共和国关于进一步发展和深化友好合作关系的联合声明	是
	哈萨克斯坦	发改委与哈萨克斯坦共和国国民经济部签署关于共同推进丝绸之路经济带建设的谅解备忘录	是
	吉尔吉斯斯坦	中华人民共和国和吉尔吉斯共和国关于建立全面战略伙伴关系联合声明	是
	塔吉克斯坦	中塔签署《关于编制中塔合作规划纲要的谅解备忘录》	是
	乌兹别克斯坦	中乌签署共建"丝绸之路经济带"合作文件	否
	泰国	中泰签署《共同推进"一带一路"建设谅解备忘录》	是
	印度尼西亚	中印尼已签署推进"一带一路"和"全球海洋支点"建设谅解备忘录	是
	菲律宾	中华人民共和国与菲律宾共和国联合声明	是
	也门	中国政府与也门政府签署共建"一带一路"谅解备忘录	是
	塞浦路斯	中国与塞浦路斯签署共建"一带一路"合作文件	是
欧洲	俄罗斯	中华人民共和国与俄罗斯联邦关于丝绸之路经济带建设和欧亚经济联盟建设对接合作的联合声明	是
	奥地利	中国同奥地利签署"一带一路"合作文件	是
	希腊	中国与希腊签署共建"一带一路"合作谅解备忘录	是
	波兰	中华人民共和国政府与波兰共和国政府关于共同推进"一带一路"建设的谅解备忘录	是
	塞尔维亚	中国同波兰、塞尔维亚、捷克、保加利亚、斯洛伐克分别签署政府间共同推进"一带一路"建设谅解备忘录	否

续表

洲别	国家	相关合作文件	是否加入WTO
欧洲	捷克	中国同波兰、塞尔维亚、捷克、保加利亚、斯洛伐克分别签署政府间共同推进"一带一路"建设谅解备忘录	是
	保加利亚		是
	斯洛伐克		是
	阿尔巴尼亚	中国同克罗地亚、黑山、波黑、阿尔巴尼亚签署政府间"一带一路"合作谅解备忘录	是
	克罗地亚		是
	波黑		否
	黑山		是
	爱沙尼亚	中东欧16国已全部签署"一带一路"合作文件	是
	立陶宛		是
	斯洛文尼亚		是
	匈牙利	中华人民共和国政府与匈牙利政府关于共同推进丝绸之路经济带和21世纪海上丝绸之路建设的谅解备忘录	是
	北马其顿（原马其顿）	中马签署《中华人民共和国商务部和马其顿共和国经济部关于在中马经贸混委会框架下推进共建丝绸之路经济带谅解备忘录》	是
	罗马尼亚	中罗已签署《关于在两国经济联委会框架下推进"一带一路"建设的谅解备忘录》	是
	拉脱维亚	中拉签署共建"一带一路"政府间谅解备忘录	是
	乌克兰	2015年中乌签署"一带一路"框架下合作协议	是
	白俄罗斯	中白签署共建"丝绸之路经济带"合作议定书	否
	摩尔多瓦	中东欧16国已全部签署"一带一路"合作文件	是
	马耳他	中国与马耳他签署中马共建"一带一路"合作文件	是
	葡萄牙	中华人民共和国和葡萄牙共和国关于进一步加强全面战略伙伴关系的联合声明	是
	意大利	中国与意大利签署"一带一路"合作文件	是
	卢森堡	中国同卢森堡签署共建"一带一路"谅解备忘录	是
大洋洲	新西兰	中华人民共和国政府和新西兰政府关于加强"一带一路"倡议合作的安排备忘录	是
	巴布亚新几内亚	中国与巴布亚新几内亚签署共建"一带一路"合作文件	是
	萨摩亚	萨摩亚与中国签署"一带一路"倡议合作谅解备忘录	是
	纽埃	中国与纽埃签署"一带一路"合作谅解备忘录	否
	斐济	中国与斐济签署共建"一带一路"合作谅解备忘录	是

续表

洲别	国家	相关合作文件	是否加入WTO
大洋洲	密克罗尼西亚联邦	中国已同密克罗尼西亚联邦、库克群岛等签署共建"一带一路"合作协议	否
	库克群岛		否
	汤加		是
	瓦努阿图	中瓦签署共同推进"一带一路"建设谅解备忘录	是
南美洲	智利	中国与智利签署共建"一带一路"合作谅解备忘录	是
	圭亚那	中国与圭亚那签署"一带一路"合作文件	是
	玻利维亚	中玻签署共建"一带一路"等双边合作文件	是
	乌拉圭	中国与乌拉圭签署共建"一带一路"谅解备忘录	是
	委内瑞拉	中国同委内瑞拉签署共建"一带一路"合作文件	是
	苏里南	苏里南与中国签署共建"一带一路"合作文件	是
	厄瓜多尔	中厄签署"一带一路"合作文件	是
	秘鲁	中国政府与秘鲁政府签署共建"一带一路"谅解备忘录	是
北美洲	哥斯达黎加	中国同哥斯达黎加签署共建"一带一路"谅解备忘录	是
	巴拿马	中国与巴拿马签署《关于共同推进丝绸之路经济带和21世纪海上丝绸之路建设的谅解备忘录》	是
	萨尔瓦多	中国与萨尔瓦多签署共建"一带一路"合作文件	是
	多米尼加	中国与多米尼加签署共建"一带一路"合作谅解备忘录	是
	特立尼达和多巴哥	中国与特立尼达和多巴哥签署共建"一带一路"合作文件	是
	安提瓜和巴布达	中国与安提瓜和巴布达签署《关于共同推进丝绸之路经济带与21世纪海上丝绸之路建设的谅解备忘录》	是
	多米尼克	中国与多米尼克签署《中华人民共和国政府与多米尼克政府关于共同推进丝绸之路经济带与21世纪海上丝绸之路建设的谅解备忘录》	是
	格林纳达	中国与格林纳达签署共建"一带一路"谅解备忘录	是
	巴巴多斯	中国与巴巴多斯签署共建"一带一路"合作谅解备忘录	是
	古巴	古巴与中国政府签署《关于共同推进丝绸之路经济带和21世纪海上丝绸之路建设的谅解备忘录》	是
	牙买加	中国与牙买加签署共建"一带一路"谅解备忘录	是

附录十一："一带一路"与 IMF 成员签订合作文件情况

截至 2020 年 1 月底，IMF 共有 189 个成员国，其中签订了"一带一路"合作协议的国家共 135 个（不含中国），有 53 个国家尚未加入"一带一路"。

洲别	国家	相关文件
非洲	苏丹	苏丹已同中国签署共建"一带一路"合作协议
	南非	南非已和中国签订"一带一路"政府间合作备忘录
	塞内加尔	中国与塞内加尔签署"一带一路"合作文件
	塞拉利昂	中国与 28 个非洲国家签署共建"一带一路"谅解备忘录
	科特迪瓦	
	索马里	
	喀麦隆	
	南苏丹	
	塞舌尔	
	几内亚	
	加纳	
	赞比亚	
	莫桑比克	
	加蓬	
	纳米比亚	
	毛里塔尼亚	
	安哥拉	
	吉布提	
	埃塞俄比亚	
	肯尼亚	
	尼日利亚	
	乍得	

续表

洲别	国家	相关文件
非洲	刚果布	中国与28个非洲国家签署共建"一带一路"谅解备忘录
	津巴布韦	
	阿尔及利亚	
	坦桑尼亚	
	布隆迪	
	佛得角	
	乌干达	
	冈比亚	
	多哥	
	卢旺达	中国与卢旺达签署"一带一路"建设相关文件
	摩洛哥	中国与摩洛哥签署共建"一带一路"谅解备忘录
	马达加斯加	中国与马达加斯加签署《中华人民共和国政府与马达加斯加共和国政府关于共同推进丝绸之路经济带和21世纪海上丝绸之路建设的谅解备忘录》
	突尼斯	中国与突尼斯签署共建"一带一路"谅解备忘录
	利比亚	中国同利比亚签署共建"一带一路"谅解备忘录
	埃及	中国与埃及签署共建"一带一路"合作文件
	赤道几内亚	中国政府与赤道几内亚政府签署共建"一带一路"谅解备忘录
	利比里亚	中国政府与利比里亚政府签署共建"一带一路"谅解备忘录
	莱索托	中莱、中科、中贝签署"一带一路"合作谅解备忘录
	科摩罗	
	贝宁	
	马里	中国和马里签署共建"一带一路"合作备忘录
	尼日尔	中国与尼日尔签署"一带一路"合作文件
亚洲	韩国	"一带一路"倡议和韩国"欧亚倡议"对接 双方签署合作谅解备忘录
	蒙古	中国同蒙古、新加坡、东帝汶、马来西亚、缅甸等国签署政府间"一带一路"合作谅解备忘录
	新加坡	
	东帝汶	
	马来西亚	
	缅甸	
	柬埔寨	中国与柬埔寨签署政府间共建"一带一路"合作文件

续表

洲别	国家	相关文件
亚洲	越南	中国与越南签署共建"一带一路"和"两廊一圈"合作备忘录
	老挝	中国与老挝签署共建"一带一路"合作文件
	文莱	中国同文莱签署"一带一路"等双边合作文件
	巴基斯坦	中国同巴基斯坦等国签署政府间"一带一路"合作谅解备忘录
	斯里兰卡	商务部和斯里兰卡财政计划部签署有关共建"21世纪海上丝绸之路"的备忘录
	孟加拉国	中孟签署《关于编制共同推进"一带一路"建设合作规划纲要的谅解备忘录》
	尼泊尔	中国同尼泊尔等国签署政府间"一带一路"合作谅解备忘录
	马尔代夫	中国同马尔代夫签署政府间共同推进"一带一路"建设谅解备忘录
	阿联酋	中国与阿联酋签署共建"一带一路"谅解备忘录
	科威特	科威特是最早同中国签署共建"一带一路"合作文件的国家
	土耳其	中国与土耳其签署"一带一路"谅解备忘录
	卡塔尔	中国同卡塔尔签署"一带一路"等领域合作文件
	阿曼	中国与阿曼签署共建"一带一路"谅解备忘录
	黎巴嫩	中国同黎巴嫩签署共建"一带一路"合作文件
	沙特阿拉伯	中华人民共和国和沙特阿拉伯王国关于建立全面战略伙伴关系的联合声明
	巴林	中国与巴林签署共同推进"一带一路"建设的谅解备忘录
	伊朗	中华人民共和国和伊朗伊斯兰共和国关于建立全面战略伙伴关系的联合声明
	伊拉克	中华人民共和国和伊拉克共和国关于建立战略伙伴关系的联合声明
	阿富汗	中华人民共和国和阿富汗伊斯兰共和国联合声明
	阿塞拜疆	中阿签署《中阿关于共同推进丝绸之路经济带建设的谅解备忘录》
	格鲁吉亚	中国与格鲁吉亚启动自贸区可行性研究并签署共建"丝绸之路经济带"合作文件
	亚美尼亚	中华人民共和国和亚美尼亚共和国关于进一步发展和深化友好合作关系的联合声明
	哈萨克斯坦	发改委与哈萨克斯坦共和国国民经济部签署关于共同推进丝绸之路经济带建设的谅解备忘录

续表

洲别	国家	相关文件
亚洲	吉尔吉斯斯坦	中华人民共和国和吉尔吉斯共和国关于建立全面战略伙伴关系联合声明
	塔吉克斯坦	中塔签署《关于编制中塔合作规划纲要的谅解备忘录》
	乌兹别克斯坦	中乌签署共建"丝绸之路经济带"合作文件
	泰国	中泰签署《共同推进"一带一路"建设谅解备忘录》
	印度尼西亚	中印尼已签署推进"一带一路"和"全球海洋支点"建设谅解备忘录
	菲律宾	中华人民共和国与菲律宾共和国联合声明
	也门	中国政府与也门政府签署共建"一带一路"谅解备忘录
欧洲	塞浦路斯	中国与塞浦路斯签署共建"一带一路"合作文件
	俄罗斯	中华人民共和国与俄罗斯联邦关于丝绸之路经济带建设和欧亚经济联盟建设对接合作的联合声明
	奥地利	中国同奥地利签署"一带一路"合作文件
	希腊	中国与希腊签署共建"一带一路"合作谅解备忘录
	波兰	中华人民共和国政府与波兰共和国政府关于共同推进"一带一路"建设的谅解备忘录
	塞尔维亚	中国同塞尔维亚、捷克、保加利亚、斯洛伐克分别签署政府间共同推进"一带一路"建设谅解备忘录
	捷克	
	保加利亚	
	斯洛伐克	
	阿尔巴尼亚	中国同克罗地亚、黑山、波黑、阿尔巴尼亚签署政府间"一带一路"合作谅解备忘录
	克罗地亚	
	波黑	
	黑山	
	爱沙尼亚	中东欧16国已全部签署"一带一路"合作文件
	立陶宛	
	斯洛文尼亚	
	匈牙利	中华人民共和国政府与匈牙利政府关于共同推进丝绸之路经济带和21世纪海上丝绸之路建设的谅解备忘录
	北马其顿(原马其顿)	中马签署《中华人民共和国商务部和马其顿共和国经济部关于在中马经贸混委会框架下推进共建丝绸之路经济带谅解备忘录》
	罗马尼亚	中罗已签署《关于在两国经济联委会框架下推进"一带一路"建设的谅解备忘录》
	拉脱维亚	中拉签署共建"一带一路"政府间谅解备忘录

续表

洲别	国家	相关文件
欧洲	乌克兰	2015年中乌签署"一带一路"框架下合作协议
	白俄罗斯	中白签署共建"丝绸之路经济带"合作议定书
	摩尔多瓦	中东欧16国已全部签署"一带一路"合作文件
	马耳他	中国与马耳他签署中马共建"一带一路"合作文件
	葡萄牙	中华人民共和国和葡萄牙共和国关于进一步加强全面战略伙伴关系的联合声明
	意大利	中国与意大利签署"一带一路"合作文件
	卢森堡	中国同卢森堡签署共建"一带一路"谅解备忘录
大洋洲	新西兰	中华人民共和国政府和新西兰政府关于加强"一带一路"倡议合作的安排备忘录
	巴布亚新几内亚	中国与巴布亚新几内亚签署共建"一带一路"合作文件
	萨摩亚	萨摩亚与中国签署"一带一路"倡议合作谅解备忘录
	斐济	中国与斐济签署共建"一带一路"合作谅解备忘录
	密克罗尼西亚联邦	中国已同密克罗尼西亚联邦、汤加等签署共建"一带一路"合作协议
	汤加	
	瓦努阿图	中瓦签署共同推进"一带一路"建设谅解备忘录
	所罗门群岛	中国与所罗门群岛签署共建"一带一路"谅解备忘录
	基里巴斯	中基两国政府签署共同推进"一带一路"建设合作文件
南美洲	智利	中国与智利签署共建"一带一路"合作谅解备忘录
	圭亚那	中国与圭亚那签署"一带一路"合作文件
	玻利维亚	中玻签署共建"一带一路"等双边合作文件
	乌拉圭	中国与乌拉圭签署共建"一带一路"谅解备忘录
	委内瑞拉	中国同委内瑞拉签署共建"一带一路"合作文件
	苏里南	苏里南与中国签署共建"一带一路"合作文件
	厄瓜多尔	中厄签署"一带一路"合作文件
	秘鲁	中国政府与秘鲁政府签署共建"一带一路"谅解备忘录
北美洲	哥斯达黎加	中国同哥斯达黎加签署共建"一带一路"谅解备忘录
	巴拿马	中国与巴拿马签署《关于共同推进丝绸之路经济带和21世纪海上丝绸之路建设的谅解备忘录》
	萨尔瓦多	中国与萨尔瓦多签署共建"一带一路"合作谅解备忘录
	多米尼加	中国与多米尼加签署共建"一带一路"合作谅解备忘录
	特立尼达和多巴哥	中国与特立尼达和多巴哥签署共建"一带一路"合作文件

续表

洲别	国家	相关文件
北美洲	安提瓜和巴布达	中国与安提瓜和巴布达签署《关于共同推进丝绸之路经济带与 21 世纪海上丝绸之路建设的谅解备忘录》
	多米尼克	中国与多米尼克签署《中华人民共和国政府与多米尼克政府关于共同推进丝绸之路经济带与 21 世纪海上丝绸之路建设的谅解备忘录》
	格林纳达	中国与格林纳达签署共建"一带一路"谅解备忘录
	巴巴多斯	中国与巴巴多斯签署共建"一带一路"合作谅解备忘录
	牙买加	中国与牙买加签署共建"一带一路"谅解备忘录
未加入"一带一路"	阿根廷	暂无
	澳大利亚	
	巴哈马	
	比利时	
	伯利兹	
	不丹	
	博茨瓦纳	
	巴西	
	布基纳法索	
	加拿大	
	中非共和国	
	哥伦比亚	
	刚果民主共和国	
	丹麦	
	厄立特里亚	
	埃斯瓦蒂尼（原斯威士兰）	
	芬兰	
	法国	
	德国	
	危地马拉	
	几内亚比绍	
	海地	
	洪都拉斯	
	冰岛	

续表

洲别	国家	相关文件
未加入"一带一路"	印度	暂无
	爱尔兰	
	以色列	
	日本	
	约旦	
	科索沃	
	马拉维	
	马绍尔群岛	
	毛里求斯	
	墨西哥	
	瑙鲁	
	荷兰	
	尼加拉瓜	
	挪威	
	帕劳	
	巴拉圭	
	圣马力诺	
	圣多美和普林西比	
	西班牙	
	圣基茨和尼维斯	
	圣卢西亚	
	圣文森特和格林纳丁斯	
	瑞典	
	瑞士	
	阿拉伯叙利亚共和国	
	土库曼斯坦	
	图瓦卢	
	英国	
	美国	

附录十二："一带一路"与 AIIB 成员签订合作文件情况

截至 2020 年 9 月 22 日，AIIB 共有 103 个成员，其中与"一带一路"签订合作协议的成员(不含中国及中国香港)共 81 个，尚有 20 个国家未与中国签署"一带一路"合作文件。

洲别	国家	相关文件
非洲	苏丹	苏丹已同中国签署共建"一带一路"合作协议
	南非	南非已和中国签订"一带一路"政府间合作备忘录
	塞内加尔	中国与塞内加尔签署"一带一路"合作文件
	科特迪瓦	中国与 8 个非洲国家签署共建"一带一路"谅解备忘录
	几内亚	
	加纳	
	吉布提	
	埃塞俄比亚	
	阿尔及利亚	
	肯尼亚	
	多哥	
	卢旺达	中国与卢旺达签署"一带一路"建设相关文件
	摩洛哥	中国与摩洛哥签署共建"一带一路"谅解备忘录
	马达加斯加	中国与马达加斯加签署《中华人民共和国政府与马达加斯加共和国政府关于共同推进丝绸之路经济带和 21 世纪海上丝绸之路建设的谅解备忘录》
	突尼斯	中国与突尼斯签署共建"一带一路"谅解备忘录
	利比亚	中国同利比亚签署共建"一带一路"谅解备忘录
	埃及	中国与埃及签署共建"一带一路"合作文件
	利比里亚	中国政府与利比里亚政府签署共建"一带一路"谅解备忘录
	贝宁	中贝签署"一带一路"合作谅解备忘录

续表

洲别	国家	相关文件
亚洲	韩国	"一带一路"倡议和韩国"欧亚倡议"对接 双方签署合作谅解备忘录
	蒙古	中国同蒙古、新加坡、东帝汶、马来西亚、缅甸签署政府间"一带一路"合作谅解备忘录
	新加坡	
	东帝汶	
	马来西亚	
	缅甸	
	柬埔寨	中国与柬埔寨签署政府间共建"一带一路"合作文件
	越南	中国与越南签署共建"一带一路"和"两廊一圈"合作备忘录
	老挝	中国与老挝签署共建"一带一路"合作文件
	文莱	中国同文莱签署"一带一路"等双边合作文件
	巴基斯坦	中国同巴基斯坦等国签署政府间"一带一路"合作谅解备忘录
	斯里兰卡	商务部和斯里兰卡财政计划部签署有关共建"21世纪海上丝绸之路"的备忘录
	孟加拉国	中孟签署《关于编制共同推进"一带一路"建设合作规划纲要的谅解备忘录》
	尼泊尔	中国同尼泊尔等国签署政府间"一带一路"合作谅解备忘录
	马尔代夫	中国同马尔代夫签署政府间共同推进"一带一路"建设谅解备忘录
	阿联酋	中国与阿联酋签署共建"一带一路"谅解备忘录
	科威特	科威特是最早同中国签署共建"一带一路"合作文件的国家
	土耳其	中国与土耳其签署"一带一路"谅解备忘录
	卡塔尔	中国同卡塔尔签署"一带一路"等领域合作文件
	阿曼	中国与阿曼签署共建"一带一路"谅解备忘录
	黎巴嫩	中国同黎巴嫩签署共建"一带一路"合作文件
	沙特阿拉伯	中华人民共和国和沙特阿拉伯王国关于建立全面战略伙伴关系的联合声明
	巴林	中国与巴林签署共同推进"一带一路"建设的谅解备忘录
	伊拉克	中华人民共和国和伊拉克共和国关于建立战略伙伴关系的联合声明
	阿富汗	中华人民共和国和阿富汗伊斯兰共和国联合声明
	阿塞拜疆	中阿签署《中阿关于共同推进丝绸之路经济带建设的谅解备忘录》

续表

洲别	国家	相关文件
亚洲	格鲁吉亚	中国与格鲁吉亚启动自贸区可行性研究并签署共建"丝绸之路经济带"合作文件
	亚美尼亚	中华人民共和国和亚美尼亚共和国关于进一步发展和深化友好合作关系的联合声明
	哈萨克斯坦	发改委与哈萨克斯坦共和国国民经济部签署关于共同推进丝绸之路经济带建设的谅解备忘录
	吉尔吉斯斯坦	中华人民共和国和吉尔吉斯共和国关于建立全面战略伙伴关系联合声明
	塔吉克斯坦	中塔签署《关于编制中塔合作规划纲要的谅解备忘录》
	乌兹别克斯坦	中乌签署共建"丝绸之路经济带"合作文件
	泰国	中泰签署《共同推进"一带一路"建设谅解备忘录》
	印度尼西亚	中印尼已签署推进"一带一路"和"全球海洋支点"建设谅解备忘录
欧洲	菲律宾	中华人民共和国与菲律宾共和国联合声明
	塞浦路斯	中国与塞浦路斯签署共建"一带一路"合作文件
	俄罗斯	中华人民共和国与俄罗斯联邦关于丝绸之路经济带建设和欧亚经济联盟建设对接合作的联合声明
	奥地利	中国同奥地利签署"一带一路"合作文件
	希腊	中国与希腊签署共建"一带一路"合作谅解备忘录
	波兰	中华人民共和国政府与波兰共和国政府关于共同推进"一带一路"建设的谅解备忘录
	塞尔维亚	中国同塞尔维亚签署政府间共同推进"一带一路"建设谅解备忘录
	克罗地亚	中国同克罗地亚签署政府间"一带一路"合作谅解备忘录
	匈牙利	中华人民共和国政府与匈牙利政府关于共同推进丝绸之路经济带和21世纪海上丝绸之路建设的谅解备忘录
	罗马尼亚	中罗已签署《关于在两国经济联委会框架下推进"一带一路"建设的谅解备忘录》
	白俄罗斯	中白签署共建"丝绸之路经济带"合作议定书
	马耳他	中国与马耳他签署中马共建"一带一路"合作文件
	葡萄牙	中华人民共和国和葡萄牙共和国关于进一步加强全面战略伙伴关系的联合声明
	意大利	中国与意大利签署"一带一路"合作文件
大洋洲	卢森堡	中国同卢森堡签署共建"一带一路"谅解备忘录
	新西兰	中华人民共和国政府和新西兰政府关于加强"一带一路"倡议合作的安排备忘录
	巴布亚新几内亚	中国与巴布亚新几内亚签署共建"一带一路"合作文件

续表

洲别	国家	相关文件
大洋洲	萨摩亚	萨摩亚与中国签署"一带一路"倡议合作谅解备忘录
	斐济	中国与斐济签署共建"一带一路"合作谅解备忘录
	库克群岛	中国已同汤加、库克群岛签署共建"一带一路"合作协议
	汤加	
南美洲	瓦努阿图	中瓦签署共同推进"一带一路"建设谅解备忘录
	智利	中国与智利签署共建"一带一路"合作谅解备忘录
	玻利维亚	中玻签署共建"一带一路"等双边合作文件
	乌拉圭	中国与乌拉圭签署共建"一带一路"谅解备忘录
	委内瑞拉	中国同委内瑞拉签署共建"一带一路"合作文件
	厄瓜多尔	中厄签署"一带一路"合作文件
	秘鲁	中国政府与秘鲁政府签署共建"一带一路"谅解备忘录
	澳大利亚	暂无
	比利时	
	巴西	
	加拿大	
	丹麦	
	芬兰	
	法国	
	德国	
	冰岛	
	印度	
	爱尔兰	
	以色列	
	约旦	
	荷兰	
	挪威	
	西班牙	
	瑞典	
	瑞士	
	英国	
	阿根廷	

附录十三："一带一路"与 G20 成员签订合作文件情况

截至 2019 年 4 月 30 日，G20 共有 7 个成员与中国签署共建"一带一路"合作文件。

成员	是否与中国签署共建"一带一路"合作文件	是否属于"一带一路"合作国家
阿根廷	否	否
澳大利亚	否	否
巴西	否	否
加拿大	否	否
法国	否	否
德国	否	否
印度	否	否
印度尼西亚	中印尼已签署推进"一带一路"和"全球海洋支点"建设谅解备忘录	是
意大利	中国与意大利签署"一带一路"合作文件	是
日本	否	否
韩国	"一带一路"倡议和韩国"欧亚倡议"对接双方签署合作谅解备忘录	是
墨西哥	否	是
俄罗斯	中华人民共和国与俄罗斯联邦关于丝绸之路经济带建设和欧亚经济联盟建设对接合作的联合声明	是
沙特阿拉伯	中华人民共和国和沙特阿拉伯王国关于建立全面战略伙伴关系的联合声明	是
南非	南非已和中国签订"一带一路"政府间合作备忘录	是
土耳其	中国与土耳其签署"一带一路"谅解备忘录	是
英国	否	否
美国	否	否
欧盟	否	否

缩写词

UN　United Nations
联合国

WTO　World Trade Organization
世界贸易组织

IMF　International Monetary Fund
国际货币基金组织

WBG　World Bank Group
世界银行集团

IBRD　International Bank for Reconstruction and Development
国际复兴开发银行

IDA　International Development Association
国际开发协会

IFC　The international finance corporation
国际金融公司

MIGA　Multilateral Investment Guarantee Agency
多边投资担保机构

ICSID   The International Center for Settlement of Investment Disputes
国际投资争端解决中心

AIIB   Asian Infrastructure Investment Bank
亚洲基础设施投资银行

APEC   Asia-Pacific Economic Cooperation
亚太经合组织

SCO   The Shanghai Cooperation Organization
上海合作组织

G20   Group of 20
二十国集团

ASEAN   Association of Southeast Asian Nations
东南亚国家联盟

FSB   Financial Stability Board
金融稳定理事会

结 语

"一带一路"从其提出伊始就坚持共商、共建、共享理念，合作共赢不仅是"一带一路"建设方法，更是其建设目的。"一带一路"是世界经济增长动力不足、各国面临发展问题背景下，由中国倡导的推动全球治理发展和完善的新方案、新思路。它是一种创新机制，以发展为导向的区域主义，并将朝着多边主义迈进。多边机制是当代国际治理体系的构建者、支撑者、监督者和运营者。虽然当前多边机制面临诸多改革问题，但仍是全球治理的重要力量。"一带一路"与多边机制并不是竞争关系，"一带一路"是对多边机制的补充和完善，两者都是推动国际治理更加公正合理的重要力量。在当前全球治理面临问题的情况下，多边机制或是"一带一路"都不能仅凭一己之力解决，合作才是两者的合适选择。"一带一路"与多边机制合作不仅能够提升"一带一路"的建设质量，也是促进多边机制自身改革和发展的重要途径，更是优化全球治理格局与水平的必要选择。相契合的目标与利益、合作的共同意愿、互利共赢的实践经历与前景等都证明"一带一路"与多边机制携手具有现实基础。

"一带一路"与多边机制开展合作要坚持一定的原则包括开放包容原则、求同存异原则以及共商共建原则，并将这三个原则贯穿合作的全过程，其中开放包容是首要原则，求同存异和共商、共建将指导具体合作。多边机制是包括一系列职责领域不同的国际组织，其目标和宗旨都是致力于世界经济发展，提高人民生活水平，推动全球治理更加公正合理，这与"一带一路"的目标宗旨在最高层面上契合。当前"一带一路"与多边机制合作应当根据实际情况有所侧重，具体而言，需要考察重点合作法律领域、国际组织的法律地位、法律职能及决策机制。贸易和投资、货币金融以及符合和平与发展理念的其他领域是"一带一路"建设的重点领域，应当选择在这些领域具有重要地位的国际组织作为合作重点对象如 UN、IMF、WBG、WTO、AIIB、G20 等，待条件成熟时再逐步扩展到其他国际组织或区域性组织。"一带一路"在与这些国际组织开展合作时，应当把重点放在两者合作的法律基础和法律路径上，同时更要注意合作过程中可能面临的问题和挑战，为推进两者合作提供指导。

在货币金融领域，IMF、WB、AIIB是当前"一带一路"与多边机制重点合作对象。IMF与"一带一路"在契合的宗旨目标、广泛的成员基础、一致的发展方向等诸多前提下能够推进双方人力、金融、信息等资源的交流共享，在金融领域进行深入合作。但是，IMF在融资、监管以及决策机制方面的缺陷也将为合作增添困难。"一带一路"与IMF合作的开展首先要建立稳定的金融合作机制，以便合作朝着制度化、体系化方向迈进。其次，联合能力建设中心是两者合作的基点，在此安排下协调金融政策、严格把控金融项目以丰富合作内容。此外，"一带一路"与IMF应当就相关金融风险和危机的防范化解加强合作，对"一带一路"建设中面临的系统性金融风险、国际货币危机以及主权债务危机做出积极性应对。

WB是世界银行集团重要组成机构之一，其与"一带一路"已经开展了合作并签订合作文件如与亚投行、欧洲复兴开发银行等建立多边开发融资中心以为"一带一路"提供资金支持。当前，"一带一路"与WB的合作应当在现有合作基础上，逐步拓宽合作广度与深度，加快合作文件的落实。

对于AIIB这个"一带一路"建设中的金融支撑点来说，其在"一带一路"完整融资链的形成和国际经济合作平台的构建中将发挥着关键作用。同时，"一带一路"也为亚投行的发展提出新课题。目前，亚投行在"一带一路"建设中面临较大的投融资风险，缺乏世界主要经济体的支持，在金融机制方面创新力不足。这不仅限制亚投行自身发展，也为"一带一路"与亚投行的进一步合作提出新的要求。

在贸易投资领域，"一带一路"不能忽视WTO、MIGA、ICSID的重要作用。WTO是当前国际贸易体制主要运行者、维护者，在推进贸易自由化、便利化上做出了重要努力。当前，WTO与"一带一路"并未开展具体合作，WTO对"一带一路"持观望态度。但"一带一路"与WTO合作才是顺应全球发展趋势的必然选择，两者将在今后逐步展开合作。在合作路径上，可以联通"一带一路"和多边贸易谈判平台以增进理解认同，将WTO争端解决机制引入"一带一路"争端解决机制，形成多元化争端解决选择。"一带一路"与WTO具体合作的开展还有赖于通过国际合作平台如国际合作高峰论坛加强交流以增进理解和认同，促进合作文件的达成。

MIGA 与 ICSID 作为世界银行集团的两个投资促进机构，在促进投资流动特别是流向发展中国家发挥着不可替代作用。其中，MIGA 通过提供政治风险担保和信用增级，提供了 10 亿美元担保并促进了"一带一路"沿线 18 亿美元的投资，并将继续支持"一带一路"建设。但是，"一带一路"在与 MIGA 合作过程中应当注意 MIGA 在担保能力和担保针对性方面存在局限，"一带一路"国家的实际情况可能不能满足 MIGA 投资保险的要求，如"一带一路"沿线国家不符合 MIGA 合格东道国要求，投资者的投资项目由于环境及社会绩效无法达到 MIGA 标准。此外，MIGA 与"一带一路"合作重要缺少纽带和桥梁，国内相关的配套制度设施尚未建立，这会给"一带一路"投资者寻求 MIGA 担保支持增添客观困难。"一带一路"可以借鉴 MIGA 经验完善我国海外投资保险制度，同时考虑建立"一带一路"区域投资担保机构。在现有合作的基础上，通过不断交流以达成更多实质性成果并加快落实。此外，在"一带一路"建设中，支持和鼓励投资者寻求 MIGA 投资担保的相关工作也不能忽视，并在此过程中促进投资者运用 MIGA 投资保险的能力。

世界银行集团的另一个投资促进机构 ICSID 通过为投资者与东道国提供和平解决投资争端场所和便利，促进投资争端解决的去政治化。ICSID 机制在专门的"一带一路"投资争端解决机制建立之前和之后都将是"一带一路"在投资争端解决领域的重要合作对象。但 ICSID 自身存在的诸多问题如透明度缺失、裁决不一致、缺乏上诉机制，有待进一步改革。"一带一路"沿线国家尚有许多游离于 ICSID 机制之外，ICSID 机制内部的"一带一路"国家对其使用实际上较少，其中一些国家通过对《华盛顿公约》相关保留限制了 ICSID 管辖范围。除此之外，ICSID 仲裁成本和现有投资争端解决机制与"一带一路"的协调方面也是两者合作面临的挑战。

在综合性领域，UN 和 G20 都可以成为当前合作的重点对象。UN 已经与"一带一路"在南南合作、政策协调、绿色发展、联合投资等方面开展了诸多合作，并将继续保持良好合作关系。UN 系统包括联合国自身以及被称为方案、基金和专门机构的多个附属组织。"一带一路"与 UN 合作应当着手机制化保障措施建设以保障和落实合作内容。其次，争取联合国系统内更多主体参与"一带一路"建设，达成合作文件。G20 虽是主要作用于金融领域重要的国际组织，但其议题不断扩大到贸易、投资、气候等领域，已经朝着综合性国际组织方向发展。"一带一路"在与 G20 合作过程中必须要注意 G20 软法特色，一方面借助于软法治理特色推进合作更全面广泛的展开,另一方面警惕这种软法治理可能对合作内容具体展开和落实造成侵蚀。

除了以上国际组织外,"一带一路"还需要与其他国际组织如东南亚国家联盟、上海经济合作组织等开展合作。"一带一路"绝不是要搞封闭的小圈子,而是欢迎更多有志之士加入,共同助力世界经济建设,推进全球治理。"一带一路"的行稳致远需要多边机制参与,逐步展开合作并扩大合作对象是"一带一路"建设中的重点内容。通过合作,实现"一带一路"与多边机制的互利共赢,推进人类命运共同体的构建。

参考文献

一、中文类

(一) 图书类

[1] 黄金老：《金融自由化与金融脆弱性》，中国城市出版社2001年版。

[2] 刘笋：《国际投资保护的国际法制——若干重要法律问题研究》，法律出版社2002年版。

[3] 饶戈平主编：《全球化进程中的国际组织》，北京大学出版社2005年版。

[4] 慕亚平：《全球化背景下的国际法问题研究》，北京大学出版社2008年版。

[5] 陈安：《陈安论国际经济法学》第二卷，复旦大学出版社2008年版。

[6] 韩龙：《国际金融法前沿问题》，清华大学出版社2010年版。

[7] 李仁真主编：《国际金融法》，武汉大学出版社2011年版。

[8] 李仁真主编：《国际金融法新视野》，武汉大学出版社2013年版。

[9] 蔡从燕、李尊然：《国际投资法上的间接征收问题》，法律出版社2015年版。

[10] 万猛主编：《国际投资争端解决中心案例导读Ⅰ》，法律出版社2015年版。

[11] [尼泊尔] 苏贝迪：《国际投资法：政策与原则的协调》，张磊译，法律出版社2015年版。

[12] 庞中英主编：《亚投行：全球治理的中国智慧》，人民出版社2016年版。

[13] 王灵桂主编：《全球战略观察报告——国外智库看"亚投行"》，中国社会科学出版社2016年版。

[14] 李英、罗维昱：《中国对外能源投资争议解决研究》，知识产权出版社2016年版。

[15] 宋国友：《复旦国际关系评论："一带一路"倡议与国际关系》，上海人民出版社2017年版。

[16] 王海浪：《ICSID 管辖权新问题与中国新对策研究》，厦门大学出版社 2017 年版。

[17] 袁海勇：《中国海外投资政治风险的国际法应对——以中外 BIT 及国际投资争端案例为研究视角》，上海人民出版社 2018 年版。

（二）期刊报纸类

[1] 李龙熙：《对可持续发展理论的诠释与解析》，《行政与法》2005 年第 1 期。

[2] 黄梅波、赵国君：《IMF 表决制度：发展中国家的地位及其改革策略》，《广东社会科学》2006 年第 6 期。

[3] 袁冬梅、刘建江：《世界金融一体化背景下的 IMF：挑战与对策》，《湘潭大学学报（哲学社会科学版）》2006 年第 6 期。

[4] 张明：《国际货币体系改革：背景、原因、措施及中国的参与》，《国际经济评论》2010 年第 1 期。

[5] 向雅萍：《后次贷危机时期 IMF 改革的法律思考》，《武汉理工大学学报（社会科学版）》2010 年第 2 期。

[6] 王国兴、成靖：《G20 机制化与全球经济治理改革》，《国际展望》2010 年第 3 期。

[7] 崔志楠、邢悦：《从"G7 时代"到"G20 时代"——国际金融治理机制的变迁》，《世界经济与政治》2011 年第 1 期。

[8] 马其家：《我国〈对外投资合作法〉的立法构建》，《宁夏社会科学》2011 年第 1 期。

[9] 朱杰进：《G20 机制非正式性的起源》，《国际观察》2011 年第 2 期。

[10] 余劲松：《国际投资条约仲裁中投资者与东道国权益保护平衡问题研究》，《中国法学》2011 年第 2 期。

[11] 宋伟：《IMF 近期决策结构改革及其对中国的影响（2006-2012）》，《国际经贸探索》2013 年第 6 期。

[12] 尹继志：《金融稳定理事会的职能地位与运行机制分析》，《金融发展研究》2014 年第 1 期。

[13] 韩秀丽：《再论卡尔沃主义的复活——投资者—国家争端解决视角》，《现代法学》2014 年第 1 期。

[14] 韩秀丽：《论〈ICSID 公约〉仲裁裁决撤销程序的局限性》，《国际法研

究》2014 年第 2 期。

[15] 王海运:《"丝绸之路经济带"构想的背景、潜在挑战和未来走势》,《亚欧经济》2014 年第 4 期。

[16] 魏本华:《展望亚投行》,《中国投资》2014 年第 11 期。

[17] 张庆麟、余海鸥:《评〈MIGA 公约〉的最新修订及其启示》,《国际经济法学刊》2015 年第 1 期。

[18] 杜微、刘沫含:《利用多边投资担保机制防范中资企业"走出去"政治风险》,《开发性金融研究》2015 年第 1 期。

[19] 叶扬、张文:《世界银行治理结构改革与中国的应对策略》,《西部论坛》2015 年第 3 期。

[20] 王达:《亚投行的中国考量与世界意义》,《东北亚论坛》2015 年第 3 期。

[21] 王学东、方志操:《全球治理中的"软法"问题——对国际气候机制的解读》,《国外理论动态》2015 年第 3 期。

[22] 刘丹、阿燃燃:《G20 参与下的国际宏观经济政策协调研究》,《经济问题探索》2015 年第 5 期。

[23] 刘翔峰:《亚投行与"一带一路"战略》,《中国金融》2015 年第 9 期。

[24] 江天骄:《"一带一路"上的政治风险——缅甸密松水电站项目和斯里兰卡科伦坡港口城项目的比较研究》,《中国周边外交学刊》2016 年第 1 期。

[25] 孙伊然:《亚投行、"一带一路"与中国的国际秩序观》,《外交评论》2016 年第 1 期。

[26] 刘英:《亚投行——"一带一路"的心脏》,《评论》2016 年第 3 期。

[27] 银红武:《拒绝履行之 ICSID 裁决的解决路径》,《国际经贸探索》2016 年第 5 期。

[28] 李晴:《"亚投行"对国际金融秩序构建的国际主张与世界贡献》,《南通大学学报(社会科学版)》2016 年第 6 期。

[29] 翁东玲:《"一带一路"建设的金融支持与合作风险探讨》,《东北亚论坛》2016 年第 6 期。

[30] 高杰英、王婉婷:《国际金融治理机制变革及中国的选择》,《经济学家》2016 年第 8 期。

[31] 余振、杨佳:《推动"一带一路"战略纳入 G20 框架:机遇、挑战及中国对策》,《天津社会科学》2016 年第 2 期。

[32] 刘钰俊：《绿色金融发展现状、需关注问题及建议》，《金融与经济》2017年第1期。

[33] 曹云华：《论当前东南亚局势》，《东南亚研究》2017年第2期。

[34] 刘春彦、邵律：《法律视角下绿色金融体系构建》，《上海经济》2017年第2期。

[35] 孙夔：《WTO谈判规则的反思与改革》，《湖北经济学院学报》2017年第2期。

[36] 郭辉、郇志坚：《丝绸之路经济带沿线国家外债风险评估和偿债能力分析》，《西伯利亚研究》2017年第3期。

[37] 王义桅：《"一带一路"的十大愿景》，《国外测井技术》2017年第3期。

[38] 刘雪红：《论国有企业私人投资者身份认定及启示——以ICSID仲裁申请人资格为视角》，《上海对外经贸大学学报》2017年第3期。

[39] 鲁洋：《论"一带一路"国际投资争端解决机构的创建》，《国际法研究》2017年第4期。

[40] 张卫彬、许俊伟：《"一带一路"与投资争端解决机制创新——亚投行的角色与作用》，《南洋问题研究》2017年第4期。

[41] 陈虎：《"一带一路"背景下海外投资保险制度的构建》，《湘潭大学学报（哲学社会科学版）》2017年第4期。

[42] 王维伟：《国际组织对"一带一路"建设的参与》，《现代国际关系》2017年第5期。

[43] 中国与全球化智库（CCG）课题组：《"一带一路"国际合作共赢的实施方案及实现路径》，《宁波经济（三江论坛）》2017年第6期。

[44] 王加春：《IMF债务可持续框架的影响与评价》，《开发性金融研究》2017年第6期。

[45] 初北平：《"一带一路"多元争端解决中心构建的当下与未来》，《中国法学》2017年第6期。

[46] 梁一新：《论国有企业在ICSID的仲裁申请资格》，《法学杂志》2017年第10期。

[47] 张晓君、魏彬彬：《"一带一路"区域投资保险机制的评估与创新》，《学术探索》2017年第11期。

[48] 贾文山、王婧雯：《我国国际制度性话语权的现状与构建路径》，《国际

新闻界》2017 年第 12 期。

[49] 周日旺、王丽娅:《商业银行绿色金融业务发展的现状、问题及对策建议》,《海南金融》2017 年第 12 期。

[50] 吕松涛:《提升中国在 G20 中的制度性话语权:机遇、挑战与路径选择》,《东岳论丛》2017 年第 12 期。

[51] 霍颖励:《人民币在"一带一路"中的作用》,《中国金融》2017 年第 14 期。

[52] 王在亮、齐为群:《G20 实现机制化的模式与中国的战略选择》,《印度洋经济体研究》2018 年第 1 期。

[53] 沈伟:《逆全球化背景下的国际金融治理体系和国际经济秩序新近演化——以二十国集团和"一带一路"为代表的新制度主义》,《当代法学》2018 年第 1 期。

[54] 倪小璐:《投资者-东道国争端解决机制中用尽当地救济规则的"衰亡"与"复活"——兼评印度 2015 年 BIT 范本》,《国际经贸探索》2018 年第 1 期。

[55] 李鞍钢:《基于组织惯性视角的 G20 全球经济治理结构转型——兼谈"一带一路"带来的转型动力》,《广西社会科学》2018 年第 2 期。

[56] 石静霞、董暖:《"一带一路"倡议下投资争端解决机制的构建》,《武大国际法评论》2018 年第 2 期。

[57] 周强、杨宇、刘毅、翟崑:《中国"一带一路"地缘政治研究进展与展望》,《世界地理研究》2018 年第 3 期。

[58] 李向阳:《"一带一路":区域主义还是多边主义?》,《世界经济与政治》2018 年第 3 期。

[59] 王军杰:《论"一带一路"沿线投资政治风险的法律应对》,《现代法学》2018 年第 3 期。

[60] 赵骏、谷向阳:《论全球治理中的 G20 软法治理》,《浙江学刊》2018 年第 5 期。

[61] 马亚伟、漆彤:《论"一带一路"投资争议解决机制的构建》,《国际商务研究》2018 年第 5 期。

[62] 王丽莎:《全球经济治理:问题、改革与中国路径》,《现代管理科学》2018 年第 8 期。

[63] 张丽娜:《"一带一路"国际投资争端解决机制完善研究》,《法学杂志》2018 年第 8 期。

[64] 邱牧远：《阿根廷货币危机近况及前景展望》，《清华金融评论》2018年第8期。

[65] 王茜、叶一鸣：《WTO与FTA争端解决机制管辖权冲突的解决路径》，《WTO经济导刊》2018年第10期。

[66] 王飞：《变革全球经济治理：新兴经济体的角色》，《学术探索》2018年第10期。

[67] 王国刚：《"一带一路"：建立以多边机制为基础的国际金融新规则》，《国际金融研究》2019年第1期。

[68] 任琳、孙振民：《"一带一路"倡议与全球经济治理》，《党政研究》2019年第3期。

[69] 王秋雯：《"一带一路"背景下国有企业海外投资的法律挑战与中国因应》，《东南学术》2019年第4期。

[70] 万喆：《防范化解"一带一路"金融风险》，《中国金融》2019年第8期。

[71] 韩一元：《"一带一路"对接联合国：进展超出预期》，《世界知识》2019年第11期。

（三）报纸类

[1] 周强：《建立健全"一带一路"投资争端解决机制》，《法制日报》2017年4月24日第1版。

[2] 陈建奇：《"一带一路"与全球经济治理创新》，《学习时报》2017年7月21日第6版。

（四）学位论文类

[1] 张全喜：《国际货币基金组织决策机制改革研究》，安徽大学，2010.

[2] 李军政：《G8与G20：比较研究》，外交学院，2010年。

[3] 陆凰腾：《ICSID仲裁裁决不一致问题研究》，复旦大学，2013年。

[4] 郭玉冰：《基于绩效考核下的国有控股银行操作风险管理研究》，山西财经大学，2013年。

[5] 徐凡：《G20机制化建设研究》，对外经济贸易大学，2014年。

[6] 吴蒙：《互联互通与中国对外战略》，外交学院，2015年。

[7] 张梅：《亚投行决策机制的法律研究》，内蒙古大学，2016年。

[8] 李佳卉:《"一带一路"战略视角下亚投行分析》,辽宁大学,2016年。

[9] 于溯源:《亚洲基础建设投资银行服务"一带一路"建设研究》,外交学院,2016年。

[10] 赵增鹏:《亚洲基础设施投资银行风险管理研究》,中共中央党校,2016年。

[11] 陈石磊:《中国在G20机制创新中的作用研究》,吉林大学,2017年。

[12] 陈伟:《冷战后全球化进程中的G20治理研究》,东北师范大学,2018年。

二、外文类

（一）外文论著

[1] Kenneth Abbott, "Hard Law and Soft Law in International Governance", International Organization（3, 2000）.

[2] Donovan Patrick J, Creeping Expropriation and MIGA: The Need for Tighter Regulation in the Political Risk Insurance Market", Gonzaga Journal of International Law（7, 2003-2004）.

[3] Johanna Kalb, "Creating an ICSID Appellate Body", UCLA Journal of International Law and Foreign Affairs（1, 2005）.

[4] Renard, "G20: TOWARDS A NEW WORLD ORDER." Studia Diplomatica（2, 2010）.

[5] Katia Fach Gomez, "Latin America and ICSID: David versus Goliath", Law and Business Review of the Americans（2, 2011）.

[6] Fiezzoni, "The Challenge of UNASUR Member Countries to Replace ICSID Arbitration", Beijing Law Review（2, 2011）.

[7] Surya P Subesi, International Investment Law: Reconciling Policy and Principle, Oxford: Hart Publishing Limited, 2012.

[8] Lee, "How MIGA's Chinese Lender Guarantee Changes Frontier Financings", International Financial Law Review（6, 2013）.

[9] David Arase, "China's two silk roads initiative: What it means for Southeast Asia", Southeast Asian Affairs（1, 2015）.

[10] Vines, "Cooperation between countries to ensure global economic growth: a role for the G20?", Asian-Pacific Economic Literature (1, 2015).

[11] Zhao Lei, "Belt and Road Lifts Off", Newsweek Global (9, 2018).

[12] Paul Cammack, "Situating the Asian Infrastructure Investment Bank in the context of global economic governance", Journal of Chinese Economic and Business Studies, (3, 2018).

[13] Juan Pablo Charris Benedetti, "The Proposed Investment Court System: Does It Really Solve the Problems", Revista Derecho del Estado, (42, 2019).

[14] James Ransdell, "Institutional Innovation by the Asian Infrastructure Investment Bank", Asian Journal of International Law, (1, 2019).

[15] Jeffrey D Wilson, "The evolution of China's Asian Infrastructure Investment Bank: from a revisionist to status-seeking agenda", International Relations of the Asia-Pacific, (1, 2019).

后 记

　　本书立足于国际法基础理论和"一带一路"建设的国际实践，在考察"一带一路"性质的基础上，以其与联合国、世界贸易组织、世界银行集团、国际货币基金组织、二十国集团、亚洲基础设施投资银行、多边投资担保机构、解决国家与他国国民投资争议中心等多边机制的合作为例，从法律视角探讨"一带一路"与国际多边机制合作共赢的必要性与可行性，指出合作应坚持的原则，说明合作的对象选择、法律基础与法律路径，提出合作面临的困难与挑战，并尝试提出建设性的解决方案。由于中国是"一带一路"倡议的发起者和践行者，中国在"一带一路"建设中的目标、态度与行为，必然影响"一带一路"建设的前景和质量。鉴于此，我们在研讨中也附带了中国视角的分析。本书意图从国际法视域提供促进"一带一路"高质量、可持续发展的方法与路径，从"一带一路"视域观察现行全球治理存在的问题与不足，从全球治理视域思考中国未来的机遇、挑战和责任。

　　本书也是中南财经政法大学一流学科之本科课程"国际经济法（31412010610/106）"的建设成果和"不忘学科初心，牢记育人使命，培养高素质复合型人才"课题的研究成果。全书的大纲和内容由何焰拟定，何焰和刘萌荫共同撰写。其中，何焰主要负责第一章到第五章，刘萌荫主要负责第六章和第七章。王爱、胡蝶、陈浩、丁宇非参与了本书的研讨并收集和整理了相关资料，为本书的完成提供了便利。在此对他们的辛勤付出表示衷心的感谢！

作者
2020年10月于南湖校园